经世济民
诚信服务
德法兼修

"十三五"职业教育国家规划教材

高等职业教育财经商贸类专业基础课

经典传承 务本维新 系列新形态一体化教材

经济法

（第五版）

主　编　王　瑜
副主编　陈灵锐　　李学祥　　李黎萍
　　　　刘玉明　　周　婕

中国教育出版传媒集团
高等教育出版社·北京

内容提要

本书是"十三五"职业教育国家规划教材，也是高等职业教育财经商贸类专业基础课"经典传承、务本维新"系列新形态一体化教材。

本书密切结合当前我国经济法制建设实际，释义国家颁布的最新法律法规，反映了我国在社会经济活动立法领域的最新研究成果。本书从经济法基础知识入手，介绍了个人独资企业法律制度、合伙企业法律制度、公司法律制度、合同法律制度、担保法律制度、工业产权法律制度、反不正当竞争法律制度、产品质量法律制度、消费者权益保护法律制度、广告法律制度、税收法律制度、劳动法律制度和经济纠纷解决法律制度等内容。

本书可供高等职业专科、本科院校财经商贸大类专业学生使用，也可供高等职业院校其他专业的学生学习经济法使用，还可作为经济管理、经济贸易工作者的参考用书和一般读者了解经济法律知识之读物。教师如需获取本书授课用PPT、电子教案、习题答案等配套资源，请登录"高等教育出版社产品信息检索系统"（xuanshu.hep.com.cn）免费下载。

图书在版编目（CIP）数据

经济法 / 王瑜主编. --5版. --北京：高等教育出版社，2025. 4. -- ISBN 978-7-04-064483-8

I. D922.29

中国国家版本馆CIP数据核字第202574T3B6号

经济法（第五版）
JINGJIFA

策划编辑	曾飞华	责任编辑	曾飞华	封面设计	贺雅馨	版式设计	杜微言
责任绘图	袁可馨	责任校对	刘丽娴	责任印制	刁毅		

出版发行	高等教育出版社	网　　址	http://www.hep.edu.cn
社　　址	北京市西城区德外大街4号		http://www.hep.com.cn
邮政编码	100120	网上订购	http://www.hepmall.com.cn
印　　刷	北京市大天乐投资管理有限公司		http://www.hepmall.com
开　　本	787mm×1092mm 1/16		http://www.hepmall.cn
印　　张	19.75	版　　次	2012年2月第1版
字　　数	350千字		2025年4月第5版
购书热线	010-58581118	印　　次	2025年4月第1次印刷
咨询电话	400-810-0598	定　　价	49.80元

本书如有缺页、倒页、脱页等质量问题，请到所购图书销售部门联系调换
版权所有　侵权必究
物　料　号　64483-00

第五版前言

本书是"十三五"职业教育国家规划教材，也是高等职业教育财经商贸类专业基础课"经典传承、务本维新"系列新形态一体化教材。本书自2012年出版以来，受到广大读者及同仁的认可，已进行三次修订。为了更好地贯彻党的二十大精神，落实立德树人这一根本任务，培养德才兼备的高职高专财经商贸大类专业人才，进一步增强教材的时效性、实用性和可读性，特依据我国最新经济法律、法规的修订情况，以及数字经济的发展对经济法课程提出的新要求，对本书再次进行修订。

本次修订主要突出以下特点：

第一，与时俱进，结合经济法课程的特点有机融入课程思政元素。本书在各章均设有"素养提升"栏目，栏目内容力求融合经济法课程特点，贯彻落实习近平法治思想和党的二十大精神，对社会热点、典型法律案例展开分析、讨论和总结，帮助学生树立正确的世界观、人生观和价值观，并培养其良好的法律素养和职业道德。

第二，表现形式新颖，教学栏目丰富，纸质教材和数字化教学资源相辅相成。首先，从表述形式看，本次修订增补、更新了大量二维码关联的微课等数字资源，进一步增强了教材的趣味性和直观性，更加贴近高职学生的特点，同时可以满足经济法课堂信息化教学的需求，更好地服务教师授课和学生学习。其次，从教学栏目看，每章均先通过"学习目标"和"思维导图"开篇，后经过"先导案例"引入对本章的学习；每章内容中均穿插设计有"知识链接""练一练""法律咨询"等栏目；每章后都设有"职场应用与指导""通关自测"和"法务实训"等栏目。这些栏目的编排与设计，有助于进一步提高本书的实用性和可读性，突出了本书的实务性，便于学生对经济法内容的理解、掌握和巩固，有利于培养学生独立运用法律法规知识解决经济活动中现实问题的能力。

第三，内容更具时效性，语言表达更加准确。为更好地适应教师教学和学生学习的需要，新版教材在内容方面做了较大的调整和修改，能够反映我国经济法律制度建设和经济领域研究的最新成果，以及最新的法律、法规和司法解释（如自2024年7月1日起施行的新《中华人民共和国公司法》）。同时，删减了物权法律制度的内容，并将担保法律制度独立成章。本次修订对法律用语写作格式、编写体例、参考文献

第五版前言

等也进行了严格的规范和统一,使其更加准确严谨,能更好地满足高等职业院校财经商贸大类专业教师教学和学生学习的需要。

第四,结合教师授课和阅读需求,持续完善更新教学资源。本次修订全面更新了与本书配套的电子教案、电子课件等教学资源,也同步更新了"练一练""法律咨询""法务实训"和"通关自测"的参考答案等资源(部分资源仅限用书教师使用),后期还将根据需要不定期更新、补充、完善这部分教学资源。

本书由王瑜担任主编,编写团队成员包括陈灵锐、李学祥、李黎萍、刘玉明、周婕、蒋越、郝晓。具体编写分工如下:

王　瑜:第一章、第四章、第五章、第六章;

陈灵锐:第八章、第十三章;

李学祥:第七章、第十一章;

李黎萍:第二章、第三章;

刘玉明:第九章;

周　婕:第十二章;

蒋　越:第十章;

郝　晓:第十四章。

全书由王瑜负责框架结构设计及统稿工作。

在本书的编写过程中,编者借鉴了一些文献著作和网络资源,也参考了大量同类优秀教材,在此向相关作者一并致谢。

由于编者水平及时间所限,书中难免存在疏漏、错误和不妥之处,恳请同行专家和广大读者斧正。

编　者

2024 年 10 月

第一版前言

为适应社会发展对管理、贸易、营销和会计等专业岗位能力的需要，立足于提高高职高专学生的整体素质、综合职业能力和实践能力，本书充分体现了经济法所特有的理论性、时效性、实用性、应用性特点，编者在编写时密切结合当前经济法制建设实际，释义国家颁布的最新法律法规（截至2011年6月30日），反映了经济法学的最新研究成果。本书从经济法的基本原理入手，详细地介绍了个人独资企业法、合伙企业法、公司法、合同法、商标法、反不正当竞争法、消费者权益保护法、产品质量法、广告法、税法、票据法、劳动法及劳动合同法、仲裁法和民事诉讼法等内容。

经济法是一门涉及面广并且有一定难度的课程。针对高职高专教育的特色和经济法教学的特点，本书的编写思路新颖，这主要体现在结构设计上，每章前都设一个生动典型的先导案例，引入对本章主要内容的学习，中间穿插了资料库、案例分析、法律咨询、课堂活动等栏目，而且每章后都配有同步测试题来巩固所学内容，以提高学生独立运用法律、法规知识解决经济活动中现实问题的能力。

本书由王瑜担任主编，陈灵锐、陶淑娟担任副主编，参加编写的人员还有刘玉明、高晓琛、周婕和郝晓。具体分工如下：

王　瑜：第一章、第三章、第五章和第八章；

陈灵锐：第九章和第十三章；

陶淑娟：第二章和第十一章；

刘玉明：第四章和第七章；

高晓琛：第六章、第十章和第十四章；

周　婕：第十二章；

郝　晓：第十五章。

全书由王瑜负责统稿工作。

在本教材的编写过程中，我们参阅了大量文献和著作，得到了有关部门、领导、专家和老师的鼎力支持，在此一并致谢！由于高职高专教育的发展尚处于起步时期，

第一版前言

教材建设还处于探索阶段，加之编写时间仓促，编者水平所限，书中疏漏、错误和不妥之处在所难免，恳请同行专家和广大读者指教、斧正。

编 者
2011年11月

目　录

第一章　经济法基础知识 1
　　第一节　经济法概述 3
　　第二节　经济法律关系 5
　　第三节　经济法律责任 9
　　第四节　相关法律制度 11

第二章　个人独资企业法律制度 21
　　第一节　个人独资企业法律制度概述 23
　　第二节　个人独资企业的设立 24
　　第三节　个人独资企业的事务管理 27
　　第四节　个人独资企业的解散和清算 29

第三章　合伙企业法律制度 33
　　第一节　合伙企业法律制度概述 35
　　第二节　普通合伙企业 36
　　第三节　有限合伙企业 44
　　第四节　合伙企业的解散和清算 48

第四章　公司法律制度 53
　　第一节　公司法律制度概述 55
　　第二节　有限责任公司 60
　　第三节　股份有限公司 69

第四节　公司董事、监事、高级管理人员的资格和义务 78
　　　第五节　公司合并、分立、增资、减资 80
　　　第六节　公司解散和清算 82

第五章　合同法律制度 87
　　　第一节　合同法律制度概述 89
　　　第二节　合同的订立 91
　　　第三节　合同的效力 99
　　　第四节　合同的履行 104
　　　第五节　合同的变更、转让和终止 110
　　　第六节　违约责任 113

第六章　担保法律制度 123
　　　第一节　担保法律制度概述 125
　　　第二节　保证 126
　　　第三节　抵押权 130
　　　第四节　质权 133
　　　第五节　留置权 135

第七章　工业产权法律制度 139
　　　第一节　专利法律制度 141
　　　第二节　商标法律制度 151

第八章　反不正当竞争法律制度 163
　　　第一节　反不正当竞争法律制度概述 165
　　　第二节　不正当竞争行为 166
　　　第三节　不正当竞争行为的调查与法律责任 172

第九章　产品质量法律制度 177
　　　第一节　产品质量法律制度概述 179
　　　第二节　生产者、销售者的产品质量责任与义务 181
　　　第三节　产品质量法律责任 183

第十章 消费者权益保护法律制度 ... 191
第一节 消费者权益保护法律制度概述 ... 193
第二节 消费者的权利 ... 195
第三节 经营者的义务 ... 198
第四节 消费者权益争议的解决和法律责任 ... 204

第十一章 广告法律制度 ... 211
第一节 广告法律制度概述 ... 213
第二节 广告内容准则 ... 216
第三节 广告行为规范和广告监督管理 ... 222
第四节 法律责任 ... 225

第十二章 税收法律制度 ... 231
第一节 税收法律制度概述 ... 233
第二节 增值税法律制度 ... 235
第三节 消费税法律制度 ... 239
第四节 企业所得税法律制度 ... 241
第五节 个人所得税法律制度 ... 243
第六节 税收征收管理法律制度 ... 247

第十三章 劳动法律制度 ... 253
第一节 劳动法律制度概述 ... 255
第二节 劳动合同 ... 257
第三节 工资、工作时间和休息休假 ... 272
第四节 劳动争议 ... 276

第十四章 经济纠纷解决法律制度 ... 281
第一节 仲裁法律制度 ... 283
第二节 民事诉讼法律制度 ... 291

参考文献 ... 303

第一章
经济法基础知识

【学习目标】

★ 素养目标
- 能自觉维护社会主义市场经济体制。
- 树立法治意识、规则意识和责任意识。
- 提高守法、用法的自觉性,把崇尚法治作为人格锤炼的重要组成部分。

★ 知识目标
- 了解经济法的概念和调整对象。
- 掌握经济法律关系的概念及构成要素。
- 掌握经济法律责任的概念及形式。
- 了解自然人、法人、代理及诉讼时效等法律制度的相关规定。

★ 能力目标
- 能够正确分析现实生活中的各种经济法律关系及其构成要素。
- 能够正确区分经济法律责任的三种具体形式。
- 能够正确运用自然人、法人、代理及诉讼时效法律制度处理工作、生活中遇到的法律问题。

第一章 经济法基础知识

【思维导图】

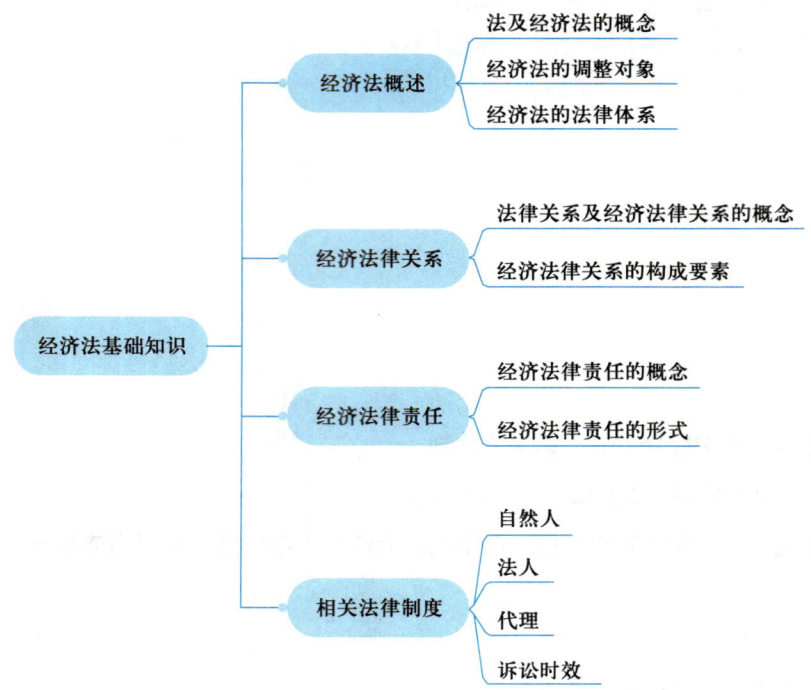

【先导案例】

案情介绍：

小美、小帅和小刚三人共同出资设立了一家儿童制衣有限公司，公司注册资本为30万元，经市场监督管理部门登记，领取了营业执照，其登记的经营范围为生产并销售儿童服装。某年春节前的一个月，三人看到儿童电子玩具市场比较火爆，所以共同商议决定公司兼营儿童电子玩具产品。后被人举报到了市场监督管理部门。

想一想：

该公司这种超范围经营儿童电子玩具的行为是否应承担法律责任？如果需要承担的话具体是什么法律责任？

第一节 经济法概述

一、法及经济法的概念

（一）法的概念和特征

1. 法的概念

法不是从来就有的，而是随着私有制、阶级、国家的产生而出现的。法是由一定物质生活条件所决定的，它是由国家制定或认可并由国家强制力保证实施的具有普遍效力的行为规范体系。其目的在于确认、保护和发展有利于统治阶级的社会关系和社会秩序。

2. 法的特征

（1）法是调整人们的行为或社会关系的社会规范；

（2）法是由国家制定或认可的社会规范；

（3）法是由国家强制力保证实施的社会规范；

（4）法是在国家权力管辖范围内普遍有效的社会规范。

（二）经济法的概念

经济法是调整在国家干预和协调经济运行过程中发生的经济关系的法律规范的总称。

这一概念有如下三层含义：

（1）经济法是调整经济关系的法律；

（2）经济法调整的不是所有的经济关系，而是那些需要由国家干预和协调的经济关系；

（3）经济法是由诸多经济法律、法规构成的一个群体。

二、经济法的调整对象

经济法的调整对象是经济关系，但不是全部经济关系，而是特定的经济关系，即在国家干预和协调经济运行过程中所发生的经济关系。具体地讲，这些经济关系包括市场主体调控关系、市场秩序调控关系、宏观经济调控关系和社会分配调控关系。

（一）市场主体调控关系

市场主体调控关系，指国家从维护社会公共利益出发，在对市场主体的组织关系和经营关系进行必要干预的过程中所产生的经济关系。

（二）市场秩序调控关系

市场秩序调控关系，指国家为了建立和维护社会主义市场经济秩序，维护国家、生产经营者和消费者合法权益而干预市场的过程中所发生的经济关系。

（三）宏观经济调控关系

宏观经济调控关系，指国家从长远利益和社会公共利益出发，对关系国计民生的重大经济关系实行全局性管理的过程中与各类社会组织所发生的经济关系。

（四）社会分配调控关系

社会分配调控关系，指国家对国民收入进行初次分配和再分配的过程中所发生的经济关系。

> **法治素养**
>
> 理论解读：
> 党的二十大报告强调，全面依法治国是国家治理的一场深刻革命，关系党执政兴国，关系人民幸福安康，关系党和国家长治久安。
>
> 未来五年是全面建设社会主义现代化国家开局起步的关键时期，主要目标任务之一即是改革开放迈出新步伐，国家治理体系和治理能力现代化深入推进，社会主义市场经济体制更加完善，更高水平开放型经济新体制基本形成。
>
> 讨论分析：请同学们结合所学知识交流探讨经济法在完善社会主义市场经济体制中的作用。

三、经济法的法律体系

经济法的法律体系是由多层次的、门类齐全的经济法部门组成的有机联系的统一整体。按照市场经济运行所涉及的主要方面，经济法的法律体系应包括市场主体调控法、市场秩序调控法、宏观经济调控法、社会分配法以及经济纠纷解决法（见表1-1）。

表 1-1　经济法的法律体系

市场主体调控法	市场主体调控法是指有关确认市场主体法律资格和权利义务的法律规范，主要包括公司法、外商投资法、合伙企业法、个人独资企业法、企业破产法等
市场秩序调控法	市场秩序调控法是指规范市场主体经济行为的法律规范，主要包括合同法律制度、证券法、专利法、商标法、反不正当竞争法、反垄断法、产品质量法、价格法、票据法、消费者权益保护法等
宏观经济调控法	宏观经济调控法是指国家为实现经济职能，对经济进行干预和调控的法律规范，包括税法、中国人民银行法、会计法、审计法、统计法、价格法、对外贸易法等
社会分配法	社会分配法是指国家为实现国民收入的分配和再分配，保障经济主体及其他主体的生存需要而制定的法律规范，包括劳动法、社会救济法、社会福利法和社会保险法等
经济纠纷解决法	在经济活动中发生各种矛盾和纠纷是不可避免的，为维护正常的市场经济秩序，保障市场机制有效运行，必须有解决这些矛盾和纠纷的相应法规。经济纠纷解决法主要包括仲裁法和民事诉讼法等

在市场经济条件下，经济法的法律体系是由诸多法律部门组成的一个统一的有机整体，这些法律部门在不同的领域发挥着不同的作用。

第二节　经济法律关系

一、法律关系及经济法律关系的概念

（一）法律关系的概念

法律关系是指在法律规范确认和调整一定的社会关系过程中形成的权利和义务关系。

社会关系为不同的法律规范所确认和调整就形成不同的法律关系。如财产关系被《中华人民共和国民法典》（以下简称《民法典》）确认和调整时就形成了民事财产法律关系。

（二）经济法律关系的概念

经济法律关系是指在经济法确认和调整特定的经济关系过程中形成的经济权利和

经济义务关系。并不是所有受到法律调整的经济关系都会成为经济法律关系。只有为经济法所调整的经济关系成为法律上的权利义务关系，才是经济法律关系。经济法律关系与作为经济法调整对象的特定经济关系之间是形式与内容的关系，经济法律关系是经济法调整对象的法律表现。

在我国社会主义社会的生产、交换、分配和消费的过程中，随时发生着各种各样具体的经济关系。当这些关系属于经济法的调整范围且为经济法所调整时，这些现实的、具体的经济关系就具有了经济法律关系的性质，形成某种经济上的权利义务关系，并为国家法律所保护。

二、经济法律关系的构成要素

微课：
经济法律关系

经济法律关系也是由主体、内容、客体三个要素构成的。这三个要素是互相联系、缺一不可的，缺少其中任何一个要素就不能构成经济法律关系，变更其中任何一个要素就不再是原来的经济法律关系。

（一）经济法律关系的主体

经济法律关系的主体，也称经济法主体，是指依经济法规定享有经济权利和承担经济义务，并能独立承担经济法律责任的当事人。他们作为经济法律关系的参与者，必须具有一定的法律资格，也就是依法享有经济权利，进行经济活动，并能承担法律责任的资格。

在同一个经济法律关系中存在着两个或两个以上的主体。其中，权利的享有者称为权利主体，义务的承担者称为义务主体。一般而言，各方主体既享有经济权利，又承担经济义务，具有权利主体和义务主体的双重身份。

经济法律关系主体主要有调控管理主体、市场主体和社会中介主体三大类（见表1-2）。

表1-2 经济法律关系主体

调控管理主体	（1）国家权力机关和国家行政机关（包括中央和地方）。其职责主要是进行全国和本地方的经济立法、经济决策和经济监督
	（2）国家经济管理机关。国家经济管理机关是经济性和专门性的调控管理主体，包括中央管理主体和地方各级管理主体

调控管理主体	（3）国家授权行使一定经济调控职能的社会组织。主要指一些国家投资设立的企业或企业集团、大型公司
市场主体	（1）投资者、经营者主体。投资者、经营者主体是经济法律关系中最普遍、最广泛的一类主体
市场主体	（2）消费者主体。消费者主体是经济法的重要主体
社会中介主体	社会中介是介于政府与社会、政府与企业之间的一种社会组织。主要包括会计师事务所、审计师事务所、律师事务所、公证和仲裁机构、计量和质量检验认证机构、资产和资信评估机构等

（二）经济法律关系的内容

经济法律关系的内容，是指经济法律关系的主体享有的经济权利和承担的经济义务。经济法律关系的内容反映着经济法律关系主体的具体要求和利益，决定着经济法律关系的实质。经济法律关系的内容包括经济权利和经济义务两个方面。

1. 经济权利

经济权利是指经济法律关系的主体依法享有的自己为或不为一定行为或者要求他人为或不为一定行为的资格。

在不同的经济法律关系中，经济法律关系的主体享有不同的经济权利（见表1-3）。

表1-3 经 济 权 利

经济职权	经济职权，指国家机关在行使经济管理职能时依法享有的权利。经济职权对国家调控管理主体来说既是权利，又是义务，不得随意放弃或转让，否则即是违法
财产所有权	占有权，是指对财产的实际控制权利
财产所有权	使用权，是指按照财产的性能与用途加以利用的权利
财产所有权	收益权，是指获取财产所产生的利益的权利
财产所有权	处分权，是指财产所有人对其财产在法律规定的范围内最终处理的权利
经营管理权	经营管理权，是指在进行生产经营活动时依法享有的权利
请求权	请求权，是指经济法律关系主体的合法权益受到侵犯时依法享有的要求侵权人停止侵权行为和要求国家机关保护其合法权益的权利

2. 经济义务

经济义务是指经济法律关系的主体（经济法主体）依法必须为一定行为或不为一定行为，以满足权利人利益的责任。

作为国家机关，必须正确履行经济职权、恪尽职守、做好服务性管理工作并接受监督；作为企业，必须遵守法律法规、缴纳税金、不侵犯其他经济法主体的利益等。

3. 经济权利与经济义务的关系

经济权利与经济义务相互依存。没有经济权利，就不会有经济义务。经济法主体不能只享有经济权利而不承担经济义务，也不能只承担经济义务而不享有经济权利。

（三）经济法律关系的客体

经济法律关系的客体，是指经济法律关系的主体享受经济权利和承担经济义务所指向的对象。经济法律关系的客体是确定权利义务关系的性质和具体内容的依据，也是确定权利行使与否和义务是否履行的客观标准。如果没有经济法律关系的客体，经济权利和经济义务就无法实现。因此，经济法律关系的客体是经济法律关系不可缺少的要素之一。

经济法律关系客体存在的形式既可以是物，也可以是经济行为，还可以是无形资产。

1. 物

物是指能够为人所控制和支配、具有一定经济价值、可通过具体物质形态表现存在的物品。物包括自然存在的物品和人类劳动生产的产品，以及固定充当一般等价物的货币和有价证券等。物是经济法律关系中存在最广泛的客体。

2. 经济行为

经济行为是指经济法律关系的主体为达到一定经济目的所进行的经济活动。它包括经济管理行为、提供劳务行为和完成工作行为等。

3. 无形资产

无形资产是指人们智力活动所创造的成果，包括专利权、商标权、著作权、商誉、商业秘密等。无形资产具有价值和使用价值。

第三节　经济法律责任

一、经济法律责任的概念

经济法律责任，亦即违反经济法的责任，是指由经济法规定，在经济法主体违反经济义务时必须承担的法律后果。它是国家用以保护现实的经济法律关系的重要方法。

二、经济法律责任的形式

承担经济法律责任的形式，是指经济法主体违反经济法规定所承担法律责任的主要方式。它包括民事责任、行政责任和刑事责任。

（一）民事责任

民事责任，是指经济法主体违反经济法律、法规，依法应承担的民事法律后果。它主要是一种民事救济手段，旨在使受害人被侵犯的权益得以恢复。最基本的民事责任有两种：① 违约责任，即责任人违反约定的义务，依法应承担的民事责任；② 侵权责任，是指行为人不法侵害社会公共财产或者他人的财产、人身权利而依法应承担的民事责任。

根据《民法典》的规定，承担民事责任的方式主要有：① 停止侵害；② 排除妨碍；③ 消除危险；④ 返还财产；⑤ 恢复原状；⑥ 修理、重作、更换；⑦ 继续履行；⑧ 赔偿损失；⑨ 支付违约金；⑩ 消除影响、恢复名誉；⑪ 赔礼道歉。法律规定惩罚性赔偿的，依照其规定。

本条规定的承担民事责任的方式，可以单独适用，也可以合并适用。

（二）行政责任

行政责任，是指对违反经济法的单位和个人依法追究的行政处罚和行政处分。追究行政责任，由国家行政机关或国家授权的有关单位执行。

根据《中华人民共和国行政处罚法》的规定，行政处罚的种类包括：① 警告、通报批评；② 罚款、没收违法所得、没收非法财物；③ 暂扣许可证件、降低资质等级、吊销许可证件；④ 限制开展生产经营活动、责令停产停业、责令关闭、限制从业；⑤ 行政拘留；⑥ 法律、行政法规规定的其他行政处罚。

国家机关、企事业单位可根据法律、法规，按照行政隶属关系对违法者实施行政处分。行政处分的种类主要有：① 警告；② 记过；③ 记大过；④ 降级；⑤ 撤职；⑥ 开除。

（三）刑事责任

刑事责任，是指国家司法机关对严重违反经济法，构成犯罪的主体依法追究其责任，即给予刑事处罚。

根据《中华人民共和国刑法》（以下简称《刑法》）的规定，刑罚分为主刑和附加刑。主刑的种类包括：① 管制；② 拘役；③ 有期徒刑；④ 无期徒刑；⑤ 死刑。附加刑的种类包括：① 罚金；② 剥夺政治权利；③ 没收财产。主刑只能独立适用，附加刑既可以独立适用，也可以作为主刑的附加刑适用。对犯罪的外国人，可以独立适用或者附加适用驱逐出境。

公司、企业、事业单位、机关、团体实施危害社会的行为，法律规定为单位犯罪的，应当负刑事责任。单位犯罪的，对单位判处罚金，并对直接负责的主管人员和其他直接责任人员判处刑罚。

经济法律责任具有不可分割性，追究经济法律责任必须统一进行。在具体追究经济法律责任时，民事责任、行政责任和刑事责任既可以单独适用，又可以合并适用。经济法主体违反经济法律、法规，需要予以处罚时，一定要视其情节轻重，区别对待。

素养提升

大学生的兼职"刷单"行为要承担法律责任

"想足不出户、动动手指就赚钱吗？诚邀您兼职刷单，按条结算，日入百元不封顶"，类似这样宣称"工作轻松，报酬丰厚"的兼职广告在网上随处可见，不少在校大学生也加入了"刷单"大军。

通过对经济法课程的学习，同学们应清醒地认识到，"刷单"是违法行为。其一，该行为违反了《中华人民共和国反不正当竞争法》（以下简称《反不正当竞争法》）中的"公平、诚信"原则；其二，该行为违反了《中华人民共和国消费者权益保护法》（以下简称《消费者权益保护法》）中关于"知情权"的规定，同时违反了该法关于"经营者应履行如实告知义务"的规定；其三，该行为违反了《网络交易监督管理办法》中关于网络交易经营者不得以虚构交易、删除不利评价等形式,作虚假或引人误解的商业宣传,欺骗、误导消费者的规定。

警示:"刷单"的个人或团体(刷客),如果因刷单造成消费者损失的,还负有连带赔偿等法律责任,情节严重者甚至有可能构成共同犯罪。

最后要提醒同学们,绝大多数邀请"刷单"的行为实为诈骗陷阱,谨防上当受骗!

第四节 相关法律制度

一、自然人

(一)自然人的概念

自然人是基于自然规律出生、生存的人。自然人具有民事权利能力和民事行为能力。

(二)自然人的民事权利能力

自然人从出生时起到死亡时止,具有民事权利能力,依法享有民事权利,承担民事义务。所有自然人的民事权利能力一律平等,而自然人的民事行为能力则有所不同。

(三)自然人的民事行为能力

根据《民法典》总则编的规定,自然人依据民事行为能力不同可以分为完全民事行为能力人、限制民事行为能力人和无民事行为能力人三种(如表1-4所示)。

表1-4 自然人民事行为能力

完全民事行为能力人	18周岁以上
	16周岁以上不满18周岁,以自己的劳动收入为主要生活来源
限制民事行为能力人	年龄:8周岁以上
	心智:不能完全辨认自己行为的成年人
无民事行为能力人	年龄:不满8周岁
	心智:不能辨认自己行为的成年人

自然人民事法律行为的实施

自然人民事法律行为的实施应注意如下几点：① 完全民事行为能力人可以独立实施民事法律行为；② 限制民事行为能力人实施民事法律行为，由其法定代理人代理或者经其法定代理人同意、追认，但是，可以独立实施纯获利益的民事法律行为或者与其智力、精神健康状况相适应的民事法律行为；③ 无民事行为能力人由其法定代理人代理实施民事法律行为。

二、法人

（一）法人的概念

法人是具有民事权利能力和民事行为能力，依法独立享有民事权利和承担民事义务的组织。

法人是"自然人"的对称，是自然人之外最为重要的民事主体。

法人有哪些特征？

法人具有"三独"的特征，即独立的人格、独立的财产和独立的责任。独立的人格即具有独立名义，能够以自己的名义起诉或应诉；独立的财产是指法人名下具有独立的财产，并且该财产与法人的出资人或成员的财产相分离；独立的责任是指法人的债务由法人独立承担，法人的债权人不能要求法人的出资人或成员直接承担责任。

（二）法人成立的条件

（1）依法成立。所谓依法成立，是指法人的设立须符合法定条件和法定程序。

（2）有自己的名称、组织机构和住所。其中，名称是一个社会组织特定化的必要条件；法人的组织机构是形成和执行法人的意志，对内管理法人事务，对外代表法人进行民事活动的常设机构；法人的住所是法人从事业务活动的地方，法人应当将主要办事机构所在地登记为住所。

（3）有自己的财产或者经费。财产或经费是法人进行民事活动、独立承担民事责任的物质基础和基本保障。

（4）满足法律规定的其他条件。例如《公司法》规定，设立公司应当依法制定公司章程。

（三）我国法人的分类

我国《民法典》总则编根据法人设立的宗旨和所从事活动的性质将法人分为三类：一是营利法人；二是非营利法人；三是特别法人（见表1-5）。

表1-5 法人分类

营利法人	非营利法人	特别法人
有限责任公司、股份有限公司和其他企业法人	事业单位法人，如学校、医院	机关法人，如市政府、法院、检察院
	社会团体法人，如行业协会	农村集体经济组织法人、城镇农村的合作经济组织法人
	捐助法人，如基金会	基层群众性自治组织法人，如居民委员会、村民委员会

（四）法人的民事能力

1. 法人的民事权利能力

法人的民事权利能力，是指法人作为民事主体，以自己的名义参与民事活动，独立享有民事权利并承担民事义务的资格。法人的民事权利能力的范围受制于自身性质，取决于法律、法人章程的规定。

2. 法人的民事行为能力

法人的民事行为能力，是指法人通过自己的行为，为自己取得民事权利和承担民事义务的资格。法人的民事权利能力与民事行为能力均始于成立，终于终止，并且其民事行为能力不能超出其民事权利能力的范围。法人的民事行为能力通过法人的法定代表人或代理人的活动来实现。法人机关或代表人的行为即法人的行为，法人应承担由此产生的一切民事法律后果。

3. 法人的民事责任能力

法人的民事责任能力，是指法人对自己实施违法行为造成的法律后果，应当承担相应民事责任的能力。一般认为，法人的民事责任能力具体体现在以下三个方面。

（1）法人须对法定代表人的行为负责。法定代表人以法人名义从事的民事活动，其法律后果由法人承受。法人章程或者法人权力机构对法定代表人代表权的限制，不得对抗善意相对人。法定代表人因执行职务造成他人损害的，由法人承担民事责任。法人承担民事责任后，依照法律或者法人章程的规定，可以向有过错的法定代表人追偿。

法人对法定代表人所负的责任，包括越权行为的责任。法人的法定代表人或者非法人组织的负责人超越权限订立的合同，除相对人知道或者应当知道其超越权限外，该代表行为有效，订立的合同对法人或者非法人组织发生效力。

（2）法人对其工作人员的职务行为负责。职务行为是指法人的工作人员在执行职务期间实施的民事行为。法人对其工作人员因执行法人交付的任务而所为的行为负责，其中也包括侵权行为所致的民事责任。

（3）法人应负的非法活动责任。法人不得从事法律禁止的活动，损害国家利益或者社会公共利益，否则应依法承担相应的法律责任。

知识链接

法人、法定代表人和法人代表有什么区别？

法人是社会组织在法律上的人格化，是法律意义上的"人"。法人是一个社会组织，是法律上拟制的人。法人不能是一个自然人，只能是一个组织体。

法定代表人是指依法代表法人行使民事权利、履行民事义务的主要负责人。例如，医院的院长、学校的校长、执行公司事务的董事或经理等，具有唯一性。

法人代表是法人授予行使法人权利的自然人。法人代表可以是多个，包括法定代表人、代理人和授权委托人。

三、代理

（一）代理概述

代理，是指代理人以被代理人（又称本人）的名义，在代理权限内与第三人（又称相对人）实施民事行为，其法律后果直接由被代理人承受的民事法律制度。

代理关系的主体包括代理人、被代理人（又称本人）和第三人（又称相对人）。代理关系包括三种关系：① 被代理人与代理人之间的代理权关系；② 代理人与第三人之间实施法律行为的关系；③ 被代理人与第三人之间承受代理行为法律后果的关系。如图1-1所示。

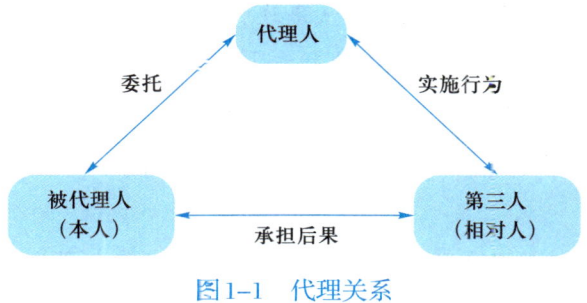

图1-1　代理关系

（二）代理的种类

代理一般可以分为以下两种：

1. 委托代理

委托代理是基于被代理人授权的意思表示而发生的代理，又称意定代理。委托代理基于被代理人授权的意思表示而发生，因此委托代理的被代理人在授权时必须具有相应的民事行为能力。委托代理授权采用书面形式的，授权委托书应当载明代理人的姓名或者名称、代理事项、权限和期间，并由被代理人签名或者盖章。

2. 法定代理

法定代理是依据法律规定而当然发生的代理。未成年人的父母是未成年人的监护人，无民事行为能力人和限制民事行为能力人的监护人是其法定代理人。因此，未成年人的父母根据其监护人身份成为未成年人的法定代理人。

知识链接

代理权的滥用

代理权的滥用是指代理人利用享有代理权的方便条件，进行损害被代理人利益的行为。滥用代理权主要有三种情况：① 自己代理。代理人不得以被代理人的名义与自己实施民事法律行为，但是被代理人同意或者追认的除外。② 双方代理。代理人不得以被代理人的名义与自己同时代理的其他人实施民事法律行为，但是被代理的双方同意或者追认的除外。③ 代理人和相对人恶意串通。代理人和相对人恶意串通，损害被代理人合法权益的，代理人和相对人应承担连带责任。

练一练

某行政机关依法委托专门从事政府采购代理业务的甲公司代理采购一批专用设备,并授权甲公司直接与中标供应商签订采购合同。甲公司在与中标供应商签订采购合同时,双方秘密商定,甲公司在多项合同条款上对中标供应商予以照顾,中标供应商作为答谢,提供给甲公司一批办公设备。

思考:(1)甲公司代理该行政机关签订采购合同的行为是否有效?
(2)由此给该行政机关造成的损失应由谁承担责任?请说明理由。

(三)无权代理

无权代理是指没有代理权而以他人名义进行的民事行为。行为人没有代理权、超越代理权或者代理权终止后,仍然实施代理行为,未经被代理人追认的,对被代理人不发生效力。

无权代理有广义和狭义之分。广义的无权代理包括表见代理和表见代理以外的无权代理。狭义的无权代理仅指表见代理以外的无权代理。在我国,无权代理一般指后者,即狭义的无权代理。无权代理包括三种情况:① 没有代理权的代理;② 超越代理权的代理;③ 代理权终止后而为的代理。

相对人可以催告被代理人自收到通知之日起30日内予以追认。被代理人未做表示的,视为拒绝追认。行为人实施的行为被追认前,善意相对人有撤销的权利。撤销应当以通知的方式作出。

法律咨询

背景材料:某年,村民李某想到城里购买一套房子,便委托自己在城里居住的亲戚张某帮忙看一下是否有每平方米5 000元左右的房子。后张某在一个非常好的地段发现有一套每平方米7 500元的房子准备出售,一时来不及和李某商量,就自己出资2万元作为定金以李某的名义定下了这套房子。

要求:假如李某认为该套房子的价格超出了自己的授权范围,能否不要这套房子,让张某自己承担这2万元定金的损失?请你帮助李某解答。

（四）表见代理

表见代理是指无权代理人的代理行为客观上存在使相对人相信其有代理权的情况。且相对人主观上为善意，因而可以向被代理人主张代理的效力。表见代理实质上是无权代理，是广义无权代理的一种。

行为人没有代理权、超越代理权或者代理权终止后，仍然实施代理行为，相对人有理由相信行为人有代理权的，代理行为有效。

表见代理旨在保护相对人的利益，相对人对于表见代理应享有选择权。相对人既可以按狭义无权代理享有撤销权，又可以按表见代理接受与本人的民事法律行为，与本人之间发生权利义务关系。

法律咨询

背景材料：无业人员阿茂手头紧张，便想打超市老板阿贵的主意。于是，阿茂对阿贵说他的车挡了自己的车，要求阿贵挪车。把阿贵支走后，阿茂进入阿贵的超市。这时有人进来买了一条价值300块钱的烟，误以为阿茂就是收银员，便将钱交给了阿茂，阿茂则将这300元钱装到了自己的口袋里。

要求：请你告诉阿贵他可不可以要求买烟的人承担这300元的损失？并说明理由。

练一练

甲是一家服装店的老板。有一天，乙到该服装店购买衣服，他看好了一套标价3 600元的西装，恰好这时候有人找甲。甲当着乙的面嘱咐前来看望自己的朋友丙说："请你帮我看管一下店，我马上回来。"甲刚出去不久，乙就向丙提出自己有事不能久留，要求丙尽快将西装卖给他，丙回复他要等甲回来再说。后来丙见乙要走，于是便答应乙代替甲出售该西装。双方经过协商，丙以2 600元的价格将西装出售给了乙。甲回来后得知该西装以2 600元的价格被出售，觉得卖亏了，立刻找到乙要求退款，并取回西装，乙则拒绝了甲的要求。双方遂发生争议。

思考：如果甲起诉到法院，主张该买卖行为无效，那么他的主张能否得到法院的支持？为什么？

四、诉讼时效

（一）诉讼时效概述

诉讼时效，是指权利人经过法定期限不行使自己的权利，依法律规定其胜诉权便归于消灭的制度。民法上建立诉讼时效制度，目的在于维护社会经济秩序稳定，避免时间过长导致举证困难，同时有利于督促权利人及时行使权利。

诉讼时效期间届满消灭的是胜诉权，而不是消灭实体权利。诉讼时效具有强制性，任何时效都由法律、法规强制规定，任何单位或个人对时效的延长、缩短、放弃等约定都是无效的。诉讼时效的期间、计算方法以及中止、中断的事由由法律规定，当事人约定无效。

（二）诉讼时效期间和起算

1. 诉讼时效期间

当事人向人民法院请求保护民事权利的诉讼时效期间为3年。法律另有规定的，依照其规定。

2. 诉讼时效起算

由于诉讼时效的法律后果是消灭权利人请求人民法院保护的权利，因此，诉讼时效期间的开始时间就直接关系到权利人的切身权益。

诉讼时效期间自权利人知道或者应当知道权利受到损害以及义务人之日起计算。法律另有规定的，依照其规定。但是，自权利受到损害之日起超过20年的，人民法院不予保护；有特殊情况的，人民法院可以根据权利人的申请决定延长。

（三）诉讼时效的中止、中断和延长

1. 诉讼时效的中止

诉讼时效的中止，是指在诉讼时效期间进行中，因一定的法定事由产生而使权利人无法行使请求权，暂停计算诉讼时效期间。

在诉讼时效期间的最后6个月内，因下列障碍，不能行使请求权的，诉讼时效中止：① 不可抗力；② 无民事行为能力人或者限制民事行为能力人没有法定代理人，或者法定代理人死亡、丧失民事行为能力、丧失代理权；③ 继承开始后未确定继承人或者遗产管理人；④ 权利人被义务人或者其他人控制；⑤ 其他导致权利人不能行使请求权的障碍。自中止时效的原因消除之日起满6个月，诉讼时效期间届满。

2. 诉讼时效的中断

诉讼时效的中断，是指在诉讼时效期间进行中，因发生一定的法定事由，致使已经过的时效期间统归无效，待时效中断事由消除后，诉讼时效期间重新起算。

有下列情形之一的，诉讼时效中断，从中断、有关程序终结时起，诉讼时效期间重新计算：① 权利人向义务人提出履行请求；② 义务人同意履行义务；③ 权利人提起诉讼或者申请仲裁；④ 与提起诉讼或者申请仲裁具有同等效力的其他情形。

3. 诉讼时效的延长

诉讼时效的延长，是指人民法院对已经完成的诉讼时效，根据特殊情况而予以延长。这是法律赋予司法机关的一种自由裁量权。至于何为特殊情况，则由人民法院判定。

（四）不适用诉讼时效的情形

下列请求权不适用诉讼时效的规定：① 请求停止侵害、排除妨碍、消除危险；② 不动产物权和登记的动产物权的权利人请求返还财产；③ 请求支付抚养费、赡养费或者扶养费；④ 依法不适用诉讼时效的其他请求权。

职场应用与指导

职场应用场景：

王余年同学刚刚毕业，便入职一家技术咨询服务公司工作。该公司的主要经营方式就是根据委托方对某一技术课题的要求，利用自身的信息优势和技术力量，为委托方提供技术选用建议和解决方案。

在入职培训课上，培训老师讲授了委托授权的相关事宜。在现实工作和生活中，如果当事人不能亲自来到现场办理某件事情，可以写一份授权委托书委托他人代为办理。授权委托书就是代理权产生的重要依据。在不同的应用场景中，授权委托书的书写要求也有所不同。

要求：

请结合本章内容的学习，查阅相关资料，为王余年提供有关授权委托书的参考模板。

指导建议请扫二维码阅读参考。

文本：
第一章职场应用指导建议

通关自测

测验：
第一章交互式测验及参考答案

法务实训

案情简介：

南某是一名14岁女中学生。某天在放学回家的路上，南某看到某商场正在进行有奖销售活动。活动内容为每消费30元可领取奖券一张，最高奖金额为人民币10 000元。南某便买了一瓶价值为30元的洗发水，领到了一张奖券。几天后，抽奖结果公布，南某所持奖券中了最高奖。南某将中奖的消息告诉了母亲萧某，母女二人马上去该商场兑了奖，萧某把这笔钱放到家里的柜子中。第二天，南某与萧某发生争执，南某一气之下，便偷拿了柜中的这笔钱到商场购物。她看到商场正在促销钻戒，便花了9 800元买了一只。几天后，萧某发现柜中的钱已不见，于是质问南某，方知真相。但南某认为钱是自己中奖所得，自己有权支配。萧某则认为南某还小，钱应当由自己和南某的父亲支配。萧某便带着南某来到商场，说明了南某购买钻戒未征得父母同意的情况，并要求退货。而商场售货员则称钻戒售出后无法退货。

问题：

（1）南某购买洗发水这一行为的法律效力如何？该笔奖金究竟应归谁所有？为什么？

（2）南某购买钻戒这一行为的法律效力如何？萧某能否要求退货？

（3）假设南某本人直接到商场领奖，商场能否以南某是未成年人为由拒绝兑奖？请说明理由。

第二章
个人独资企业法律制度

【学习目标】

★ **素养目标**
- 树立守法经营、规范管理的企业经营理念,切实履行企业的商事责任和社会责任。
- 树立创新意识,提升市场意识。

★ **知识目标**
- 了解个人独资企业的概念和法律特征。
- 掌握个人独资企业的设立条件、设立程序和事务执行。
- 熟悉个人独资企业解散和清算的程序。

★ **能力目标**
- 能够完成一家个人独资企业的注册登记。
- 能够处理个人独资企业存续期间出现的简单法律问题。

第二章 个人独资企业法律制度

【思维导图】

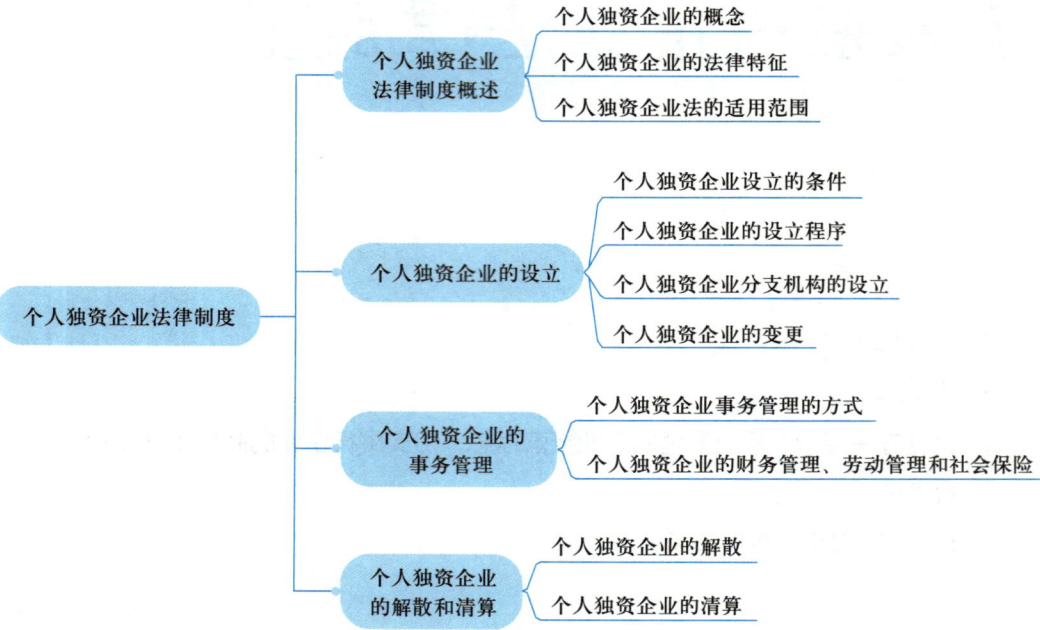

【先导案例】

案情介绍：

某市西河区华晶商行是一家以销售计算机和提供维修服务为经营范围的个人独资企业。出资人崔某住在西河区，有私房2套。由于经营不善，2023年3月12日，崔某决定解散华晶商行。3月18日，崔某转让华晶商行现有资产获取现金52万元。此时，华晶商行到期债务达61万元。华晶商行的债权人刘某、王某、谢某（分别有25万元、19万元、17万元债权，且均为无担保债权）得到崔某通知后向其主张债权。崔某先向刘某、王某清偿44万元。5月22日，崔某将剩余的8万元偿还给谢某后，以债务人是华晶商行且华晶商行全部资产已用来抵偿债务为由，拒绝向谢某清偿剩余的9万元债务。6月2日，谢某向西河区人民法院提起诉讼，要求变卖崔某的住房，并将变卖所得清偿所欠债务。

想一想：

在本案中，崔某将剩余的8万元钱还给谢某后，以债务人是华晶商行且华晶商行全部资产已用来抵偿债务为由，拒绝向谢某清偿剩余的9万元债务是否正确？为什么？

第一节　个人独资企业法律制度概述

一、个人独资企业的概念

个人独资企业，是指依法在中国境内设立，由一个自然人投资，财产为投资人个人所有，投资人以其个人财产对企业债务承担无限责任的经营实体。

个人独资企业投资人在申请设立登记时明确以其家庭共有财产作为个人出资的，应当依法以家庭共有财产对企业债务承担无限责任。

二、个人独资企业的法律特征

（1）个人独资企业的出资人是一个自然人。而且只能是一个具有中华人民共和国国籍的自然人。

（2）个人独资企业的财产归投资人个人所有。这里的企业财产不仅包括企业成立时投资人投入的初始财产，而且包括企业存续期间积累的财产。投资人是个人独资企业财产的唯一合法所有者。

（3）投资人以其个人财产对企业债务承担无限责任。这是个人独资企业的重要特征。也就是说，当投资人申报登记的出资不足以清偿个人独资企业经营所负的债务时，投资人就必须以其个人财产甚至家庭财产来清偿债务。

（4）个人独资企业不具有法人资格。尽管个人独资企业可以起字号，并可对外以企业名义从事生产经营活动，但不能独立地承担民事责任，只是自然人进行商业活动的一种特殊形态，属于自然人企业范畴。

三、个人独资企业法的适用范围

《中华人民共和国个人独资企业法》（以下简称《个人独资企业法》）仅适用于一个中国公民在中国境内投资所依法设立的企业。外商独资企业不适用该法，而只能适用外资企业法。

文本：
个人独资企业与个体工商户的区别

理论解读：

我们全面加强党的领导。中国特色社会主义最本质的特征是中国共产党领导，中国特色社会主义制度的最大优势是中国共产党领导，中国共产党是最高政治领导力量，坚持党中央集中统一领导是最高政治原则。

《个人独资企业法》第7条明确规定，在个人独资企业中的中国共产党党员依照中国共产党章程进行活动。

讨论分析：请同学们思考讨论为什么要在《个人独资企业法》中，对个人独资企业中共产党党员依照党章进行活动做专门的规定。

第二节　个人独资企业的设立

一、个人独资企业设立的条件

（一）投资人为一个自然人

作为投资人的自然人，应满足的条件是：① 具有中华人民共和国国籍；② 具有完全民事行为能力；③ 不属于法律、行政法规禁止从事营利性活动的人。如，法官、检察官、人民警察、其他国家公务员等，不得作为投资人申请设立个人独资企业。另外，从事临时经营、季节性经营、流动性经营和没有固定门面的摆摊经营者，不得登记为个人独资企业。

（二）有合法的企业名称

名称是一个企业与其他企业相区别的标志。企业必须有相应的名称，该名称应当符合法律、法规的要求。如个人独资企业的名称中不得使用"有限""有限责任"和"公司"字样。

（三）有投资人申报的出资

一定的资本是任何企业得以存续的重要物质基础，也是企业盈利的重要物质条件，个人独资企业也不例外。

投资人的出资方式既可以采取货币出资，也可以采取实物、土地使用权、知识产权或其他财产权利出资，并作价算出出资额。投资人申报的出资额应当与企业的生产规模相适应。

（四）有固定的生产经营场所和必要的生产经营条件

有固定的生产经营场所和必要的生产经营条件是个人独资企业存续与经营的基本物质条件。

（五）有必要的从业人员

对于从业人员的数额，《个人独资企业法》并没有作出具体限定。

国家公务员从事营利性活动违反职业道德和法律法规

某市纪委监委接到一封检举信，反映本辖区某部门分管领导沈某违规经商办企业的问题。经查，为了逃避组织检查，沈某假借其大姐的名义注册公司。市纪委通过登记部门调阅该公司注册登记档案资料后发现，沈某为公司财务负责人，相关手续也是沈某签字代办的。调查组还发现该公司与多家企业存在资金往来，都与沈某个人账户"深度捆绑"。

最终，沈某受到党内警告处分，违纪所得全部予以收缴。

公务员经商存在隐性入股、幕后操纵等隐形变异问题，查处难度比较大。

警示：首先，从职业道德角度来讲，国家公务员从事营利性活动违反职业道德。国家公务员职业道德的核心是全心全意为人民服务，公务员的职业道德要以依法执行公务、服务群众、奉献社会为主要内容，要树立良好的公仆形象，做人民满意的公务员。如果他们从事营利性活动，就不能做到全心全意为人民服务，就会破坏公务员与群众之间的信任，丧失自身公信力，对公务员的形象造成负面影响。其次，从法律法规角度来讲，国家公务员从事营利性活动违反相关法律法规的规定。比如，根据《公务员法》第59条的规定，公务员应当遵纪守法，不得违反有关规定从事或者参与营利性活动，也不得在企业或者其他营利性组织中兼任职务。国家公务员承担国家职责而拥有相应的监督管理权等诸多权力，这些权力是用以维护社会经济秩序、维护国家利益和社会利益的手段，如果他们从事营利性活动，这些权力就可能会被个人用来谋取私利。

二、个人独资企业的设立程序

（一）设立申请

个人独资企业的申请人是个人独资企业的投资人。投资人也可以委托其代理人向个人独资企业所在地的登记机关申请设立登记。投资人申请设立个人独资企业，应向登记机关提交下列文件：

（1）设立申请书。设立申请书应当载明下列事项：① 企业的名称和住所；② 投资人的姓名和居所；③ 投资人的出资额和出资方式；④ 经营范围。

（2）投资人身份证明。

（3）生产经营场所使用证明等文件。

由委托代理人申请设立登记的，应当出具投资人的委托书和代理人的合法证明。

个人独资企业不得从事法律、行政法规禁止经营的业务；从事法律、行政法规规定须报经有关部门审批的业务，应当在申请设立登记时提交有关部门的批准文件。

（二）登记机关核准登记与企业成立

登记机关应当在收到设立申请文件之日起15日内，对符合《个人独资企业法》规定条件的，予以登记，发给营业执照；对不符合《个人独资企业法》规定条件的，不予登记，并给予书面答复，说明理由。

个人独资企业营业执照的签发日期，为个人独资企业成立日期。在领取个人独资企业营业执照前，投资人不得以个人独资企业名义从事经营活动。

练一练

刘某欲设立一家个人独资企业，于某年2月26日向所在地的企业登记机关提交了设立申请书、投资人身份证明、生产经营场所使用证明等文件。在申请书中，刘某将拟成立的个人独资企业命名为"鲜果批发公司"。企业登记机关经过审核后作出了不予登记的决定。

思考：企业登记机关的做法是否正确？为什么？

三、个人独资企业分支机构的设立

个人独资企业的分支机构,是指个人独资企业在住所地以外设立的从事业务活动的办事机构。

个人独资企业设立分支机构,应当由投资人或者其委托的代理人向分支机构所在地的登记机关申请登记,领取营业执照。分支机构经核准登记后,应将登记情况报该分支机构隶属的个人独资企业登记机关备案。分支机构的民事责任由设立该分支机构的个人独资企业承担。

四、个人独资企业的变更

个人独资企业的变更,是指个人独资企业存续期间登记事项发生的变更。如企业名称、住所、经营范围、经营期限等方面发生的改变。个人独资企业应当在作出变更决定之日起15日内依法向登记机关申请办理变更登记。

第三节 个人独资企业的事务管理

一、个人独资企业事务管理的方式

个人独资企业事务管理的方式有两种,即投资人自行管理企业事务和委托或者聘用其他具有民事行为能力的人负责企业的事务管理。

投资人委托或者聘用他人管理个人独资企业事务,应当与委托人或者被聘用人签订书面合同,明确委托的具体内容和授予的权利范围。受托人或者被聘用的人员应当履行诚信、勤勉义务,按照与投资人签订的合同负责个人独资企业的事务管理。投资人对受托人或者被聘用的人员职权的限制,不得对抗善意第三人,这是因为投资人与受托人或者被聘用的人员之间的关系属于企业的内部法律关系,由双方通过签订委托或者聘用合同加以确认和规范,受托人或者被聘用的人员在对外活动中是代表企业与他人进行交易活动的(见表2-1)。

表 2-1　不得对抗善意第三人

第三人是否知情	企业内部限制性规定是否对第三人发生效力
知情	发生效力
不知情	不发生效力

善意第三人

善意第三人，是指在交易过程中，不知也不应当知道交易对方存在没有授权或超越授权范围等权利瑕疵，而与对方发生法律行为的人。例如，受托人超越委托人的授权范围，与第三人进行交易，第三人并不知情，也没有与受托人串通从而故意损害委托人的利益，则该第三人为善意第三人。

投资人委托或者聘用的管理个人独资企业事务的人员，应当以追求个人独资企业利益的最大化为最高原则，通过企业的管理活动不断使企业得以保值和增值。因此，受托人和被聘用的人员不得利用其职务从事任何损害企业利益的行为。《个人独资企业法》规定，投资人委托或者聘用的管理个人独资企业事务的人员不得有下列行为：① 利用职务上的便利，索取或者收受贿赂；② 利用职务或者工作上的便利侵占企业财产；③ 挪用企业的资金归个人使用或者借贷给他人；④ 擅自将企业资金以个人名义或者以他人名义开立账户储存；⑤ 擅自以企业财产提供担保；⑥ 未经投资人同意，从事与本企业相竞争的业务；⑦ 未经投资人同意，同本企业订立合同或者进行交易；⑧ 未经投资人同意，擅自将企业商标或者其他知识产权转让给他人使用；⑨ 泄露本企业的商业秘密；⑩ 法律、行政法规禁止的其他行为。

 练一练

兴隆食品厂是赵某投资设立的个人独资企业，赵某聘请钱某为厂长负责食品厂的管理。某年1月，钱某以厂长身份，从某制糖厂赊购白糖10吨，每吨7 000元，共计货款7万元。同年7月，制糖厂向食品厂要求支付货款7万元。此时白糖市场价已降至每吨6 000元。兴隆食品厂投资人赵某称，他与钱某的聘用合同约定，5万元以上的合同必须由赵某本人签字方为有效，钱厂长不得擅自签订金额5万元以上的合同。所以，

> 赵某主张白糖购销合同无效，拒付货款。制糖厂称其并不知道赵某对钱厂长有此职权限制，合同应当有效，故诉至法院，请求确认该合同有效。
>
> 思考：该合同是否有效？请说明理由。

二、个人独资企业的财务管理、劳动管理和社会保险

（一）财务管理

个人独资企业应当依法设置会计账簿，进行会计核算。个人独资企业应当设立日记账、总分类账和明细分类账三种主要账簿以及各种必要的辅助性账簿。

（二）劳动管理

个人独资企业招用职工的，应当依法与职工签订劳动合同，保障职工的劳动安全，按时、足额发放职工工资。个人独资企业必须建立、健全劳动安全卫生制度，严格执行国家劳动安全卫生规程和标准，对劳动者进行劳动安全卫生教育，防止劳动过程中事故的发生，减少职业危害。劳动安全卫生设施必须符合国家规定的标准。

（三）社会保险

个人独资企业应当按照国家规定参加社会保险，为职工缴纳社会保险费。

第四节　个人独资企业的解散和清算

一、个人独资企业的解散

个人独资企业的解散，是指个人独资企业因出现某些法律事由而导致其民事主体资格消灭的行为。

个人独资企业有下列情形之一时，应当解散：① 投资人决定解散；② 投资人死亡或者被宣告死亡，无继承人或者继承人放弃继承；③ 被依法吊销营业执照；④ 法律、行政法规规定的其他情形。

宣告失踪或者宣告死亡

宣告失踪或者宣告死亡，指经利害关系人申请，由人民法院对下落不明满一定期间的人宣告为失踪人或者宣告死亡的制度。

我国《民法典》规定，自然人下落不明满2年的，利害关系人可以向人民法院申请该自然人为失踪人；下落不明满4年的或者因意外事故下落不明满2年的，利害关系人向人民法院提出宣告死亡申请的，人民法院才能依法作出死亡宣告。

与宣告失踪制度的设计目的相比，宣告死亡主要解决失踪人的整个民事法律关系的状态问题，而宣告失踪则主要解决失踪人的财产管理问题。故宣告死亡重在保护被宣告死亡人的利害关系人的利益，而宣告失踪则重在保护失踪人的利益。

二、个人独资企业的清算

个人独资企业的清算，是指处理解散企业未了结的法律关系的程序。个人独资企业解散的，应当进行清算。

（一）清算方式

个人独资企业解散，由投资人自行清算或者由债权人申请人民法院指定清算人进行清算。

（二）通知、公告债权人（债权申报）

投资人自行清算的，应当在清算前15日内书面通知债权人，无法通知的，应当予以公告。债权人应当在接到通知之日起30日内，未接到通知的应当在公告之日起60日内，向投资人申报其债权。

（三）清算顺序

个人独资企业解散的，财产应当按照下列顺序清偿：① 所欠职工工资和社会保险费用；② 所欠税款；③ 其他债务。

清算期间，个人独资企业不得开展与清算目的无关的经营活动。在按上述规定清偿债务前，投资人不得转移、隐匿财产。

（四）责任承担

个人独资企业财产不足以清偿债务的，投资人应当以其个人的其他财产予以清偿。个人独资企业解散后，原投资人对个人独资企业存续期间的债务仍应承担偿还责任，但债权人在5年内未向债务人提出偿债请求的，该责任消灭。

（五）注销登记

个人独资企业清算结束后，投资人或者人民法院指定的清算人应当编制清算报告，并于15日内到登记机关办理注销登记。注销登记一旦完成，个人独资企业即告消灭。

> **背景材料**：大学毕业的小尚准备开一家广告设计店，拟选择设立成为一家个人独资企业。
>
> **要求**：请你告诉小尚这种企业形式有什么优势和劣势。

职场应用与指导

职场应用场景：

王余年入职后的第一个客户是一家名为"三鲜李水果营业部"的个人独资企业，王余年的指导老师要求王余年首先搞清楚以下几个问题，再开始做具体业务。

问题一：个人独资企业的法律性质是什么？

问题二：个人独资企业债务由谁承担？

问题三：个人独资企业这种企业组织形式会有什么风险？应如何防范？

要求：

请结合本章内容的学习，帮助王余年解决这些问题。

指导建议请扫描二维码阅读参考。

扫码：
第二章职场应用指导建议

通关自测

测验：
第二章交互式测验及参考答案

法务实训

案情简介：

某经济咨询事务所系王某个人在甲市投资设立的个人独资企业，营业执照的签发日期为2024年7月8日。

问题：

（1）在2024年7月8日前，该经济咨询事务所可否从事经营活动？为什么？

（2）该所可以设立分支机构吗？其民事责任由谁承担？

（3）如果该所的经营范围为"主营经济咨询，兼营计算机设备、文化用品"，那么该所是否可以适当经营服装业务？为什么？

（4）如果王某委托李某管理企业，应办理什么手续？

第三章
合伙企业法律制度

【学习目标】

★ 素养目标
- 既要树立合作的意识，又要把控合伙企业存在的盈亏与家庭财产相关的法律风险。
- 树立诚信品质，强化在商事经营中的责任担当意识。
- 树立守法经营、规范管理的经营理念。

★ 知识目标
- 了解合伙企业的概念、法律特征，了解有限合伙和普通合伙的区别。
- 掌握合伙企业的设立条件及合伙企业事务执行方式。
- 掌握合伙企业的入伙与退伙、解散与清算的有关规定。

★ 能力目标
- 能够正确认知设立普通合伙企业和有限合伙企业的条件。
- 能够正确管理与使用合伙企业的财产。
- 能够处理好合伙企业的债务清偿事宜。
- 能够解决好合伙企业的解散与清算及入伙、退伙等问题。

第三章 合伙企业法律制度

【思维导图】

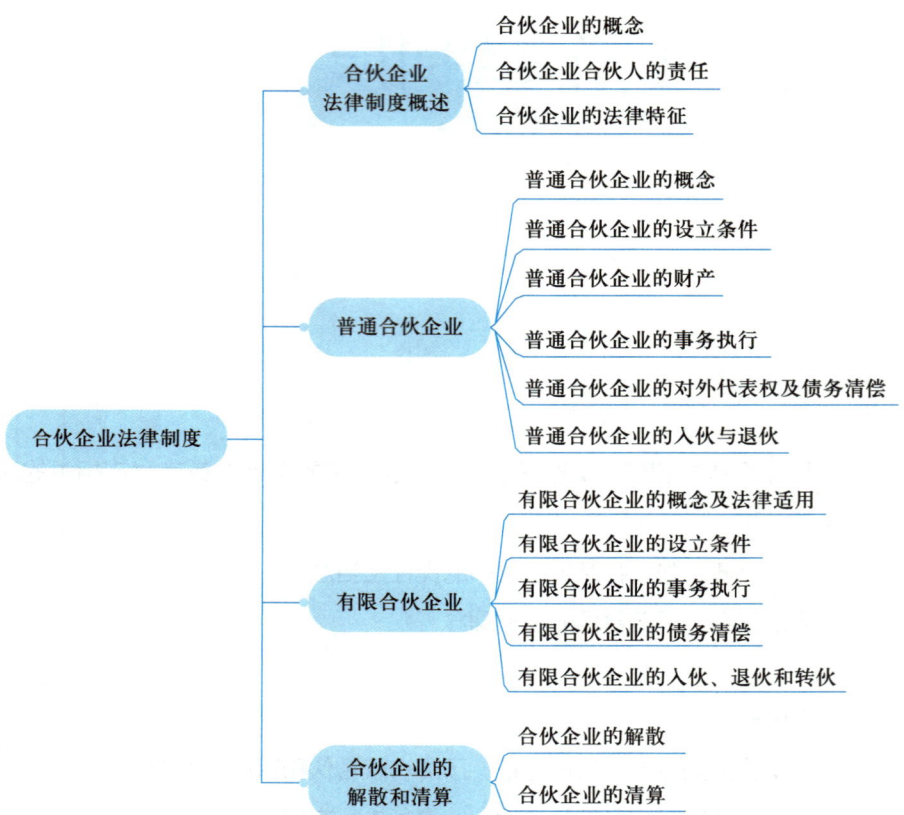

【先导案例】

案情介绍：

张某、李某、王某、马某四人商议设立一家普通合伙企业，并签订了合伙协议。协议约定张某、李某、王某每人出资10万元或相当于10万元价值的实物，马某以劳务作价10万元出资。合伙协议还约定由张某和马某执行合伙企业事务，对外代表合伙企业，但签订买卖合同应经其他合伙人同意，李某和王某不再执行合伙企业事务。合伙企业设立后，张某擅自以合伙企业的名义与甲公司签订了买卖合同。由于超过了合同规定期限，合伙企业还没有交货，甲公司派人交涉，方知合同的签订未经其他合伙人同意。合伙企业以此为由拒绝了甲公司赔偿损失的要求。

想一想：

（1）张某、李某、王某和马某的出资方式是否符合法律规定？为什么？

（2）合伙企业可否拒绝甲公司的索赔要求？为什么？

第一节　合伙企业法律制度概述

一、合伙企业的概念

合伙，是指两个以上的民事主体为了共同目的，相互约定共同出资、共同经营、共享收益、共担风险的自愿联合。

合伙企业，是指自然人、法人和其他组织依照《中华人民共和国合伙企业法》（以下简称《合伙企业法》）在中国境内设立的普通合伙企业和有限合伙企业。普通合伙企业又分为一般的普通合伙企业和特殊的普通合伙企业。

二、合伙企业合伙人的责任

普通合伙企业由普通合伙人组成，合伙人对合伙企业债务承担无限连带责任。但《合伙企业法》对普通合伙人承担责任的形式有特别规定的，从其规定。有限合伙企业由普通合伙人和有限合伙人组成，普通合伙人对合伙企业债务承担无限连带责任，有限合伙人以其认缴的出资额为限对合伙企业债务承担责任。

所谓连带责任，是指所有的合伙人对合伙企业的债务都有责任向债权人偿还，不管自己在合伙协议中所承担的比例是多少。一个合伙人不能偿还对外债务时，其他合伙人都有清偿的责任，但是当某一个合伙人偿还的债务超过自己应承担的数额时，有权向其他合伙人追偿。所谓无限责任，是指所有的合伙人不以其向合伙企业投入的资金和合伙企业所有的全部资金为限，而是以合伙人自己所有的财产对债权人承担清偿责任。

素养提升

理论解读：

习近平总书记在党的二十大报告中指出，要弘扬诚信文化，健全诚信建设长效机制。

习近平总书记在《之江新语》中也曾指出："企业无信，则难求发展；社会无信，则人人自危；政府无信，则权威不立。"

诚信不仅是道德问题，也是法律问题，诚信需要德治教化，也需要法治保障。

> 讨论分析：请同学们讨论分析下列问题：① 如果你要设立普通合伙企业，你找寻合作伙伴的标准是什么？② 基于诚信视角谈谈你和你的合作伙伴在创业过程中能否做到"有福同享，有难同当"。

三、合伙企业的法律特征

（1）从组织形式上看，合伙企业是契约式组织。合伙企业成立的法律基础是合伙协议。

（2）从责任形态上看，普通合伙人对合伙企业债务承担无限连带责任；有限合伙人对合伙企业的债务以其认缴的出资额为限承担有限责任。

（3）从人员结构上看，合伙企业人员结构相对稳定，普通合伙人变动不自由。这体现了合伙企业的人合性特征。

（4）从缴纳所得税上看，合伙企业的生产经营所得和其他所得，按照国家有关税收规定，合伙企业以每一个合伙人为纳税义务人。合伙企业是自然人的，缴纳个人所得税；合伙人是法人和其他组织的，缴纳企业所得税。

第二节　普通合伙企业

一、普通合伙企业的概念

普通合伙企业，是指由普通合伙人组成，合伙人对合伙企业债务依法承担无限连带责任的营利性组织。

二、普通合伙企业的设立条件

（1）有两个以上合伙人。合伙人应当为两个或两个以上，合伙人为自然人的，应当为具有完全民事行为能力的人。国有独资公司、国有企业、上市公司以及公益性的事业单位、社会团体不得成为普通合伙人。

（2）有书面合伙协议。合伙协议是全体合伙人经过协商一致以书面形式订立的、确立其权利义务关系的契约。合伙协议应当载明下列事项：① 合伙企业的名称和主要经营场所的地点；② 合伙目的和合伙经营范围；③ 合伙人的姓名或者名称、住所；④ 合伙人的出资方式、数额和缴付期限；⑤ 利润分配、亏损分担方式；⑥ 合伙事务的执行；⑦ 入伙与退伙；⑧ 争议解决办法；⑨ 合伙企业的解散与清算；⑩ 违约责任。合伙协议经全体合伙人签名、盖章后生效。

（3）有合伙人认缴或者实际缴付的出资。合伙人可以用货币、实物、知识产权、土地使用权或者其他财产权利出资。合伙人以实物、知识产权、土地使用权或者其他财产权利出资，需要评估作价的，可以由全体合伙人协商确定，也可以由全体合伙人委托法定评估机构评估。其出资应当是合伙人的合法财产及财产权利。合伙人也可以用劳务出资，其评估办法由全体合伙人协商确定，并在合伙协议中载明。合伙人应当按照合伙协议约定的出资方式、数额和缴付期限，履行出资义务。合伙人以非货币财产出资的，依照法律、行政法规的规定，需要办理财产权转移手续的，应当依法办理。

> **法律咨询**
>
> **背景材料**：甲、乙、丙三人拟设立一家合伙企业，他们签订了一份书面的合伙协议。其中包括：① 甲的出资为现金12万元和劳务作价5 000元；② 乙的出资为现金8 000元，在合伙企业成立后半年内缴付；③ 丙的出资为作价10万元的一辆汽车，不办理过户手续，丙保留对该车的处分权；④ 合伙企业的经营期限，在合伙企业成立满半年时再协商确定。
>
> **要求**：现在由你来审查这份协议。请你告诉甲、乙、丙三人该协议中有无不符合《合伙企业法》规定的内容。

（4）有合伙企业的名称和生产经营场所。合伙企业只有具有自己的名称，才能与其他市场主体相区别，便于他人与其进行经济活动。普通合伙企业名称中应当标明"普通合伙"字样。有生产经营场所，其生产经营才能正常进行，也便于国家有关部门对其经营活动进行监督管理。

（5）法律、行政法规规定的其他条件。

三、普通合伙企业的财产

（一）财产的构成

合伙人的出资、以合伙企业名义取得的收益和依法取得的其他财产，均为合伙企业的财产。

图片：
合伙企业财产构成

（二）财产的性质

合伙企业属于非法人组织，不享有独立的法人财产。在合伙企业存续期间，合伙企业的财产归全体合伙人共同所有，合伙企业没有其独立所有的财产。合伙企业的财产由全体合伙人共同管理和使用，对合伙企业财产的占有、使用、收益和处分，均应依据全体合伙人的共同意愿进行。合伙人在合伙企业清算前，除《合伙企业法》另有规定外，不得请求分割合伙企业的财产。合伙人在合伙企业清算前私自转移或者处分合伙企业财产的，合伙企业不得以此对抗善意第三人。

（三）财产的转让

合伙企业财产的转让，是指合伙人将自己在合伙企业中的财产份额转让给他人的行为。

除合伙协议另有约定外，合伙人向合伙人以外的人转让其在合伙企业中的全部或者部分财产份额时，须经其他合伙人一致同意。合伙人之间转让在合伙企业中的全部或部分财产份额时，应当通知其他合伙人。合伙人向合伙人以外的人转让其在合伙企业中的财产份额的，在同等条件下，其他合伙人有优先购买权，但合伙协议另有约定的除外。

 法律咨询

> **背景材料**：甲为一普通合伙企业的合伙人，因资金紧张，甲希望将自己在合伙企业中的出资转让给合伙人以外的第三人乙。
>
> **要求**：请你告诉甲，要想将其出资转让给乙应怎样操作才合法。

四、普通合伙企业的事务执行

（一）事务的决议规则

1. 一般事项的表决

合伙人对合伙企业有关事项作出决议，按照合伙协议约定的表决办法办理。合伙协议未约定或者约定不明确的，实行合伙人一人一票并经全体合伙人过半数通过的表决办法。

2. 重大事项的表决

除合伙协议另有约定外，合伙企业的下列事项应当经全体合伙人一致同意：① 改变合伙企业的名称；② 改变合伙企业的经营范围、主要经营场所的地点；③ 处分合伙企业的不动产；④ 转让或者处分合伙企业的知识产权和其他财产权利；⑤ 以合伙企业名义为他人提供担保；⑥ 聘任合伙人以外的人担任合伙企业的经营管理人员。

（二）事务执行方式

1. 共同执行

合伙人对执行合伙事务享有同等的权利，这就意味着原则上每个普通合伙人均可执行合伙企业事务。

2. 部分合伙人执行

按照合伙协议的约定或者经全体合伙人决定，可以委托一个或者数个合伙人对外代表合伙企业，执行合伙事务，其他合伙人不再执行合伙企业事务。作为合伙人的法人、其他组织执行合伙事务的，由其委派的代表执行。

（三）合伙企业事务的监督

不执行合伙事务的合伙人有权监督执行事务合伙人执行合伙事务的情况。

由一个或者数个合伙人执行合伙事务的，执行事务合伙人应当定期向其他合伙人报告事务执行情况以及合伙企业的经营和财务状况。

合伙人为了解合伙企业的经营状况和财务状况，有权查阅合伙企业会计账簿等财务资料。

（四）合伙人行为的限制

合伙人不得自营或者同他人合作经营与本合伙企业相竞争的业务。除合伙协议另有约定或者经全体合伙人一致同意外，合伙人不得同本合伙企业进行交易。合伙人不得从事损害本合伙企业利益的活动。

练一练

韩某与路某各出资5万元设立了甲面条厂（普通合伙企业），其经营状况相当好。路某见有钱可赚，遂又与刘某各出资15万元设立了乙面条厂（普通合伙企业）。由于乙面条厂的规模大，并且是流水线生产，成本更低，因此不久就占据了当地大部分的市场份额，导致甲面条厂几乎处于停产状态，给韩某造成了重大经济损失，而路某从乙面条厂获得了丰厚的利润。

思考：路某的做法合法吗？请说明理由。

（五）利润分配与亏损分担

1. 利润分配与亏损分担顺序

普通合伙企业利润分配与亏损分担顺序如下：① 约定优先。合伙企业的利润分配、亏损分担，按照合伙协议的约定办理。② 协商确定。合伙协议未约定或者约定不明确的，由合伙人协商决定。③ 实缴比例。协商不成的，由合伙人按照实缴出资比例分配、分担。④ 平均。无法确定出资比例的，由合伙人平均分配、分担。

2. 禁止性规定

合伙协议不得约定将全部利润分配给部分合伙人或者由部分合伙人承担全部亏损。如果有此类约定的，该约定无效。因为这种将全部利润分配给部分合伙人或者由部分合伙人承担全部亏损的行为，其实质是吞并其他合伙人的合法利益。

五、普通合伙企业的对外代表权及债务清偿

（一）对外代表权

执行合伙企业事务的合伙人，对外代表合伙企业。可以取得合伙企业对外代表权的合伙人，主要有以下三种情形（见表3-1）。

表3-1 普通合伙企业的对外代表权

情形	含义
由全体合伙人共同执行合伙事务	全体合伙人都有权对外代表合伙企业，即全体合伙人都取得了合伙企业的对外代表权

续表

情形	含义
由部分合伙人执行合伙事务	只有受委托执行合伙事务的那一部分合伙人有权对外代表合伙企业，而不参加执行合伙事务的合伙人则不具有对外代表合伙企业的权利
在单项合伙事务上有执行权的合伙人	依照授权范围可以对外代表合伙企业

执行合伙事务的合伙人，在取得对外代表权后，可以以合伙企业的名义进行经营活动，在其授权范围内实施法律行为。这种行为对合伙企业有法律效力，由此而产生的收益应当归合伙企业所有，成为合伙财产的来源；由此带来的风险，也应当由合伙人承担，构成合伙企业的债务。

合伙企业对合伙人执行合伙事务以及对外代表合伙企业权利的限制，不得对抗善意第三人。

（二）债务清偿

合伙企业对其债务，应先以其全部财产进行清偿。合伙企业不能清偿到期债务的，合伙人承担无限连带责任。合伙人由于承担无限连带责任，清偿数额超过其亏损分担比例的，有权向其他合伙人追偿。

六、普通合伙企业的入伙与退伙

（一）入伙

入伙，是指在合伙企业存续期间，合伙人以外的第三人加入合伙企业并取得合伙人资格的行为。

1. 入伙条件

新合伙人入伙，除合伙协议另有约定外，应当经全体合伙人一致同意，并依法订立书面入伙协议。订立入伙协议时，原合伙人应当向新合伙人如实告知原合伙企业的经营状况和财务状况。

2. 入伙的法律后果

新合伙人入伙后，即取得合伙人的资格。入伙的新合伙人与原合伙人享有同等权利，承担同等责任。入伙协议另有约定的，从其约定。新合伙人对入伙前合伙企业

微课：
新合伙人入伙

的债务承担无限连带责任。

练一练

2022年8月,甲、乙各出资5万元设立了一个合伙企业。后因资金短缺,合伙人甲、乙一致同意吸收丙加入合伙企业,并向丙介绍了合伙企业的经营状况和财务状况。三人于2023年10月15日签订了接纳丙加入合伙企业的书面协议:丙投入资金4万元,盈亏按投入资金占合伙企业全部财产的比例分配、分担。随后3人到市监局办理了变更登记。后来因经营不善,2024年3月该合伙企业资不抵债。此时,合伙企业的债权人要求甲、乙、丙偿还合伙企业于2023年6月之前所欠的货款。丙认为其入伙前合伙企业的债务与自己无关;甲、乙则认为该债务应当按照合伙协议约定的分担债务的比例承担债务责任。甲、乙按照合伙协议约定的分担债务的比例履行了各自认为应当承担的债务之后,债权人仍以甲、乙和丙为被告,向人民法院起诉,要求其清偿全部债务。

思考:债权人以甲、乙和丙为被告,向人民法院起诉要求其清偿全部债务的做法是否正确?为什么?

(二)退伙

退伙,是指在合伙企业存续期间,合伙人退出合伙企业,与其他合伙人脱离关系,从而丧失合伙人资格的行为。

1. 自愿退伙

自愿退伙,是指合伙人基于自愿的意思表示而退伙,一般需要正当理由。自愿退伙又可以分为在合伙协议中"约定合伙期限"和"未约定合伙期限"两种情形。

(1)约定合伙期限的情形。合伙协议约定合伙期限的,在合伙企业存续期间,有下列情形之一的,合伙人可以退伙:① 合伙协议约定的退伙事由出现;② 经全体合伙人一致同意;③ 发生合伙人难以继续参加合伙的事由;④ 其他合伙人严重违反合伙协议约定的义务。

(2)未约定合伙期限的情形。合伙协议未约定合伙期限的,合伙人在不给合伙企业事务执行造成不利影响的情况下,可以退伙,但应当提前30日通知其他合伙人。合伙人擅自退伙的,应当赔偿由此给合伙企业造成的损失。

2. 法定退伙

法定退伙,是指直接根据法律的规定而退伙。法定退伙又可分为当然退伙和除名退伙。

（1）当然退伙。当然退伙，是指发生了某种客观情况而导致的退伙。合伙人有下列情形之一的，当然退伙：① 作为合伙人的自然人死亡或者被依法宣告死亡；② 个人丧失偿债能力；③ 作为合伙人的法人或者其他组织依法被吊销营业执照、责令关闭、撤销，或者被宣告破产；④ 法律规定或者合伙协议约定合伙人必须具有相关资格而丧失该资格；⑤ 合伙人在合伙企业中的全部财产份额被人民法院强制执行。

（2）除名退伙。除名退伙也称开除退伙，是指在合伙人出现法定事由的情形下，由其他合伙人决议将该合伙人除名。

合伙人有下列情形之一的，经其他合伙人一致同意，可以决议将其除名：① 未履行出资义务；② 因故意或者重大过失给合伙企业造成损失；③ 执行合伙事务时有不正当行为；④ 发生合伙协议约定的事由。

3. 退伙后责任的承担

合伙人退伙以后，并不能解除对于合伙企业既往债务的连带责任。也就是说，退伙人对基于其退伙前的原因发生的合伙企业债务，承担无限连带责任。

知识链接

特殊的普通合伙企业

特殊的普通合伙企业是指以专门知识和专门技能为客户提供有偿服务的专业服务机构，如律师事务所、会计师事务所、医师事务所、设计师事务所等。特殊的普通合伙企业必须在其企业名称中标明"特殊普通合伙"字样，以区别于普通合伙企业。

特殊的普通合伙仅适用于以专门知识和专门技能（如法律知识与技能、医学和医疗知识与技能、会计知识与技能等）为客户提供有偿服务的机构。因为这些专门知识和专门技能通常只为少数的、受过专业知识教育与培训的人才所掌握，而在向客户提供专业服务时，个人的知识、技能、职业道德、经验等往往起着决定性的作用，与合伙企业本身的财产状况、声誉、经营管理方式等都没有直接和必然的联系，合伙人个人的独立性极强。

特殊普通合伙企业的一个合伙人或者数个合伙人在执业活动中因故意或者重大过失造成合伙企业债务的，应当承担无限责任或者无限连带责任，其他合伙人以其在合伙企业中的财产份额为限承担责任；合伙人在执业活动中非因故意或者重大过失造成的合伙企业债务以及合伙企业的其他债务，由全体合伙人承担无限连带责任。

> **合伙企业如何保持合伙人之间的互信关系？**
>
> 合伙企业的成功与否，往往取决于合伙人之间是否能够维护稳定且充满信任的关系。信任，作为合作的基石，对于迅速决策以及企业长远发展都至关重要。然而，信任的建立与维护并非易事，它要求合伙人在合作的各个方面表现出透明、公正、诚实和互相尊重的态度。
>
> 警示：首先，构建互信的基础在于制定一份详尽而明确的合伙协议。其次，维护互信关系的关键在于建立有效且透明的沟通机制。再次，公平的利益分配机制对于维护合伙人之间的信任至关重要。最后，共同的价值观和目标是增强合伙人之间信任的重要因素。

第三节　有限合伙企业

一、有限合伙企业的概念及法律适用

（一）有限合伙企业的概念

有限合伙企业，是由普通合伙人和有限合伙人共同组成的，普通合伙人对合伙企业债务承担无限连带责任，有限合伙人以其认缴的出资额为限对合伙企业债务承担责任的营利性组织。

（二）有限合伙企业的法律适用

在法律适用中，凡是《合伙企业法》中对有限合伙企业有特殊规定的，应当适用《合伙企业法》中对有限合伙企业的特殊规定。无特殊规定的，适用有关普通合伙企业及其合伙人的一般规定。

二、有限合伙企业的设立条件

（1）有2个以上50个以下的合伙人。有限合伙企业由2个以上50个以下合伙人设

立，其中至少应当有一个普通合伙人。国有独资公司、国有企业、上市公司以及公益性的事业单位、社会团体可以成为有限合伙人。

（2）有特定的企业名称和生产经营场所。在有限合伙企业名称中应当标明"有限合伙"字样。

（3）有书面合伙协议。有限合伙企业的合伙协议除载明普通合伙企业合伙协议的事项外，还应当载明下列事项：① 普通合伙人和有限合伙人的姓名或者名称、住所；② 执行事务合伙人应具备的条件和选择程序；③ 执行事务合伙人的权限与违约处理办法；④ 执行事务合伙人的除名条件和更换程序；⑤ 有限合伙人入伙、退伙的条件、程序以及相关责任；⑥ 有限合伙人和普通合伙人相互转变程序。

（4）有实际缴付的出资。有限合伙人可以用货币、实物、知识产权、土地使用权或者其他财产权利作价出资。但有限合伙人不得以劳务出资。

（5）法律、行政法规规定的其他条件。

微课：
有限合伙企业的特殊规定

练一练

A、B、C三人口头商议共同创办一个有限合伙企业，从事商贸活动。他们商定：A、B用货币出资；因C是下岗职工，经济困难，故以劳务出资。A因能力强，被委托负责执行合伙企业事务；B考虑风险因素，只愿意以货币出资并且仅以所出资金对合伙企业承担责任。三人还商定了经营范围、出资期限及利润分配和亏损分担办法、入伙与退伙等事项，并为拟设立的合伙企业取名为"光明贸易有限责任商行"。他们决定待取得营业执照后再确定经营场所。三人商议后，前往企业登记机关申请办理合伙企业设立登记，并向企业登记机关说明了他们口头商议的内容。企业登记机关承办人员听完后，书面指出他们的设立登记申请部分内容违反了《合伙企业法》的相关规定，须作出修正。

思考：A、B、C三人在申请设立合伙企业登记的过程中具体违反了《合伙企业法》的哪些规定？

三、有限合伙企业的事务执行

（一）有限合伙企业事务执行人

有限合伙企业由普通合伙人执行合伙事务。

（二）禁止有限合伙人执行合伙事务

有限合伙人不执行合伙事务，不得对外代表有限合伙企业。

（三）有限合伙企业利润分配与亏损分担

有限合伙企业不得将全部利润分配给部分合伙人；但是，合伙协议另有约定的除外。

从原则上来说，部分合伙人不得独享有限合伙企业全部利润，但允许合伙协议作出例外的规定。《合伙企业法》未对亏损分担作出规定，意味着有限合伙企业亏损的分担适用与普通合伙企业相同的规则，即合伙协议不得约定由部分合伙人承担全部亏损。

（四）有限合伙人的权利

（1）有限合伙人可以同本企业进行交易。但是，合伙协议另有约定的除外。

（2）有限合伙人可以经营与本企业相竞争的业务。有限合伙人可以自营或者同他人合作经营与本有限合伙企业相竞争的业务；但是，合伙协议另有约定的除外。与普通合伙人不同，有限合伙人一般不承担竞业禁止义务。普通合伙人如果禁止有限合伙人自营或者同他人合作经营与本有限合伙企业相竞争的业务，应当在合伙协议中作出约定。

四、有限合伙企业的债务清偿

有限合伙企业的债务应先以合伙企业的全部财产进行清偿。合伙企业财产不足以清偿合伙企业债务时，由普通合伙人承担无限连带责任；有限合伙人以其认缴的出资额为限对合伙企业债务承担责任。

五、有限合伙企业的入伙、退伙和转伙

（一）入伙

新入伙的有限合伙人对入伙前有限合伙企业的债务，以其认缴的出资额为限承担责任。

（二）退伙

1. 当然退伙的情形

有限合伙人有下列情形之一的，当然退伙：① 作为有限合伙人的自然人死亡或者被依法宣告死亡；② 作为有限合伙人的法人或者其他组织依法被吊销营业执照、责令关闭、撤销，或者被宣告破产；③ 法律规定或者合伙协议约定有限合伙人必须具有相关资格而丧失该资格；④ 有限合伙人在合伙企业中的全部财产份额被人民法院强制执行。

2. 退伙后的责任承担

有限合伙人退伙后，对基于其退伙前的原因发生的有限合伙企业债务，以其退伙时从有限合伙企业中取回的财产承担责任。

（三）转伙

除合伙协议另有约定外，普通合伙人转变为有限合伙人，或者有限合伙人转变为普通合伙人，应当经全体合伙人一致同意。

有限合伙人转变为普通合伙人的，对其作为有限合伙人期间有限合伙企业发生的债务承担无限连带责任。

普通合伙人转变为有限合伙人的，对其作为普通合伙人期间合伙企业发生的债务承担无限连带责任。

有限合伙企业仅剩有限合伙人的，应当解散；有限合伙企业仅剩普通合伙人的，应转为普通合伙企业。

文本：
有限合伙企业的优势

> **练一练**
>
> 某年，李帅帅、张团团、王香香、赵乐乐共4人投资设立了一家从事贸易活动的有限合伙企业。合伙协议约定了以下事项：① 李帅帅以现金5万元出资，张团团以房屋作价8万元出资，王香香以劳务作价4万元出资，赵乐乐以现金10万元出资。② 赵乐乐为普通合伙人，李帅帅、张团团、王香香均为有限合伙人。③ 合伙企业的事务由王香香和赵乐乐执行，李帅帅和张团团不执行合伙事务，也不对外代表合伙企业。
>
> 思考：（1）有限合伙人王香香以劳务作价出资的做法是否符合法律规定？（2）合伙事务执行方式是否符合法律规定？

第四节 合伙企业的解散和清算

一、合伙企业的解散

合伙企业的解散,是指合伙企业因某些法律事实的发生而归于消灭的行为。

合伙企业有下列情形之一的,应当解散:① 合伙期限届满,合伙人决定不再经营;② 合伙协议约定的解散事由出现;③ 全体合伙人决定解散;④ 合伙人已不具备法定人数满30天;⑤ 合伙协议约定的合伙目的已经实现或者无法实现;⑥ 依法被吊销营业执照、责令关闭或者被撤销;⑦ 法律、行政法规规定的其他原因。

合伙企业解散,应当由清算人进行清算。

二、合伙企业的清算

(一)清算人的确定

清算人的确定分为三种情况:① 清算人由全体合伙人担任;② 不能由全体合伙人担任其清算人的,经全体合伙人过半数同意,可以自合伙企业解散事由出现后15日内指定一个或者数个合伙人,或者委托第三人,担任清算人;③ 自合伙企业解散事由出现之日起15日内未确定清算人的,合伙人或者其他利害关系人可以申请人民法院指定清算人。

(二)清算事务

清算人在清算期间执行下列事务:① 清理合伙企业财产,分别编制资产负债表和财产清单;② 处理与清算有关的合伙企业未了结事务;③ 清缴所欠税款;④ 清理债权、债务;⑤ 处理合伙企业清偿债务后的剩余财产;⑥ 代表合伙企业参加诉讼或者仲裁活动。

(三)通知、公告债权人(债权申报)

清算人自被确定之日起10日内将合伙企业解散事项通知债权人,并于60日内在报纸上公告。债权人应当自接到通知书之日起30日内,未接到通知书的自公告之日起45日内,向清算人申报债权。债权人申报债权时,应当说明债权的有关事项,并提供证明材料。清算人应当对债权进行登记。

清算期间，合伙企业存续，但不得开展与清算无关的经营活动。

（四）清偿顺序与剩余财产分配

合伙企业财产在支付清算费用后，按下列顺序清偿：① 所欠的职工工资、社会保险费用和法定补偿金；② 所欠税款；③ 所欠债务。

合伙企业财产按上述顺序清偿后仍有剩余的，按照合伙协议的约定办理；合伙协议未约定或者约定不明确的，由合伙人协商决定；协商不成的，由合伙人按照实缴出资比例分配；无法确定出资比例的，由合伙人平均分配。

（五）注销登记

清算结束，清算人应当编制清算报告，经全体合伙人签名、盖章后，在15日内向企业登记机关报送清算报告，申请办理合伙企业注销登记。

（六）合伙企业注销后的债务承担

合伙企业注销后，原普通合伙人对合伙企业存续期间的债务仍应承担无限连带责任。

（七）合伙企业的破产清算

合伙企业不能清偿到期债务的，债权人可以依法向人民法院提出破产清算申请，也可以要求普通合伙人清偿。合伙企业依法被宣告破产的，普通合伙人对合伙企业债务仍应承担无限连带责任。

职场应用与指导

职场应用场景：

通过和第一个客户接洽，王余年明确了个人独资企业投资人需要承担无限责任。王余年的第二个客户是一家合伙企业，有人告诉他合伙企业的普通合伙人也需要承担无限责任，并且需要承担连带责任。王余年想知道什么是"无限连带责任"。请你举例说明。

文本：
第三章职场应用指导建议

要求：

请结合本章内容，帮助王余年解答这一问题，并举例说明。

指导建议请扫描二维码阅读参考。

通关自测

测验：
第三章交互式测验及参考答案

法务实训

案例1

案情简介：

某年，钱某、金某、银某、顾某共同投资设立了A有限合伙企业（以下简称A企业）。合伙协议约定：① 钱某、金某为普通合伙人，分别出资10万元。② 银某、顾某为有限合伙人，分别出资15万元。③ 钱某执行合伙事务，对外代表A企业。后A企业发生下列事实：

（1）该年5月，钱某以A企业的名义与B公司签订了一份12万元的买卖合同。金某获知后，认为该买卖合同损害了A企业的利益，且钱某的行为违反了A企业内部规定的关于钱某无权单独与第三人签订超过10万元合同的限制，遂要求各合伙人作出决议，撤销钱某代表A企业签订合同的资格。

（2）该年8月，顾某退伙，从A企业取得退伙结算财产12万元。

（3）该年9月，A企业吸收黄某作为普通合伙人入伙，黄某出资8万元。

（4）该年10月，A企业的债权人C公司要求A企业偿还6月份所欠款项50万元。

问题：

（1）合伙人对撤销钱某代表A企业签订合同的资格事项作出决议时，在合伙协议未约定表决办法的情况下，应当如何表决？

（2）如果A企业的全部财产不足清偿C公司的债务，对不足清偿的部分，哪些合伙人应当承担清偿责任？如何承担清偿责任？

案例2

案情简介：

张某、李某、丙有限责任公司（简称"丙公司"）和丁有限责任公司（简称"丁公司"）共同出资设立了A有限合伙企业，其中丙、丁两家公司为有限合伙人。该企业在经营过程中出现以下问题：

（1）丙公司认为自己出资最多，应当成为合伙企业事务执行人，但张某和李某不同意，最后决定由张某担任合伙企业事务执行人。

（2）合伙企业经营一段时间后，实现部分利润，拟进行利润分配，但合伙协议没有约定利润分配比例，合伙人之间也没有就利润分配方案达成统一意见。

（3）合伙人之间因多次发生矛盾，合伙企业决定解散。经查，合伙企业全部资产为30万元，所欠债务共50万元，其中，欠职工工资计6万元、欠缴税款9万元、欠银行贷款35万元。另外，发生清算费用1.4万元。

问题：

（1）丙公司认为自己应当成为合伙企业事务执行人的观点是否正确？说明理由。

（2）该合伙企业应如何分配利润？

（3）该合伙企业解散后，应如何清偿所欠债务？

（4）若欠银行的贷款不能全部清偿，银行要求丁公司偿还差额部分是否正确？请说明理由。

第四章
公司法律制度

【学习目标】

★ 素养目标
- 明确公司的社会定位,弘扬企业家精神,切实履行公司的社会责任。
- 养成守法经营、规范管理的经营理念。
- 树立爱岗敬业、诚实守信、廉洁自律的职业观。

★ 知识目标
- 了解公司的概念及法律特征。
- 了解公司股东的权利与义务。
- 了解公司的法定代表人及登记制度。
- 了解有限责任公司的设立及股权转让。
- 了解股份有限公司的设立及股份发行与转让。
- 掌握有限责任公司、股份有限公司的组织机构设置。
- 熟悉有限责任公司、股份有限公司的异同。
- 了解公司董事、监事及高级管理人员的消极任职资格与义务。
- 了解公司的合并、分立、解散和清算。

★ 能力目标
- 能够基于合规的视角,识别公司设立及运行过程中出现的与法律规定不符的行为。
- 能够处理公司运行过程中简单的法律问题。
- 能够基于法律风险防范的视角,积极引导公司的日常运行依法合规,减少公司运行的法律风险。

第四章 公司法律制度

【思维导图】

公司法律制度
- 公司法律制度概述
  - 公司与公司法的概念
  - 公司的法律特征
  - 公司人格否认制度
  - 股东的权利与义务
  - 公司法定代表人
  - 公司登记
- 有限责任公司
  - 有限责任公司概述
  - 有限责任公司的设立
  - 有限责任公司的组织机构
  - 有限责任公司的股权转让
- 股份有限公司
  - 股份有限公司概述
  - 股份有限公司的设立
  - 股份有限公司的组织机构
  - 股份有限公司的股份发行与转让
- 公司董事、监事、高级管理人员的资格和义务
  - 公司董事、监事、高级管理人员的资格
  - 公司董事、监事、高级管理人员的义务
- 公司合并、分立、增资、减资
  - 公司合并与分立
  - 公司增资与减资
- 公司解散和清算
  - 公司的解散
  - 公司的清算

第一节 公司法律制度概述

【先导案例】

案情介绍：

张某与其朋友、同事共55人构想共同投资设立一家有限责任公司，需要其中10名出资最多的股东在公司章程上签名或者盖章。公司章程的内容包括但不限于以下事项：① 全体股东认缴的出资额由股东自公司成立之日起10年内缴足；② 设立董事会为公司的权力机构；③ 董事每届任期为4年，任期届满后连选可以连任；④ 由董事王某兼任监事。

想一想：

该构想中有无违法之处？并说明理由。

第一节 公司法律制度概述

一、公司与公司法的概念

（一）公司的概念

由于各国立法对公司规定不同，不同类型的公司的法律特征有一定区别，因此，公司的概念并不统一。根据我国《民法典》和《公司法》的规定，公司一般是指依法成立，以取得利润并分配给股东等出资人为目的的营利性法人。

我国《公司法》中的公司包括在中华人民共和国境内设立的有限责任公司和股份有限公司。

（二）公司法的概念

从广义上讲，公司法指的是规范公司的设立、组织活动、解散以及其他与公司组织有关的对内、对外关系的法律规范的总称。

从狭义上讲，公司法是指《中华人民共和国公司法》（简称《公司法》）。该法于1993年制定，历经多次修改或修订，2023年12月29日第十四届全国人民代表大会常务委员会第七次会议又对该法进行了修订，自2024年7月1日起施行。

二、公司的法律特征

公司是现代社会生活中最基本、最重要的企业组织形式。公司作为社会组织的一种，具有自身独特之处。公司的法律特征有以下几个方面。

1. 合法性

公司必须依据《公司法》设立。公司在成立后，也必须依据有关法律规定进行管理、从事经营活动。

2. 营利性

公司作为企业的一种组织形式，以营利为其设立目的，就应当通过自己的生产、经营、服务等活动取得实际的经济利益，并将这些利益依法分配给股东等出资人。

3. 独立性

公司的独立性主要体现在以下三个方面：① 名义独立。公司成立后以独立的名义从事民事法律行为。公司必须有自己的名称，有限责任公司必须在公司名称中标明"有限责任公司"或"有限公司"字样；股份有限公司必须在公司名称中标明"股份有限公司"或"股份公司"字样。在公司设立过程中，发起人可以自己的名义对外签订合同，但公司成立后，发起人或股东均无权对外代表公司。② 财产独立。公司有独立的法人财产，享有法人财产权。这就意味着股东向公司履行出资义务后，相对应的财产即归公司所有，股东不得取回或擅自使用。公司经营取得的利润归属于公司，未经法定的利润分配程序，股东不得擅自占有。③ 责任独立。责任独立是公司独立性最重要的体现，意味着公司对自身的债务以其全部财产承担责任，通常情况下债权人不能向公司背后的股东追索。

三、公司人格否认制度

公司人格否认制度，也称"揭开公司面纱"制度，即特定情形下债权人向股东直接求偿的制度。公司股东滥用公司法人独立地位和股东有限责任，逃避债务，严重损害债权人利益的，应当对公司债务承担连带责任。

公司人格否认有三种情形：① 公司股东滥用公司法人独立地位和股东有限责任，逃避债务，严重损害公司债权人利益的，应当对公司债务承担连带责任。② 股东利用其控制的两个以上公司逃避债务，严重损害公司债权人利益的，各公司应当对任一公司的债务承担连带责任。③ 只有一个股东的公司，股东不能证明公司财产独立于股东自己的财产的，应当对公司债务承担连带责任。这里的一人公司包括一人有限公司和一人股份公司。

实践中，公司人格否认常见的情形有人格混同、过度支配与控制、资本显著不足等。

知识链接

一人公司的举证责任倒置

所谓举证责任倒置，是指基于法律规定，将通常情形下本应由提出主张的一方当事人（一般是原告）就某种事实不负举证责任，而由他方当事人（一般是被告）就某种事实存在或不存在承担举证责任，如果该方当事人不能就此举证证明，则推定原告的事实主张成立的一种举证责任分配制度。在证据规则中，"谁主张谁举证"是举证责任分配的一般原则，而举证责任的倒置则是这一原则的例外。

在一人公司中，只有股东能够提供充分证据证明公司的财产与股东个人的财产是相互独立的，股东才不需要对公司债务承担连带责任。如果股东无法证明，则需对公司债务承担连带责任。这一规定主要是为了保护债权人的利益，防止一人公司股东滥用公司独立法人地位，逃避债务和责任。

法律咨询

背景材料：张某、李某、赵某3人共同投资设立了一家有限责任公司。其中，张某出资20万元，李某以价值70万元的房屋出资，赵某出资10万元。后因经营管理不善，该公司欠甲150万元债务，公司全部财产共100万元。甲知道股东张某具有偿还能力，在公司财产不足清偿其债务时，遂要求股东张某偿还公司所欠其债务。

要求：若你是张某的法律顾问，如何回答甲提出的要求？

四、股东的权利与义务

（一）股东的概念

股东，是指向公司出资，持有公司股权或者股份，享有股东权利和承担股东义务的主体。股东是《公司法》对出资人的特别称谓。股东可以是自然人、法人、非法

文本：
公司的分类

人组织，还可以是国家。

（二）股东的权利

作为公司股东，依法享有资产收益、参与重大决策和选择管理者等权利。股东的权利具体主要包括：① 出席股东会会议，并按照出资比例或持有的股份行使表决权；② 选举和被选举为董事会或者监事会成员；③ 按照股东实缴的出资比例或者按照股东所持有的股份比例分配利润，即资产收益权；④ 股权或者股份转让权；⑤ 优先购买权（仅有限公司）；⑥ 公司剩余财产分配权；⑦ 知情权（股份公司股东的知情权对股东持股比例有限制），即股东对公司章程、股东名册、股东会会议记录、董事会会议决议、监事会会议决议和财务会计报告有查阅权和复制权，对会计账簿、会计凭证有查阅权；⑧ 其他权利。

（三）股东的义务

作为公司股东，应当根据出资协议、公司章程和法律、行政法规的规定履行相应的义务。股东的义务具体主要包括：① 出资义务，这是股东最主要的义务；② 以认缴的出资额或认购的股份为限对公司债务承担责任的义务；③ 公司设立后，不得抽逃出资或抽回其股本的义务；④ 其他义务。

五、公司法定代表人

公司的法定代表人，按照公司章程的规定，由代表公司执行公司事务的董事或者经理担任。法定代表人对外代表公司，其以公司名义从事的民事活动，其法律后果由公司承受。

法定代表人因执行职务造成他人损害的，由公司承担民事责任。公司承担民事责任后，依照法律或者公司章程的规定，可以向有过错的法定代表人追偿。

六、公司登记

（一）公司设立登记

1. 申请

设立公司，应当依法向公司登记机关申请设立登记。法律、行政法规规定设立公司必须报经批准的，应当在公司登记前依法办理批准手续。

申请设立公司，应当提交设立登记申请书、公司章程等文件，提交的相关材料应当真实、合法和有效。申请材料不齐全或者不符合法定形式的，公司登记机关应当一次性告知需要补正的材料。

2. 登记事项

公司登记事项包括：① 名称；② 住所；③ 注册资本；④ 经营范围；⑤ 法定代表人的姓名；⑥ 有限责任公司股东、股份有限公司发起人的姓名或者名称。

公司登记机关应当将公司登记事项通过国家企业信用信息公示系统向社会公示。

3. 审核

申请设立公司，符合《公司法》规定的设立条件的，由公司登记机关分别登记为有限责任公司或者股份有限公司，不符合设立条件的，不得登记为有限责任公司或者股份有限公司。

4. 营业执照签发

依法设立的公司，由公司登记机关发给公司营业执照。公司营业执照签发日期为公司成立日期。公司营业执照应当载明的事项包括：① 公司的名称、住所；② 注册资本；③ 经营范围；④ 法定代表人姓名等事项。公司登记机关可以发给电子营业执照。电子营业执照与纸质营业执照具有同等法律效力。

公司可以设立子公司。子公司具有法人资格，依法独立承担民事责任。

公司设立分公司，也应当向公司登记机关申请登记，领取营业执照。分公司不具有法人资格，其民事责任由公司承担。

（二）公司变更登记

公司登记事项发生变更的，应当依法办理变更登记。公司登记事项未经登记或者未经变更登记，不得对抗善意相对人。

公司申请变更登记，应当向公司登记机关提交公司法定代表人签署的变更登记申请书、依法作出的变更决议或者决定等文件。公司变更登记事项涉及修改公司章程的，应当提交修改后的公司章程。公司变更法定代表人的，变更登记申请书由变更后的法定代表人签署。

公司营业执照记载的事项发生变更的，公司办理变更登记后，由公司登记机关换发营业执照。

（三）公司注销登记

公司因解散、被宣告破产或者其他法定事由需要终止的，应当依法向公司登记机关申请注销登记，由公司登记机关公告公司终止。

公司在存续期间未产生债务，或者已清偿全部债务的，经全体股东承诺，可以按照规定通过简易程序注销公司登记。但股东承诺不实的，应当对注销登记前的债务承担连带责任。通过简易程序注销登记，应当通过国家企业信用信息公示系统予以公告，公告期限不少于20日。公告期限届满后未有异议的，公司可以在20日内向公司登记机关申请注销公司登记。

第二节　有限责任公司

一、有限责任公司概述

有限责任公司，简称有限公司，指依照《公司法》设立的，由一定人数的股东出资组成，股东以其认缴的出资额为限对公司承担责任，公司以其全部财产对公司债务承担责任的企业法人。

有限责任公司与股份有限公司相比，其规模相对较小，具有较大的章程自治空间，运营更加灵活。

有限责任公司仅能发起设立，不能募集设立。

二、有限责任公司的设立

（一）股东人数

有限责任公司由1个以上50个以下股东出资设立。

（二）公司章程

1. 公司章程概述

公司章程，是指公司依法制定的规定公司名称、住所、经营范围、经营管理制度等重大事项的基本文件，也是公司必备的规定公司组织及活动基本规则的书面文件。

公司章程是设立公司的必备要件。公司章程对公司、股东、董事、监事、高级管理人员均具有约束力。

设立有限责任公司，应当由股东共同制定公司章程，股东应当在公司章程上签名或者盖章。

2. 公司章程应当载明的事项

有限责任公司章程应当载明下列事项：① 公司名称和住所；② 公司经营范围；③ 公司注册资本；④ 股东的姓名或者名称；⑤ 股东的出资额、出资方式和出资日期；⑥ 公司的机构及其产生办法、职权、议事规则；⑦ 公司法定代表人的产生、变更办法；⑧ 股东会认为需要规定的其他事项。

股东应当在公司章程上签名或者盖章。

（三）注册资本

1. 概念

有限责任公司的注册资本，指在公司登记机关登记的全体股东认缴的出资额。

2. 认缴期限

全体股东认缴的出资额由股东按照公司章程的规定自公司成立之日起5年内缴足。

法律、行政法规以及国务院决定对有限责任公司注册资本实缴、注册资本最低限额、股东出资期限另有规定的，从其规定。

素养提升

完善认缴登记制度，营造诚信有序的营商环境

我国自2013年全面实施注册资金认缴制以来，有效解决了实缴制登记下市场准入资金门槛过高制约创业创新、注册资金闲置等问题。但在实践中也产生了盲目认缴、高价认缴、期限过长等突出问题，为数不少的公司出资期限超过50年、出资数额上千亿元，违反真实性原则、有悖于客观常识。一方面虚化了注册资本表示公司资金信用的作用，另一方面在法律制度层面弱化了对公司股东出资的法律约束。2024年7月1日起开始施行的新《公司法》作出了"全体股东认缴的出资额由股东按照公司章程的规定自公司成立之日起五年内缴足"的规定，对认缴登记制进行了完善，既坚持守正创新，又以问题为导向，在保留认缴登记制的前提下，强化了对股东出资期限的制度性约束，对于保障交易安全、保护债权人利益必将发挥积极作用。

> **警示**：从激发经营主体活力和保障交易安全的角度，为规范公司认缴出资行为，营造诚实守信的市场环境，新《公司法》将实缴出资信息作为公司强制公示事项，明确违反公示法律责任的行政处罚。今后，对那些不按规定公示实缴出资相关信息或者隐藏真实情况、弄虚作假的，市场监管部门将责令改正，并会对公司、主管人员及其他直接管理人员处以罚款。

（四）股东出资

1. 股东的出资形式

股东可以用货币出资，也可以用实物、知识产权、土地使用权、股权、债权等可以用货币估价并可以依法转让的非货币财产作价出资；但是，法律、行政法规规定不得作为出资的财产除外。对作为出资的非货币财产应当评估作价，核实财产，不得高估或者低估作价。法律、行政法规对评估作价有规定的，从其规定。

2. 股东的出资要求

股东应当按期足额缴纳公司章程规定的各自所认缴的出资额。股东以货币出资的，应当将货币出资足额存入有限责任公司在银行开设的账户，以非货币财产出资的，应当依法办理其财产权的转移手续。

3. 未按期足额缴纳出资的赔偿责任

股东未按期足额缴纳出资的，除应当向公司足额缴纳外，还应当对给公司造成的损失承担赔偿责任。

4. 股东抽逃出资的责任

公司成立后，股东不得抽逃出资。股东抽逃出资的，应当返还抽逃的出资，给公司造成损失的，负有责任的董事、监事、高级管理人员应当与该股东承担连带赔偿责任。

 知识链接

> **公司的高级管理人员是指哪些人？**
>
> 根据《公司法》第265条，高级管理人员是指公司的经理、副经理、财务负责人，上市公司董事会秘书和公司章程规定的其他人员。

5. 股东出资加速到期

公司不能清偿到期债务的，公司或者已到期债权的债权人有权要求已认缴出资但未届出资期限的股东提前缴纳出资。

6. 股东失权制度

有限责任公司成立后，董事会应当对股东的出资情况进行核查，发现股东未按期足额缴纳公司章程规定的出资的，应当由公司向该股东发出书面催缴书，催缴出资。

股东未按照公司章程规定的出资日期缴纳出资，公司发出书面催缴书催缴出资的，可以载明缴纳出资的宽限期，宽限期自公司发出催缴书之日起，不得少于60日。宽限期届满，股东仍未履行出资义务的，公司经董事会决议可以向该股东发出失权通知，通知应当以书面形式发出。自通知发出之日起，该股东丧失其未缴纳出资的股权。该丧失的股权应当依法转让，或者相应减少注册资本并注销该股权。6个月内未转让或者注销的，由公司其他股东按照其出资比例足额缴纳相应出资。

三、有限责任公司的组织机构

公司的组织机构，又称为公司的治理结构。它包括股东会、董事会（可聘任经理）和监事会。其中，股东会是公司的权力机构，决定公司重大事项；董事会是公司的执行机构，负责公司的日常经营决策和业务执行；监事会是公司的监督机构，负责对董事、高级管理人员的职务行为及公司财务进行监督。

有限责任公司的组织机构如图4-1所示。

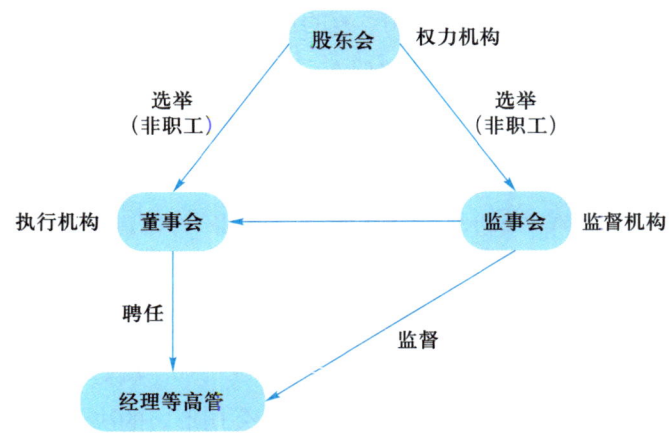

图4-1 有限责任公司组织机构

（一）股东会

1. 组成

有限责任公司股东会由全体股东组成。股东会并非公司的常设机构，其以会议形式存在。只有在召开股东会会议时，股东会才作为公司机关存在。

2. 召集和主持

首次股东会会议由出资最多的股东召集和主持，依法行使职权。

股东会会议由董事会召集，董事长主持；董事长不能履行职务或者不履行职务的，由副董事长主持；副董事长不能履行职务或者不履行职务的，由半数以上董事共同推举 1 名董事主持。

董事会不能履行或者不履行召集股东会会议职责的，由监事会召集和主持；监事会不召集和主持的，代表 1/10 以上表决权的股东可以自行召集和主持。

3. 职权

股东会作为公司的权力机构，依法行使下列职权：① 选举和更换董事、监事，决定有关董事、监事的报酬事项；② 审议批准董事会的报告；③ 审议批准监事会的报告；④ 审议批准公司的利润分配方案和弥补亏损方案；⑤ 对公司增加或者减少注册资本作出决议；⑥ 对发行公司债券作出决议；⑦ 对公司合并、分立、解散、清算或者变更公司形式作出决议；⑧ 修改公司章程；⑨ 公司章程规定的其他职权。

股东会可以授权董事会对发行公司债券作出决议。

对上述所列事项股东以书面形式一致表示同意的，可以不召开股东会会议，直接作出决定，并由全体股东在决定文件上签名或者盖章。

4. 会议形式

除首次会议外，股东会会议分为定期会议和临时会议。

定期会议。定期会议应当依照公司章程的规定按时召开。

临时会议。代表 1/10 以上表决权的股东、1/3 以上的董事或者监事会提议召开临时会议的，应当召开临时会议。

5. 表决规则

（1）表决权行使方式。股东会会议由股东按照出资比例行使表决权；但是，公司章程另有规定的除外。

（2）决议的作出。① 一般决议事项。股东会作出决议，应当经代表过半数表决权的股东通过。② 特别决议事项。股东会作出修改公司章程、增加或者减少注册资本的决议，以及公司合并、分立、解散或者变更公司形式的决议，均属于特别决议事项，应当经代表 2/3 以上表决权的股东通过。

6. 不设股东会的情形

只有一个股东的有限责任公司不设股东会。股东作出《公司法》关于股东会职权所列事项的决定时，应当采用书面形式，并由股东签名或者盖章后置备于公司。

知识链接

会议可以采用电子通信方式么？

《公司法》第24条规定，公司股东会、董事会、监事会召开会议和表决可以采用电子通信方式，公司章程另有规定的除外。

（二）董事会、经理

1. 组成

有限责任公司设董事会，董事会由董事组成，是公司的常设机构。有限责任公司董事会成员为3人以上，其成员中可以有职工代表。职工人数300人以上的有限责任公司，除依法设监事会并有公司职工代表的外，其董事会成员中应当有公司职工代表。董事会中的职工代表由公司职工通过职工代表大会、职工大会或者其他形式民主选举产生。董事会设董事长1人，可以设副董事长。董事长、副董事长的产生办法由公司章程规定。

2. 任期

董事任期由公司章程规定，但每届任期不得超过3年。董事任期届满，连选可以连任。

3. 召集和主持

董事会会议由董事长召集和主持；董事长不能履行职务或者不履行职务的，由副董事长召集和主持；副董事长不能履行职务或者不履行职务的，由过半数的董事共同推举1名董事召集和主持。

4. 职权

董事会对股东会负责，行使下列职权：① 召集股东会会议，并向股东会报告工作；② 执行股东会的决议；③ 决定公司的经营计划和投资方案；④ 制订公司的利润分配方案和弥补亏损方案；⑤ 制订公司增加或者减少注册资本以及发行公司债券的方案；⑥ 制订公司合并、分立、解散或者变更公司形式的方案；⑦ 决定公司内部管理机构的设置；⑧ 决定聘任或者解聘公司经理及其报酬事项，并根据经理的提名决定聘任或者解聘公司副经理、财务负责人及其报酬事项；⑨ 制定公司的基本管理制度；⑩ 公司章程规定或者股东会授予的其他职权。公司章程对董事会职权的限制不得对抗善意相对人。

5. 表决规则

董事会的议事方式和表决程序，除《公司法》有规定的外，由公司章程决定。董事会作出决议，应当经全体（而非出席）董事的过半数通过。董事会决议的表决，应当一人一票。

6. 不设董事会的情形

规模较小或者股东人数较少的有限责任公司，可以不设董事会，设1名董事，行使《公司法》规定的董事会的职权。该董事可以兼任公司经理。

7. 经理

有限责任公司可以设经理，由董事会决定聘任或者解聘。在有限责任公司中，经理并非必设机构而是选设机构。经理对董事会负责，根据公司章程的规定或者董事会的授权行使职权。经理列席董事会会议。

需要注意的是，股东会、董事会和经理都有公司内部的决策权，其职权划分标准是层级越高的机构权限越抽象。

（三）监事会

1. 组成

有限责任公司设监事会，监事会由监事组成，是公司的常设机构，但不是公司的强制设置机构。监事会成员为3人以上。监事会成员应当包括股东代表和适当比例的公司职工代表，其中职工代表的比例不得低于1/3，具体比例由公司章程规定。监事会中的职工代表由公司职工通过职工代表大会、职工大会或者其他形式民主选举产生。监事会设主席1人，由全体监事过半数选举产生。董事、高级管理人员不得兼任监事。

2. 任期

监事的任期每届为3年。监事任期届满，连选可以连任。

3. 召集和主持

监事会主席召集和主持监事会会议，监事会主席不能履行职务或者不履行职务的，由过半数的监事共同推举1名监事召集和主持监事会会议。

4. 职权

监事会、不设监事会的公司监事，行使下列职权：① 检查公司财务；② 对董事、高级管理人员执行职务的行为进行监督，对违反法律、行政法规、公司章程或者股东会决议的董事、高级管理人员提出解任的建议；③ 当董事、高级管理人员的行为损害公司的利益时，要求董事、高级管理人员予以纠正；④ 提议召开临时股东会会议，在董事会不履行《公司法》规定的召集和主持股东会会议职责时召集和主持股东会会议；⑤ 向股东会会议提出提案；⑥ 依据《公司法》的相关规定（第189

条），对董事、高级管理人员提起诉讼；⑦公司章程规定的其他职权。

监事可以列席董事会会议，并对董事会决议事项提出质询或者建议。

守护诚信、公平、公正的市场环境

2024年5月，证监会依法对某地产集团有限公司债券欺诈发行及信息披露违法案作出行政处罚决定，对该公司责令改正、给予警告并罚款41.75亿元，对该公司时任董事长、实际控制人处以顶格罚款1 700万元并采取终身证券市场禁入措施。

证监会认定，2019年至2020年期间，该公司通过提前确认收入的方式虚增收入及利润，致使在交易所市场公开发行债券存在欺诈发行，所披露的相关年度报告存在虚假记载。同时，该公司还存在未按期披露定期报告、未按规定披露重大诉讼仲裁、未按规定披露未能清偿到期债务情况等行为。

警示：这一事件引发了人们对于企业诚信和监管机制的深刻反思。对于整个社会而言，该公司的造假行为破坏了市场的公平和诚信，削弱了投资者的信心。我们应该以此为鉴，共同守护诚信、公平、公正的市场环境，为经济的繁荣和社会的和谐稳定贡献力量。

5. 会议形式

监事会会议分为定期会议和临时会议。定期会议每年度至少召开1次，监事可以提议召开临时监事会会议。

6. 表决规则

监事会的议事方式和表决程序，除《公司法》有规定外，由公司章程规定。监事会决议应当经全体监事的过半数通过。监事会决议的表决，应当1人1票。

7. 不设监事会的情形

（1）设置审计委员会。有限责任公司可以按照公司章程的规定在董事会中设置由董事组成的审计委员会，行使监事会的职权，不设监事会或监事。公司董事会成员中的职工代表可以成为审计委员会成员。

（2）设1名监事。规模较小或者股东人数较少的有限责任公司，可以不设监事会，设1名监事，行使监事会的职权。

（3）不设监事。经全体股东一致同意，也可以不设监事。

练一练

某有限责任公司董事会通过决议拟增加注册资本，列席董事会会议的3名监事坚决反对，但董事会坚持该决议。于是，监事会直接通知全体股东召开了临时股东会会议。其中除2名共持有过半数表决权且反对增加注册资本的股东未参加，其余股东全部参加。与会的股东通过了公司增加注册资本的董事会决议。

思考：（1）该公司董事会是否有权作出增加注册资本的决议？（2）临时股东会会议的召集程序是否合法？

四、有限责任公司的股权转让

（一）因股东原因的股权转让

（1）股东之间转让股权。有限责任公司的股东之间可以相互转让其全部或者部分股权。（2）股东向股东以外的人转让股权。股东向股东以外的人转让股权的，应当将股权转让的数量、价格、支付方式和期限等事项书面通知其他股东，其他股东在同等条件下有优先购买权。股东自接到书面通知之日起30日内未答复的，视为放弃优先购买权。两个以上股东行使优先购买权的，协商确定各自的购买比例；协商不成的，按照转让时各自的出资比例行使优先购买权。公司章程对股权转让另有规定的，从其规定。

（二）因强制执行程序的股权转让

人民法院依照法律规定的强制执行程序转让股东的股权时，应当通知公司及全体股东，其他股东在同等条件下有优先购买权。其他股东自接到人民法院通知之日起满20日不行使优先购买权的，视为放弃优先购买权。

练一练

A出资40万元，B出资60万元，C出资10万元，D出资20万元，E出资30万元共同组建一家有限责任公司。公司成立后的某年3月1日，A欲将其股权转让给公司股东以外的F，便书面通知了其他股东，说明了股权转让的数量、价格、支付方式和期限等事项。自接到书面通知之日起30日内，C同意转让，D、E称无所谓，但一直未答复A。而B曾与F共过事，有过恩怨，故坚决反对，想自己购买，但出价又不如F高。当年5月1日，A将股权转让给了F，并同时办理了变更登记手续。B不服，认为这是A故意跟自己过不去，并认为该转让无效。

思考：你认为A将股权转让给公司股东以外的F的做法合法吗？为什么？

（三）因股权回购的转让

股权回购，是指公司购买股东的股权，从而使股东退出公司。有下列情形之一的，对股东会该项决议投反对票的股东可以请求公司按照合理的价格收购其股权：① 公司连续5年不向股东分配利润，而公司该5年连续盈利，并且符合《公司法》规定的分配利润条件；② 公司合并、分立、转让主要财产；③ 公司章程规定的营业期限届满或者章程规定的其他解散事由出现，股东会通过决议修改章程使公司存续。

（四）因继承的转让

自然人股东死亡后，其合法继承人可以继承股东资格。但是，公司章程另有规定的除外。

第三节　股份有限公司

一、股份有限公司概述

股份有限公司，简称股份公司，指依《公司法》设立的，其全部资本分为等额股份，股东以其认购的股份为限对公司承担责任，公司以其全部财产对公司债务承担责任的企业法人。

根据是否在证券交易所上市交易进行分类，股份有限公司可以分为上市公司和非上市公司。上市公司是指其股票在证券交易所上市交易的股份有限公司。反之，则为非上市公司。

二、股份有限公司的设立

（一）设立方式

1. 发起设立

发起设立，指由发起人认购设立公司时应发行的全部股份而设立公司。以发起设立方式设立股份有限公司的，发起人应当认足公司章程规定的公司设立时应发行的股份。

2. 募集设立

募集设立，指由发起人认购设立公司时应发行股份的一部分，其余股份向特定对象募集或者向社会公开募集而设立公司。以募集设立方式设立股份有限公司的，发起人认购的股份不得少于公司章程规定的公司设立时应发行股份总数的35%；但法律、行政法规另有规定的，从其规定。

（二）发起人

设立股份有限公司，应当有1人以上200人以下为发起人，其中应当有半数以上的发起人在中华人民共和国境内有住所。

股份有限公司发起人承担公司筹办事务。发起人应当签订发起人协议，明确各自在公司设立过程中的权利和义务。

（三）公司章程

以发起设立方式设立股份有限公司的，应当由发起人共同制订公司章程；以募集方式设立股份有限公司的，除发起人制订公司章程外，还应当召开有其他认股人参加的成立大会，并经出席会议的认股人所持表决权的过半数通过，公司章程方为有效。

股份有限公司章程应当载明下列事项：① 公司名称和住所；② 公司经营范围；③ 公司设立方式；④ 公司注册资本、已发行的股份数和设立时发行的股份数，面额股的每股金额；⑤ 发行类别股的，每一类别股的股份数及其权利和义务；⑥ 发起人的姓名或者名称、认购的股份数、出资方式；⑦ 董事会的组成、职权和议事规则；⑧ 公司法定代表人的产生、变更办法；⑨ 监事会的组成、职权和议事规则；⑩ 公司利润分配办法；⑪ 公司的解散事由与清算办法；⑫ 公司的通知和公告办法；⑬ 股东会认为需要规定的其他事项。

（四）注册资本

股份有限公司的注册资本，为在公司登记机关登记的已发行股份的股本总额。在发起人认购的股份缴足前,不得向他人募集股份。法律、行政法规以及国务院决定对股份有限公司注册资本最低限额另有规定的,从其规定。

(五)发起人出资

发起人应当在公司成立前按照其认购的股份全额缴纳股款。

发起人的其他有关出资形式和出资要求,适用有限责任公司股东出资的相关规定。

> **法律咨询**
>
> 背景材料:甲公司欲作为发起人募集设立一家股份有限公司,其拟定的基本构想包括但不限于以下内容:①7个发起人中有4个住所地在中华人民共和国境外,可为公司的国际化打下良好的基础;②公司的注册资本8 000万元,其中7个发起人共计认购2 500万元,由于公司所选项目有非常好的发展前景,其余的5 500万元拟向社会公开募集;③因为是以募集方式设立股份有限公司,所以发起人的所有的出资必须是货币形式。
>
> 要求:请你告诉甲公司,其拟定的基本构想中有哪些内容不符合《公司法》的规定?并说明理由。

三、股份有限公司的组织机构

(一)股东会

1. 组成

股份有限公司股东会由全体股东组成。股东会是公司的权力机构,有权决定公司的重大事项。股份有限公司股东会的议事规则较有限责任公司更加规范。

2. 召集和主持

股东会会议由董事会召集,董事长主持;董事长不能履行职务或者不履行职务的,由副董事长主持;副董事长不能履行职务或者不履行职务的,由过半数的董事共同推举1名董事主持。

董事会不能履行或者不履行召集股东会会议职责的,监事会应当及时召集和主持;监事会不召集和主持的,连续90日以上单独或者合计持有公司10%以上股份的股东可以自行召集和主持。

3. 会议形式

（1）定期会议。股东会应当每年召开1次年会。

（2）临时会议。有下列情形之一的，应当在2个月内召开临时股东会会议：① 董事人数不足《公司法》规定人数或者公司章程所规定人数的2/3时；② 公司未弥补的亏损达股本总额1/3时；③ 单独或者合计持有公司10%以上股份的股东请求时；④ 董事会认为必要时；⑤ 监事会提议召开时；⑥ 公司章程规定的其他情形。

4. 表决规则

（1）表决权行使方式。股东出席股东会会议，所持每一股份有一表决权，类别股股东除外。

股东可以委托代理人出席股东会会议，代理人应当向公司提交股东授权委托书，并在授权范围内行使表决权。授权委托书应当明确代理人代理的事项、权限和期限。

（2）决议的作出。① 一般决议事项。股东会作出决议，应当经出席会议的股东所持表决权过半数通过。② 特别决议事项。股东会作出修改公司章程、增加或者减少注册资本的决议，以及公司合并、分立、解散或者变更公司形式的决议，应当经出席会议的股东所持表决权的2/3以上通过。

5. 职权

股份有限公司股东会的职权适用有关有限责任公司股东会职权的规定。

6. 不设股东会的情形

股份有限公司不设股东会的情形与有限责任公司不设股东会的情形相同。

文本：
累积投票制

（二）董事会、经理

1. 组成

股份有限公司董事会成员为3人以上，其成员中可以有公司职工代表。职工人数300人以上的股份有限公司，除依法设监事会并有公司职工代表的外，其董事会成员中应当有公司职工代表。董事会中的职工代表由公司职工通过职工代表大会、职工大会或者其他形式民主选举产生。

董事会设董事长1人，可以设副董事长。董事长和副董事长由董事会以全体董事的过半数选举产生。

2. 任期

董事每届任期不得超过3年。董事任期届满，连选可以连任。

3. 召集和主持

董事长召集和主持董事会会议，检查董事会决议的实施情况。副董事长协助董事长工作,董事长不能履行职务或者不履行职务的,由副董事长履行职务;副董事长不能履行职务或者不履行职务的,由半数以上董事共同推举1名董事履行职务。

4. 会议形式

(1) 定期会议。董事会定期会议每年度至少召开2次会议。

(2) 临时会议。代表1/10以上表决权的股东、1/3以上董事或者监事会,可以提议召开临时董事会会议。

5. 表决规则

股份有限公司董事会的表决规则与有限责任公司的表决规则相同。

董事会会议,应由董事本人出席。董事因故不能出席,可以书面委托其他董事代为出席,委托书中应载明授权范围。

6. 职权

股份有限公司董事会的职权与有限责任公司董事会的职权相同。

7. 不设董事会的情形

股份有限公司不设董事会的情形与有限责任公司不设董事会的情形相同。

8. 经理

股份有限公司设经理,由董事会决定聘任或者解聘。经理对董事会负责,根据公司章程的规定或者董事会的授权行使职权。经理列席董事会会议。公司董事会可以决定由董事会成员兼任经理。

练一练

某股份有限公司是一家在上海证券交易所上市的公司。该公司董事会于某年3月28日召开会议,该会议召开的情况以及讨论的有关事项如下:① 该股份有限公司董事会由A、B、C、D、E、F、G这7名董事组成。出席该次会议的只有A、B、C、D这4名董事。董事E因出国考察不能出席会议;董事F因参加其他重要会议不能出席会议,电话委托董事A代为出席并表决;董事G因病不能出席会议,委托董事会秘书H代为出席并表决。② 出席本次董事会会议的4名董事经过讨论并一致同意增加2名董事和修改公司章程。③ 根据总经理的提名,出席本次董事会会议的董事讨论并一致同意,聘任张某为公司财务负责人,并决定给予张某年薪50万元。另外,董事会会议还讨论通过了公司内部管理机构设置的方案,在对此事项进行表决时,除董事B反对外,其他董事均表示同意。

> 思考：（1）根据本题要点①的内容，出席董事会会议的董事人数是否符合规定？董事F和董事G委托他人出席该次董事会会议是否符合规定？并分别说明理由。（2）指出本题要点②的内容中有无不符合规定之处，并说明理由。（3）根据本题要点③的内容，董事会通过的两项决议是否符合规定？并分别说明理由。

（三）监事会

1. 组成

股份有限公司设监事会，其成员为3人以上。监事会应当包括股东代表和适当比例的公司职工代表，其中职工代表的比例不得低于1/3，具体比例由公司章程规定。监事会中的职工代表由公司职工通过职工代表大会、职工大会或者其他形式民主选举产生。监事会设主席1人，可以设副主席。监事会主席和副主席由全体监事过半数选举产生。董事、高级管理人员不得兼任监事。

2. 任期

股份有限公司监事的任期与有限责任公司监事的任期相同。

3. 召集和主持

监事会主席召集和主持监事会会议；监事会主席不能履行职务或者不履行职务的，由监事会副主席召集和主持监事会会议；监事会副主席不能履行职务或者不履行职务的，由半数以上监事共同推举1名监事召集和主持监事会会议。

4. 职权

股份有限公司监事会的职权与有限责任公司监事会的职权相同。

5. 会议形式

（1）定期会议。监事会定期会议每6个月至少召开1次会议。

（2）临时会议。监事可以提议召开临时监事会会议。

6. 表决规则

股份有限公司监事会的表决规则与有限责任公司监事会的表决规则相同。

7. 不设监事会的情形

（1）设置审计委员会。股份有限公司可以按照公司章程的规定在董事会中设置由董事组成的审计委员会，行使监事会的职权，不设监事会或者监事。审计委员会成员为3名以上，过半数成员不得在公司担任除董事以外的其他职务，且不得与公司存在任何可能影响其独立客观判断的关系。公司董事会成员中的职工代表可以成为审计委员会成员。审计委员会作出决议，应当经审计委员会成员的过半数通过。

（2）设1名监事。规模较小或者股东人数较少的股份有限公司，可以不设监事会，设1名监事，行使《公司法》规定的监事会的职权。

四、股份有限公司的股份发行与转让

（一）股份与股票

1. 股份

股份，指股份有限公司资本的最基本组成单位，也即划分股东权利义务的最基本构成单位。股份是股票的价值内涵。

公司的资本划分为股份。公司的全部股份，根据公司章程的规定择一采用面额股或者无面额股。采用面额股的，每一股的金额相等。公司可以根据公司章程的规定将已发行的面额股全部转换为无面额股或者将无面额股全部转换为面额股。

2. 股票

股票，指股份有限公司签发的证明股东所持股份的凭证，是股份的表现形式。

股份有限公司成立后，即向股东正式交付股票。公司成立前不得向股东交付股票。

（二）股份发行

股份发行，指股份有限公司为筹集公司资本而出售股份和分配股份的法律行为。因为股份通常以股票为表现形式，所以股份发行也就是股票发行。

公司发行的股票，应当为记名股票。

1. 股份发行的原则

股份发行应当遵循下列原则：① 股份发行，实行公平、公正的原则，同类别的每一股份应当具有同等权利。② 同次发行的同类别股份，每股的发行条件和价格应当相同。认购人所认购的股份，每股应当支付相同价额。

2. 股票发行的价格

面额股股票发行的价格可以按票面金额（平价）发行，也可以超过票面金额（溢价）发行，但不得低于票面金额（折价）发行。

3. 类别股的发行

公司可以按照公司章程的规定发行下列与普通股权利不同的类别股：① 优先或者劣后分配利润或者剩余财产的股份；② 每一股的表决权数多于或者少于普通股的股份；③ 转让须经公司同意等转让受限的股份；④ 国务院规定的其他类别股。

公开发行股份的公司不得发行以上第②项、第③项规定的类别股；公开发行前已发行的除外。公司发行以上第②项规定的类别股的，对于监事或者审计委员会成员的选举和更换，类别股与普通股每一股的表决权数相同。

4. 授权资本制

公司章程或者股东会可以授权董事会在3年内决定发行不超过已发行股份50%的股份。但以非货币财产作价出资的，应当经股东会决议。

董事会决定发行股份导致公司注册资本、已发行股份数发生变化的，对公司章程该项记载事项的修改不需再由股东会表决。

（三）股份转让

股份转让，指股份持有人依法将其所持有的股份转让给他人，使他人取得股份成为公司股东或增加股份数额的法律行为。股份转让必须按照《公司法》和有关法律（如证券法）、行政法规的规定进行。

1. 股东转让股份的权利

股份有限公司的股东持有的股份可以向其他股东转让，也可以向股东以外的人转让。公司章程对股份转让有限制的，其转让按照公司章程的规定进行。

2. 股东转让股份的限制

公司公开发行股份前已发行的股份，自公司股票在证券交易所上市交易之日起1年内不得转让。法律、行政法规或者国务院证券监督管理机构对上市公司的股东、实际控制人转让其所持有的本公司股份另有规定的，从其规定。

谁是公司的实际控制人？

《公司法》第265条规定，实际控制人，是指通过投资关系、协议或者其他安排，能够实际支配公司行为的人。

公司董事、监事、高级管理人员应当向公司申报所持有的本公司的股份及其变动情况，在就任时确定的任职期间每年转让的股份不得超过其所持有本公司股份总数的25%；所持本公司股份自公司股票上市交易之日起1年内不得转让。公司董事、监事、高级管理人离职后半年内，不得转让其所持有的本公司股份。公司章程可以对公司董事、监事、高级管理人员转让其所持有的本公司股份作出其他限制性规定。

3. 股份转让场所

股东转让其股份，应当在依法设立的证券交易场所进行或者按照国务院规定的其他方式进行。

4. 股票转让方式

股票的转让，由股东以背书方式或者法律、行政法规规定的其他方式进行。转让后由公司将受让人的姓名或者名称及住所记载于股东名册。

5. 异议股东回购请求权

有下列情形之一的，对股东会该项决议投反对票的股东可以请求公司按照合理的价格收购其股份，公开发行股份的公司除外：① 公司连续5年不向股东分配利润，而公司该5年连续盈利，并且符合《公司法》规定的分配利润条件；② 公司转让主要财产；③ 公司章程规定的营业期限届满或者章程规定的其他解散事由出现，股东会通过决议修改章程使公司存续。

6. 对公司收购自身股份的限制

公司不得收购本公司股份。但是，有下列情形之一的除外：① 减少公司注册资本；② 与持有本公司股份的其他公司合并；③ 将股份用于员工持股计划或者股权激励；④ 股东因对股东会作出的公司合并、分立决议持异议，要求公司收购其股份；⑤ 将股份用于转换公司发行的可转换为股票的公司债券；⑥ 上市公司为维护公司价值及股东权益所必需。

综上，有限公司和股份公司的区别如表4-1所示。

表4-1 有限公司和股份公司的区别

	有限公司	股份公司
股本是否拆分	有限责任公司不对股本进行等额拆分，股东通过公司章程约定持有公司一定比例的股权，并按出资比例行使表决权	股份有限公司最典型的特征为将股本作等额拆分，每一份为一股，股东按照持有的股份数量行使表决权
股权（股份）流动性强弱	有限责任公司的股本未作等额拆分，相对而言，其股权流动性弱	股份有限公司因股本的等额拆分，其股份流动性强
公司规模大小	有限责任公司股权流动性较弱，资金募集能力相对较差，故其规模相对较小	股份有限公司的股份具有较强的流动性，更易募集资金、做大做强，故股份有限公司的规模相对较大
运营特点与监管态度	有限责任公司追求的是灵活性，具有更多的章程自治空间	股份有限公司作为较大规模的组织形式，其运营追求规范性，《公司法》在很多方面对其作出了硬性规定，对其监管较为严格

第四节 公司董事、监事、高级管理人员的资格和义务

一、公司董事、监事、高级管理人员的资格

公司的董事、监事和高级管理人员在公司中处于重要的地位并具有法定的职权，对于公司的经营管理负有重要责任，《公司法》对其任职资格有严格的限制性条件。有下列情形之一的，不得担任公司的董事、监事、高级管理人员：① 无民事行为能力或者限制民事行为能力；② 因贪污、贿赂、侵占财产、挪用财产或者破坏社会主义市场经济秩序，被判处刑罚，或者因犯罪被剥夺政治权利，执行期满未逾5年，被宣告缓刑的，自缓刑考验期满之日起未逾2年；③ 担任破产清算的公司、企业的董事或者厂长、经理，对该公司、企业的破产负有个人责任的，自该公司、企业破产清算完结之日起未逾3年；④ 担任因违法被吊销营业执照、责令关闭的公司、企业的法定代表人，并负有个人责任的，自该公司、企业被吊销营业执照、责令关闭之日起未逾3年；⑤ 个人因所负数额较大债务到期未清偿被人民法院列为失信被执行人。

二、公司董事、监事、高级管理人员的义务

（一）忠实义务和勤勉义务

1. 忠实义务

董事、监事、高级管理人员对公司负有忠实义务，应当采取措施避免自身利益与公司利益冲突，不得利用职权牟取不正当利益。

公司的控股股东、实际控制人不担任公司董事但实际执行公司事务的，亦对公司负有忠实义务。

董事、监事、高级管理人员不得有下列行为：① 侵占公司财产、挪用公司资金；② 将公司资金以其个人名义或者以其他个人名义开立账户存储；③ 利用职权贿赂或者收受其他非法收入；④ 接受他人与公司交易的佣金归为己有；⑤ 擅自披露公司秘密；⑥ 违反对公司忠实义务的其他行为。

公司董事、监事、高级管理人员违反忠实义务所得的收入应当归公司所有。

2. 勤勉义务

董事、监事、高级管理人员对公司负有勤勉义务，执行职务应当为公司的最大利益尽到管理者通常应有的合理注意。

公司的控股股东、实际控制人不担任公司董事但实际执行公司事务的，亦对公司负有勤勉义务。

理论解读：

在党的二十大报告中，习近平总书记指出，教育是国之大计、党之大计。培养什么人、怎样培养人、为谁培养人是教育的根本问题。育人的根本在于立德。全面贯彻党的教育方针，落实立德树人根本任务，培养德智体美劳全面发展的社会主义建设者和接班人。

讨论分析：请同学们讨论分析以下问题：① 为什么《公司法》要规定董事、监事和高级管理人员的消极任职资格？② 大学生应如何努力成长为德智体美劳全面发展的社会主义建设者和接班人？

（二）列席会议、接受质询

股东会要求董事、监事、高级管理人员列席会议的，董事、监事、高级管理人员应当列席并接受股东的质询。

（三）对公司的赔偿责任

董事、监事、高级管理人员执行职务违反法律、行政法规或者公司章程的规定，给公司造成损失的，应当承担赔偿责任。

（四）对第三人的责任

董事、高级管理人员执行职务，给他人造成损害的，公司应当承担赔偿责任；董事、高级管理人员存在故意或者重大过失的，也应当承担赔偿责任。

第五节　公司合并、分立、增资、减资

一、公司合并与分立

（一）公司合并

1. 公司合并的概念

公司合并，指两个以上的公司依照法定程序变为一个公司的行为。

2. 公司合并的形式

（1）吸收合并。吸收合并，是指一个公司吸收其他公司加入本公司，被吸收的公司解散。

（2）新设合并。新设合并，是指两个以上公司合并设立一个新的公司，合并各方解散。

3. 公司合并的程序

公司合并的程序如下：① 签订合并协议。② 编制资产负债表及财产清单。③ 股东会作出合并决议。简易合并和小规模合并除外。④ 履行债权人保护程序。公司应当自作出合并决议之日起10日内通知债权人，并于30日内在报纸上或者国家企业信用信息公示系统公告。债权人自接到通知之日起30日内，未接到通知的自公告之日起45日内，可以要求公司清偿债务或者提供相应的担保。⑤ 办理合并登记手续。

4. 公司合并的法律后果

公司合并时，合并各方的债权、债务，应当由合并后存续的公司或者新设的公司承继。

（二）公司分立

1. 公司分立的概念

公司分立，是指一个公司依法分为两个以上公司的行为。

2. 公司分立的形式

《公司法》未明确规定公司分立的形式。一般有两种形式。

（1）派生分立。也称存续分立，是指公司以其部分资产和业务另设一个或者数个新的公司，原公司继续存在。

（2）新设分立。也称解散分立，是指公司全部资产分别划归两个以上的新公司，原公司解散。

第五节 公司合并、分立、增资、减资

3. 公司分立的程序

《公司法》除未规定拟分立的公司债权人可以在法定期限内要求公司清偿债务或者提供相应的担保外，公司分立程序的其他程序与公司合并的程序基本相同。

4. 公司分立的法律后果

公司分立前的债务由分立后的公司承担连带责任。但是，公司在分立前与债权人就债务清偿达成的书面协议另有约定的除外。

练一练

某有限公司股东会经代表2/3以上表决权的股东通过作出了公司分立的决议，并签订了分立协议，将该公司分立为两个完全独立的新公司，经编制资产负债表及财产清单后，进行了财产分割，然后直接宣布新设的两个公司开始分别以独立的法人进行经营活动。

思考：上述公司分立的过程在程序上有何违法之处？为什么？

二、公司增资与减资

（一）公司增资

1. 有限责任公司的增资

有限责任公司增加注册资本时，股东在同等条件下有权优先按照实缴的出资比例认缴出资。但是，全体股东约定不按照出资比例优先认缴出资的除外。股东认缴新增资本的出资，依照《公司法》设立有限责任公司缴纳出资的有关规定执行。

2. 股份有限公司的增资

股份有限公司为增加注册资本发行新股时，股东不享有优先认购权，公司章程另有规定或者股东会决议决定股东享有优先认购权的除外。股东认购新股，依照《公司法》设立股份有限公司缴纳股款的有关规定执行。

公司增加注册资本，应当依法向公司登记机关办理变更登记。

（二）公司减资

1. 公司减资的程序

公司减资的程序如下：① 股东会作出特别决议。② 编制资产负债表及财产清单。③ 履行债权人保护程序。公司应当自股东会作出减少注册资本决议之日起10日

内通知债权人，并于30日内在报纸上或者国家企业信用信息公示系统公告。债权人自接到通知之日起30日内，未接到通知的自公告之日起45日内，有权要求公司清偿债务或者提供相应的担保。④ 办理减资登记手续。公司减少注册资本，应当依法向公司登记机关办理变更登记。

2. 同比例减资

公司减少注册资本，应当按照股东出资或者持有股份的比例相应减少出资额或者股份，法律另有规定、有限责任公司全体股东另有约定或者股份有限公司章程另有规定的除外。

3. 违法减资的法律后果

违反《公司法》规定减少注册资本的，股东应当退还其收到的资金，减免股东出资的应当恢复原状；给公司造成损失的，股东及负有责任的董事、监事、高级管理人员应当承担赔偿责任。

第六节 公司解散和清算

一、公司的解散

（一）公司解散的原因

公司因下列原因解散：① 公司章程规定的营业期限届满或者公司章程规定的其他解散事由出现；② 股东会决议解散；③ 因公司合并或者分立需要解散；④ 行政解散，是指公司依法被吊销营业执照、责令关闭或者被撤销；⑤ 司法解散。当公司经营管理发生严重困难，继续存续会使股东利益受到重大损失，通过其他途径不能解决的，持有公司10%以上表决权的股东，可以请求人民法院解散公司。

（二）公司解散的公示

公司出现解散事由，应当在10日内将解散事由通过国家企业信用信息公示系统予以公示。

二、公司的清算

公司清算，是指公司解散后处理公司未结事务，使公司法人资格消灭的法律行为。除公司因合并或分立导致的解散，以及因破产适用破产清算程序外，因其他原因解散的公司都应当进行清算。

文云：
公司清算的种类

（一）清算组

1. 清算组的组成

董事为公司清算义务人，应当在解散事由出现之日起15日内组成清算组进行清算。清算组由董事组成，但是公司章程另有规定或者股东会决议另选他人的除外。逾期不成立清算组进行清算或者成立清算组后不清算的，利害关系人可以申请人民法院指定有关人员组成清算组进行清算。公司因依法被吊销营业执照、责令关闭或者被撤销而解散的，作出吊销营业执照、责令关闭或者撤销决定的部门或者公司登记机关，可以申请人民法院指定有关人员组成清算组进行清算。

2. 清算组的职权

清算组在清算期间行使下列职权：① 清理公司财产，分别编制资产负债表和财产清单；② 通知、公告债权人；③ 处理与清算有关的公司未了结的业务；④ 清缴所欠税款以及清算过程中产生的税款；⑤ 清理债权、债务；⑥ 分配公司清偿债务后的剩余财产；⑦ 代表公司参与民事诉讼活动。

3. 清算组成员的义务与责任

清算组成员履行清算职责，负有忠实义务和勤勉义务。清算组成员怠于履行清算职责，给公司造成损失的，应当承担赔偿责任；因故意或者重大过失给债权人造成损失的，应当承担赔偿责任。

（二）公司清算的程序

1. 组织清算组

公司解散时，应当依法进行清算。根据《公司法》的规定，公司应当在解散事由出现之日起15日内成立清算组。根据最高人民法院的司法解释，有下列情形之一，债权人、公司股东、董事或其他利害关系人申请人民法院指定清算组进行清算的，人民法院应予受理：① 公司解散逾期不成立清算进行清算的；② 虽然成立清算组但故意拖延清算的；③ 违法清算可能严重损害债权人或者股东利益的。

2. 通知公告债权人（债权申报）

清算组应当自成立之日起10日内通知债权人，并于60日内在报纸上或者国家企业信用信息公示系统公告。债权人应当自接到通知之日起30日内，未接到通知的自公告之日起45日内，向清算组申报其债权。债权人申报债权，应当说明债权的有关事项，并提供证明材料。清算组应当对债权进行登记。

在申报债权期间，清算组不得对债权人进行清偿。

3. 清理财产，制订清算方案

清算组在清理公司财产、编制资产负债表和财产清单后，应当制订清算方案，并报股东会或者人民法院确认。

4. 清偿债务

清算方案得到确认后，清算组应当以公司财产（包括收取的债权）分别支付清算费用、职工的工资、社会保险费用和法定补偿金，缴纳所欠税款，清偿公司债务。

清算组在清理公司财产、编制资产负债表和财产清单后，发现公司财产不足清偿债务的，应当依法向人民法院申请破产清算。

5. 分配剩余财产

公司清偿债务后的剩余财产，有限责任公司按照股东的出资比例分配，股份有限公司按照股东持有的股份比例分配。

清算期间，公司存续，但不得开展与清算无关的经营活动。公司财产在未依照规定清偿债务前，不得分配给股东。

6. 制作清算报告，进行公司注销登记

公司清算结束后，清算组应当制作清算报告，报股东会或者人民法院确认，并报送公司登记机关，申请注销公司登记。

公司在存续期间未产生债务，或者已清偿全部债务的，经全体股东承诺，可以按照规定通过简易程序注销公司登记。

职场应用与指导

文本：
第四章职场应用指导建议

职场应用场景：

王余年所就职的公司是一家有限责任公司，公司内部设有股东会、董事会和监事会。某天，公司董事会会议投票通过了关于董事李四（非职工代表）的加薪方案，引发了公司内部的议论。李经理也在公司会议上对此提出了异议。王余年对以下问题也存在困惑。

问题一：该董事会的决议是否存在问题？

问题二：公司股东会和董事会的职权分别有哪些？

要求：

请结合本章内容，为王余年解答以上问题。

指导建议请扫描二维码阅读参考。

通关自测

测验：
第四章交互式测验及参考答案

法务实训

案例1

案情简介：

甲、乙、丙三人共同出资设立了一家有限责任公司，该公司注册资本为40万元。其中，甲以一台机器设备出资，作价12万元；乙以一项专利出资，作价10万元；丙以人民币出资18万元。后经丙提议，公司召开了临时股东会会议，补选公司职工王某和财务负责人李某担任公司的监事。同时，临时股东会会议对修改公司章程事项进行了表决，甲和乙赞同，丙表示反对，最终公司修改章程的决议获得了通过。

问题：

（1）该公司三位股东的出资，是否符合《公司法》的规定？为什么？

（2）股东丙是否有权提议召开临时股东会会议？为什么？

（3）临时股东会会议补选公司职工王某和财务负责人李某担任公司的监事是否符合《公司法》的规定？为什么？

（4）临时股东会会议关于修改公司章程的决议能否获得通过？为什么？

第四章 公司法律制度

案例2

案情简介：

某房地产股份有限公司的股本总额为人民币2亿元。后来，公司在年底出现了无法弥补的经营亏损，亏损总额为人民币7 000万元。公司决定于次年4月10日召开临时股东会会议，并在报纸上向所有的股东发出了会议通知。通知确定的会议决议事项包括但不限于以下事项：① 选举、更换董事长；② 选举、更换全部监事；③ 更换公司经理。

在临时股东会会议上，上述各事项均经出席股东会会议的股东所持表决权的过半数通过。

问题：

（1）公司发生该亏损后，是否应当召开临时股东会会议？为什么？

（2）公司临时股东会会议的决议事项中，有无与《公司法》规定不符的事项？并请说明理由。

案例3

案情简介：

某年，由于市场情况发生了重大变化，甲股份有限公司如果继续经营，将导致公司损失惨重。3月20日，该公司召开股东会会议，以出席会议的股东所持表决权的过半数通过了解散公司的决议。4月15日，公司的5名董事组成了清算组。清算组于5月8日将公司解散清算事宜书面通知了债权人。

问题：

（1）该解散公司的决议能否获得通过？说明理由。

（2）假设该解散公司的决议能获得通过，甲公司能否由该5名董事组成清算组？

（3）假设该解散公司的决议能获得通过，该公司在清算中有关成立清算组和债权申报程序是否合法？

第五章
合同法律制度

【学习目标】

★ **素养目标**
- 明确合同是经济社会生活的载体。
- 树立为债权人利益负责的责任意识。
- 培养契约意识,树立契约精神。
- 培养自愿、平等、公平、诚信、绿色的法律原则与商业道德。

★ **知识目标**
- 了解合同的概念和分类。
- 掌握合同的订立及其内容。
- 了解合同的履行、变更、转让和终止的基本规定。
- 掌握合同效力的有关规定。
- 熟悉合同的违约责任。

★ **能力目标**
- 能够正确区分要约与要约邀请。
- 能够正确分析现实生活中各种合同的效力。
- 能够签订工作、生活中常用的简单合同。
- 能够正确运用定金罚则。
- 能够正确运用合同履行中的抗辩权、代位权及撤销权。
- 能够正确适用合同的变更、转让和终止。
- 能够避免或者降低违约风险,准确追究违约方的违约责任。

第五章 合同法律制度

【思维导图】

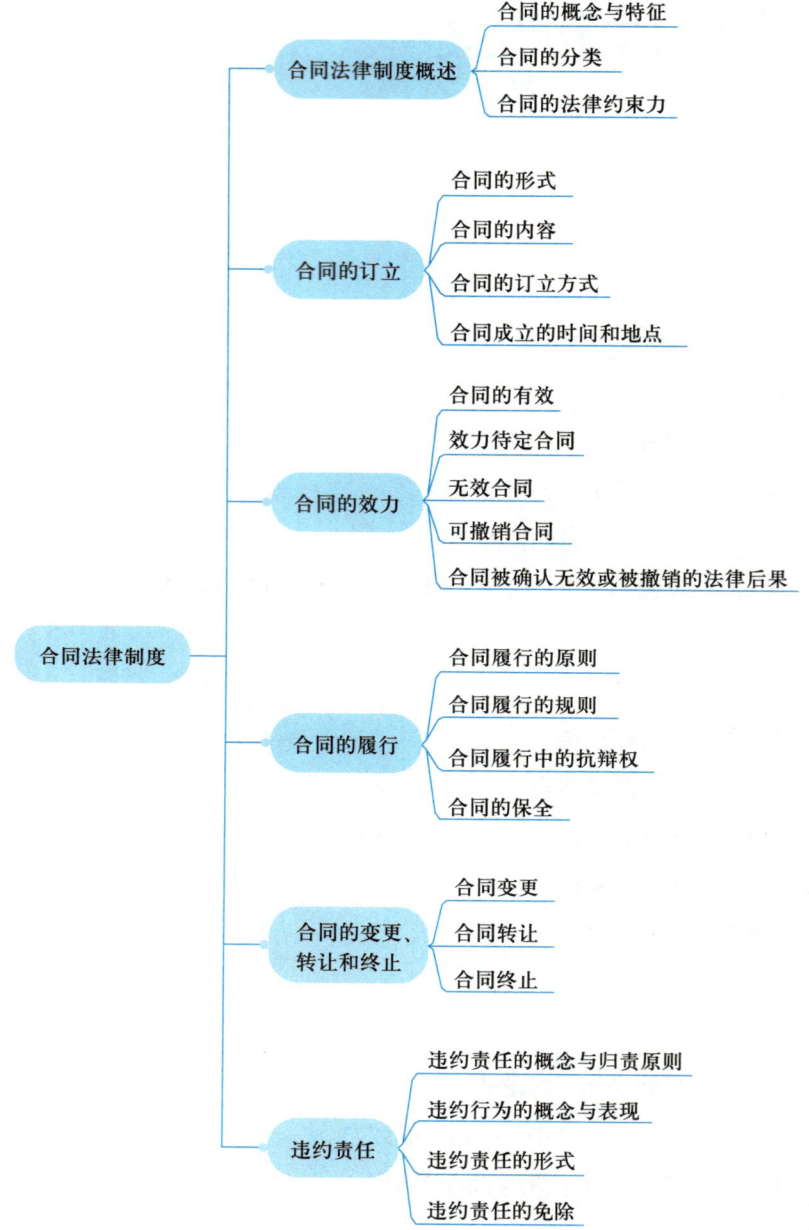

【先导案例】

案情介绍：

郑先生本人酷爱收藏，并且具有较强的古玩鉴赏能力。其家中收藏有一个商朝酒杯，但由于年代太久远，郑先生无法评估其真实价值，而只能大略估计其价值在10万元以上。某日，郑先生将其酒杯带到一家古董店，请古董店老板鉴赏，店老板十分喜欢该酒杯，并且知道其价值不下百万元，于是便提出向郑先生买下该酒杯，出价为50万元。郑先生对此价格十分满意，但仔细一想，心知该酒杯的价值绝对超过50万元，如果拍卖，超过百万元也有可能。但苦于拍卖成本过高，自身也没有条件拍卖，于是，郑先生心生一计，同意将酒杯卖给古董店老板，待日后古董店老板高价卖出后再主张合同可撤销。之后，古董店老板通过拍卖，该酒杯被卖到600万元。郑先生遂向法院主张该合同自始显失公平，请求古董店老板至少再补偿其500万元。

想一想：

（1）该合同是否有效？
（2）郑先生的主张能否得到法院的支持？为什么？

第一节　合同法律制度概述

一、合同的概念与特征

（一）合同的概念

合同，又称契约或协议。我国《民法典》合同编所称的合同，是指民事主体之间设立、变更、终止民事法律关系的协议。虽然婚姻、收养、监护等有关身份关系的协议也是民事合同，由于其内容的性质不同，因此应当适用有关该身份关系的法律规定。当这些具有身份关系、人格关系的协议在《民法典》总则编、人格权编、婚姻家庭编等或者其他法律中没有规定的，可以根据其性质参照适用合同编的规定。

（二）合同的特征

1. 合同是一种民事法律行为

合同以意思表示为要素，并按意思表示的内容产生相应的法律效果。由于合同是民事法律行为的一种，因此《民法典》中关于民事法律行为的一般规定，如民事法律行为的生效要件、民事法律行为的无效和民事法律行为的撤销等，均适用于合同。

2. 合同是双方或多方当事人意思表示一致的协议

首先，合同是双方或多方的法律行为，即合同的订立主体必须是两个或两个以上，从而区别于单方法律行为；其次，合同的成立必须由各方当事人相互作出意思表示，即不是当事人单方从自身的利益出发作出意思表示的，而且是相互作出的；最后，合同的成立是各方当事人意思表示一致的结果。

3. 合同以设立、变更、终止民事权利义务关系为目的

任何民事法律行为均有其特定的目的，合同的目的即在于设立、变更、终止民事权利义务关系。

二、合同的分类

《民法典》依据合同的适用范围，规定了19种"典型合同"和2种"准合同"。其中"典型合同"又称"有名合同"，具体包括以下合同：① 买卖合同；② 供用电、水、气、热力合同；③ 赠予合同；④ 借款合同；⑤ 保证合同；⑥ 租赁合同；⑦ 融资租赁合同；⑧ 保理合同；⑨ 承揽合同；⑩ 建设工程合同；⑪ 运输合同（客运合同、货运合同、多式联运合同）；⑫ 技术合同（技术开发合同、技术转让合同和技术许可合同、技术咨询合同和技术服务合同）；⑬ 保管合同；⑭ 仓储合同；⑮ 委托合同；⑯ 物业服务合同；⑰ 行纪合同；⑱ 中介合同；⑲ 合伙合同。"准合同"则包括：① 无因管理；② 不当得利。

《民法典》或者其他法律没有明文规定的合同，适用《民法典》合同编通则的规定，并可以参照适用《民法典》合同编或者其他法律最相类似合同的规定。

本章主要介绍我国《民法典》合同编中第一分编通则的相关法律规定。

文本：
合同的法理
分类

三、合同的法律约束力

合同的法律约束力，是法律赋予合同当事人的强制力，即当事人如果违反合同约定的内容，就会产生相应的法律后果，包括承担相应的法律责任。

依法成立的合同受法律保护。依法成立的合同，仅对当事人具有法律约束力，但

是法律另有规定的除外。

第二节 合同的订立

一、合同的形式

合同的形式，是指当事人合意的外在表现形式，亦即合同内容的载体。当事人订立合同，可以采用书面形式、口头形式或者其他形式（如表 5-1 所示）。

表 5-1 合同的形式

形式	含义	具体内容、特征
口头形式	口头形式，是指当事人只用语言不用文字为意思表示订立合同	口头形式简便易行，尤其是对即时清结的合同最为适合，但缺点是发生合同纠纷时难以取证，不易分清责任
书面形式	书面形式是合同书、信件、电报、电传、传真等可以有形地表现所载内容的形式。以电子数据交换、电子邮件等方式能够有形地表现所载内容，并可以随时调取查用的数据电文，视为书面形式	书面形式是我国合同的主要形式，其优点在于发生纠纷时容易举证和分清责任。法律、法规规定采用书面形式的，应当采用书面形式，当事人约定采用书面形式的，应当采用书面形式
其他形式	其他形式，是指口头形式、书面形式以外的合同形式	其他形式主要包括推定形式和默示形式。推定形式是指当事人并不直接用书面或者口头方式进行意思表示，而是通过实施某种行为来表示，即以实际履行方式订立合同。默示形式是指当事人采用沉默不语的方式进行意思表示。默示只有在法律规定、当事人约定或者符合当事人之间交易习惯时，才可以视为意思表示

二、合同的内容

（一）合同一般应具备的条款

合同的内容，在实质意义上是指合同当事人的权利义务，在形式意义上即为合同的条款。根据《民法典》的规定，合同的内容应当由当事人约定，一般包括以下条款。

1. 当事人的姓名或者名称和住所

这一条款也称当事人条款。合同当事人是自然人时，应写明当事人的姓名和住所等信息；合同当事人是法人或非法人组织时，应写明其名称和住所等信息。

2. 标的

标的是合同权利义务所指向的对象。合同的标的既可以是货物，也可以是劳务或者工程项目，但法律禁止的行为或禁止转让的物品，不得作为合同的标的。合同的标的必须准确无误，标的的名称、型号、规格、品种、等级、花色等都应当约定清楚。

3. 数量

数量是以数字和计量单位来衡量标的的尺度。当事人对数量的约定必须合法、准确。

4. 质量

质量是标的质的规定性，是指在标准和技术方面对标的的要求。合同实务中，质量条款能够按国家质量标准、行业质量标准等进行约定的，则按国家质量标准、行业质量标准等进行约定；没有质量标准的，应按照通常标准或符合合同目的的特定标准确定。

5. 价款或者报酬

价款、报酬又称价金，是一方取得标的所支付的代价。在以物为标的的合同中，这一代价叫价款，如货款、财产租赁的租金等；在以劳务和工作成果为标的的合同中，这种代价称报酬，如货物运输费、加工承揽费等。这两者没有本质的区别。对于有偿合同来说，价金条款是关键条款之一。

6. 履行的期限、地点和方式

履行期限，是指享有权利的一方要求对方履行义务的时间范围，是确定当事人是否发生迟延履行的依据，要求必须明确具体。履行地点，是指合同当事人履行或接受履行合同约定义务的地点，它是确定验收地点、合同标的是否交付、标的的所有权是否转移、标的物意外灭失风险由哪一方承担等问题的依据。履行方式，是指当事人采取什么方式来履行合同约定的义务，因合同标的物不同，其履行方式也不同，通常包括运输方式、包装方式、结算方式、验收方式等。

7. 违约责任

违约责任是当事人不履行或者不适当履行合同约定的义务所应承担的法律责任。承担违约责任的方式多种多样，主要有支付违约金、赔偿损失、违约补救措施、定金制裁和继续履行等。

8. 解决争议的方法

在解决争议方法的条款中，主要包括在当事人不愿和解、调解或者和解、调解不成的情况下，是通过诉讼还是通过仲裁来解决双方的争议。当事人在合同订立、履行过程中发生争议如何解决，最好能在合同中订明，以便合同争议的管辖和尽快解决。

当事人可以参照各类合同的示范文本订立合同。

（二）格式条款

格式条款，也称为标准条款，是当事人为了重复使用而预先拟订，并在订立合同时未与对方协商的条款。

在日常生活中，格式条款表现为一方具有绝对的经济优势地位，使其可以将预先拟订的合同条款强加于对方，对于对方而言，只有接受或不接受的选择。因此，应对处于弱势的一方给予特殊的保护，以调整这种不平等。这种保护具体体现在以下几个方面。

1. 应当遵循公平原则

提供格式条款的一方应当遵循公平原则确定当事人之间的权利和义务。

2. 履行提示或说明的义务

提供格式条款的一方应采取合理的方式，提示对方注意免除或者减轻其责任等与对方有重大利害关系的条款，按照对方的要求，对该条款予以说明。提供格式条款的一方未履行提示或者说明义务，致使对方没有注意或者理解与其有重大利害关系的条款的，对方可以主张该条款不成为合同的内容。

3. 歧义不利于表意者解释的原则

对格式条款的理解发生争议的，应当按照通常的理解予以解释。对格式条款有两种以上的解释的，应当作出不利于提供格式条款一方的解释。

4. 非格式条款优先原则

格式条款与非格式条款不一致的，应当采用非格式条款。

5. 格式条款无效的情形

格式条款有下列情形之一的无效：（1）提供格式条款的一方不合理地免除或者减轻其责任、加重对方责任、限制对方主要权利。（2）提供格式条款的一方排除对方主要权利。（3）格式条款具有《民法典》总则编第六章第三节规定的无效情形，包括使用格式条款与无民事行为能力人订立合同；以虚假的意思表示订立合同；恶意串通，损害他人合法权益的合同；违反法律、行政法规的强制性规定或者违背公序良俗的合同等。（4）造成对方人身损害的免责格式条款；因故意或者重大过失造成对方财产损失的免责格式条款。

三、合同的订立方式

当事人订立合同，可以采取要约、承诺方式或者其他方式。

要约和承诺既是合同订立的方式，也是合同订立的两个阶段，其结果是合同成立。合同成立的其他方式，主要是指格式条款和悬赏广告等。

（一）要约

1. 要约的概念及构成要件

要约，是在合同订立过程中要约人希望与他人订立合同的意思表示。一方当事人以缔结合同为目的，向对方当事人提出合同条件，希望对方当事人接受的意思表示，就是要约，亦称发价、发盘、出盘、出价或者报价。

要约发生法律效力，应当符合下列构成要件：① 要约的内容具体、确定。所谓内容具体，是指要约的内容必须具有足以确定合同成立的内容，包含合同的主要条款；所谓内容确定，是指要约的内容必须明确，不能含混不清，应当达到一般人能够理解其真实含义的水平，否则合同将无法履行。② 表明经受要约人承诺，要约人即受该意思表示约束。不论要约人向特定的还是不特定的受要约人发出要约，要约的内容都须表明，一旦该要约经受要约人承诺，要约人即受该意思表示约束。约束的具体表现是要约被承诺后合同即告成立，要约人要受合同效力的约束。

2. 要约邀请

要约邀请又称要约引诱，是希望他人向自己发出要约的意思表示。

要约邀请与要约虽然最终都是为了订立合同，但两者有较大区别，如表5-2所示。

表 5-2　要约和要约邀请的区别

项目	当事人的意愿不同	内容不同	约束力不同	对象不同
要约	要约的宗旨在于订立合同，经受要约人承诺合同就成立。要约是合同成立的必要条件和必经程序。商业广告和宣传的内容符合要约规定的，视为要约	要约的内容具体确定，包括未来订立合同的主要条款	要约一经受要约人承诺，合同便告成立。即使受要约人不承诺，要约人在一定时间内也应受到要约的约束，不得违反法律规定擅自撤回或者撤销要约，不得随意变更要约的内容	一般向相对人发出
要约邀请	要约邀请的目的在于引诱或邀请对方向自己发出要约。拍卖公告、招标公告、招股说明书、债券募集办法、基金招募说明书、商业广告和宣传、寄送的价目表等为要约邀请。要约邀请不会因对方的接受而成立合同，不是合同成立的必经程序和必要条件	要约邀请在内容上不要求具体确定，无须包含合同成立的主要条款	要约邀请对行为人无法律约束力，在发出要约邀请后可随时撤回其邀请，只要没有造成相对人信赖利益损失，要约邀请人一般不承担法律责任	一般向不特定的多数人发出

练一练

某年3月1日，某超市需要购进一批毛巾，于是向多家毛巾生产厂家发送电子邮件。内容如下：本超市欲购进一批毛巾，如果有全棉新款，请附图样与说明，我商场将派人前往洽谈购买事宜。甲生产厂家在发送了图样与说明后，直接发送了1 000条毛巾到该超市。超市看货后不满意，于是决定不购买甲生产厂家的毛巾。甲生产厂家认为超市发送电子邮件的行为构成了要约，其发送毛巾的行为是承诺，合同已经因为自己的承诺而成立并且生效，因此超市拒绝购买的行为是违约行为，应该承担违约责任。而超市则认为自己发送的电子邮件的行为只是一种要约邀请而不是要约，超市不受该意思表示的约束。

思考：某超市通过发送电子邮件所进行的意思表示是要约邀请还是要约？请说明理由。

3. 要约生效的时间

要约生效的时间关系到要约何时对要约人产生约束力，也涉及承诺的期限问题。

要约生效的时间有以下三种情形：① 以对话方式作出的要约，相对人知道其内容时生效。② 以非对话方式作出的要约，到达相对人时生效。③ 采用数据电文形式作出的要约，相对人指定特定系统接收数据电文的，该数据电文进入该特定系统时生效；未指定特定系统的，相对人知道或者应当知道该数据电文进入其系统时生效。当事人对采用数据电文形式的意思表示的生效时间另有约定的，按照其约定。

4. 要约的撤回和撤销

要约的撤回，是指在要约发生法律效力之前，要约人宣布收回发出的要约，使其不产生法律效力的行为。行为人可以撤回意思表示。撤回意思表示的通知应当在意思表示到达相对人前或者与意思表示同时到达相对人。

要约的撤销，是指在要约发生法律效力之后，要约人取消该要约，使该要约的效力归于消灭的行为。要约可以撤销，但是有下列情形之一的除外：① 要约人以确定承诺期限或者其他形式明示要约不可撤销；② 受要约人有理由认为要约是不可撤销的，并已经为履行合同作了合理准备工作。

5. 要约失效

要约失效也叫要约消灭，是指要约丧失了法律效力，要约人和受要约人均不再受其约束。要约在以下四种情况下失效：① 要约被拒绝；② 要约被依法撤销；③ 承诺期限届满，受要约人未作出承诺；④ 受要约人对要约的内容作出实质性变更。

（二）承诺

1. 承诺的概念及构成要件

承诺，是指受要约人同意要约的意思表示。承诺表明各方就合同的主要条款达成协议，合同成立。

承诺应当符合下列条件：① 承诺必须由受要约人或其代理人向要约人作出。② 承诺应当在要约确定的期限内到达要约人。要约没有确定承诺期限的，承诺应当依照下列规定到达：要约以对话方式作出的，应当即时作出承诺；要约以非对话方式作出的，承诺应当在合理期限内到达。③ 承诺的内容应当与要约的内容一致。受要约人对要约的内容作出实质性变更的，为新要约。有关合同标的、数量、质量、价款或者报酬、履行期限、履行地点和方式、违约责任和解决争议方法等的变更，是对要约内容的实质性变更。承诺对要约的内容作出非实质性变更的，除要约人及时表示反对或者要约表明承诺不得对要约的内容作出任何变更外，该承诺有效，合同的内容以承诺的内容为准。

2. 承诺的方式

承诺的方式，是指受要约人通过何种具体的表现形式将承诺的意思表示送达给要约人。承诺应当以通知的方式作出。但是，根据交易习惯或者要约表明可以通过行为作出承诺的除外（如悬赏广告）。

发布悬赏广告一定要言而有信

黄某为了查找肇事车辆及肇事司机，向社会发布悬赏广告，征集肇事逃逸车辆的线索，并承诺答谢6万元。最终却仅支付8 000元给举报人，还有52 000元奖赏金尚未支付。事后，举报人将黄某告上法庭，请求法院判令黄某付清尚欠的52 000元奖赏金。法院经审理最终支持了举报人的诉讼请求。

警示：在日常生活中，悬赏广告比较常见，有人会将其直接贴在小区告示栏中，有的会在电视广播中发布，有的会通过微信、微博等媒体转载。当悬赏人事后不兑现悬赏广告的承诺时，常常会引发广泛关注，其实我国《民法典》对此已有明确规定，悬赏人以公开方式声明对完成特定行为的人支付报酬的，完成该行为的人可以请求其支付。因此，悬赏人事后不兑现悬赏广告承诺的行为不仅会受到道德层面谴责，也要承担相应的法律责任。

3. 承诺生效的时间

承诺生效的时间，也就是合同成立的时间。承诺生效时间的确定有以下两种情形：① 以通知方式作出的承诺，承诺通知到达要约人时生效。如果是以对话方式作出的承诺，相对人知道其内容时生效；如果是以非对话方式作出的承诺，到达相对人时生效。② 承诺不需要通知的，根据交易习惯或者要约的要求作出承诺的行为时生效。

4. 承诺的撤回

承诺的撤回，是指受要约人在发出承诺通知后，在承诺生效之前撤回其承诺的行为。撤回承诺的通知，应当在承诺通知到达要约人之前或者与承诺通知同时到达要约人。承诺撤回，视为承诺未发出。

四、合同成立的时间和地点

(一) 合同成立的时间

合同成立的时间，关系到合同当事人权利义务的发生。承诺生效时合同成立，但是法律另有规定或者当事人另有约定的除外。

（1）当事人采用合同书形式订立合同的，自当事人均签字、盖章或者按指印时合同成立。在签字、盖章或者按指印之前，当事人一方已经履行主要义务，对方接受时，该合同成立。

法律、行政法规规定或者当事人约定合同应当采用书面形式订立，当事人未采用书面形式但是一方已经履行主要义务，对方接受时，该合同成立。

（2）当事人采用信件、数据电文等形式订立合同要求签订确认书的，签订确认书时合同成立。

（3）当事人一方通过互联网等信息网络发布的商品或者服务信息符合要约条件的，对方选择该商品或者服务并提交订单成功时合同成立，但是当事人另有约定的除外。

练一练

又到了一年一度的"双11"购物节，各电商平台纷纷抛出各种优惠活动。小姚在某购物平台上看到一件心仪已久的电子产品有3折优惠活动，非常心动，便果断支付下单。但是第3天，小姚被告知，由于该商品太火爆，目前处于缺货状态，需要14天之后才能发货。小姚认为符合常理，便表示理解，同意了店家的请求。可是又过了几天，小姚发现自己的订单被莫名其妙地取消了。虽然先前支付的货款已经退回到账户中，但是自己却没有接到任何告知订单取消的通知，这让小姚十分气愤。

思考：小姚提交订单成功后，合同是否已经成立？请说明理由。

(二) 合同成立的地点

合同成立的地点关系到案件的诉讼管辖。承诺生效的地点为合同成立的地点。

（1）采用数据电文形式订立合同的，收件人的主营业地为合同成立的地点；没有主营业地的，其住所地为合同成立的地点。当事人另有约定的，按照其约定。

（2）当事人采用合同书形式订立合同的，最后签字、盖章或者按指印的地点为合同成立的地点，但是当事人另有约定的除外。

> ### 预约合同
>
> 在实践中，很多交易，特别是重大交易并非一蹴而就，在订立正式合同之前，当事人往往会通过签订认购书、订购书、预订书等，暂时将交易的意愿或模式固定下来。一种原因是基于主观上的特定目的，不愿意马上签订正式合同，受合同约束；另一种原因是签订正式合同的条件不成熟。那么，认购书、订购书、预订书的法律效力如何？违反了认购书、订购书、预订书应当承担何种法律责任？
>
> 我国《民法典》第495条明确规定，当事人约定在将来一定期限内订立合同的认购书、订购书、预订书等，构成预约合同。当事人一方不履行预约合同约定的订立合同义务的，对方可以请求其承担预约合同的违约责任。

第三节　合同的效力

合同行为是一种典型的民事法律行为，有关合同的有效、无效、可撤销、效力待定等问题适用《民法典》第一编总则第六章第三节关于民事法律行为效力的规定。

一、合同的有效

合同的有效，是指合同因依法成立而具有法律约束力，在当事人之间产生其意图确立的债权债务关系。

合同是民事法律行为的一种，民事法律行为有效所应具备的条件，对于合同当然适用。根据《民法典》总则编的规定，合同的有效须具备以下要件。

1. 行为人具有相应的民事行为能力

合同当事人缔约时须具备相应的缔约能力。如果当事人在缔约时不具备相应的行为能力，则会对合同的效力产生影响，如无行为能力人订立的合同无效，限制行为能力人超出其能力范围所订立的合同效力待定。

2. 意思表示真实

意思表示真实，是指合同当事人的外部表示与其内心的真实意思相一致，不存在欺诈、胁迫等情形。如果意思表示不一致，可导致合同被宣告无效或被撤销。

3. 不违反法律、行政法规的强制性规定，不违背公序良俗

合同的内容不能违反法律、行政法规的强制性规定，否则无效。如不得买卖禁止流通物，否则合同无效。公序良俗是社会公共秩序和善良风俗的合称。当事人签订合同的内容必须与公序良俗相符合，违背公序良俗的合同也无效。

4. 具备法律所要求的形式

例如《民法典》规定，借款合同应当采用书面形式，但是自然人之间借款另有约定的除外。

文本：
合同有效与生效的区别

二、效力待定合同

（一）效力待定合同的概念

效力待定合同，是指合同欠缺有效要件，能否发生当事人预期的法律效力尚未确定，只有经过权利人的追认，才能化欠缺有效要件为符合有效要件，发生法律效力。如果权利人拒绝追认，则合同自始无效。

（二）效力待定合同的类型

1. 限制民事行为能力人订立的合同

限制民事行为能力人订立的纯获利益的合同或者与其年龄、智力、精神健康状况相适应而订立的合同有效。其订立的其他合同经法定代理人同意或者追认后有效。

相对人可以催告法定代理人自收到通知之日起30日内予以追认。法定代理人未作表示的，视为拒绝追认。合同被追认之前，善意相对人有撤销的权利。撤销应当以通知的方式作出。

2. 无权代理人订立的合同

行为人没有代理权、超越代理权或者代理权终止后，仍然实施代理行为，以被代理人的名义订立合同，未经被代理人追认的，对被代理人不发生效力，由行为人承担责任，但相对人有理由相信行为人有代理权的，构成表见代理，该代理行为有效。

相对人可以催告被代理人自收到通知之日起30日内予以追认。被代理人未作表示的，视为拒绝追认。合同被追认之前，善意相对人有撤销的权利。撤销应当以通知的方式作出。

三、无效合同

无效合同，是指欠缺生效要件，不具有法律约束力，不受国家法律保护的合同。无效合同自始无效，是一种绝对无效的合同。无效合同包括以下类型。

（一）无民事行为能力人订立的合同

无民事行为能力人不能正确认识其行为的法律意义，依法不能独立进行民事活动，只能由其法定代理人代理。

（二）以虚假意思表示订立的合同

行为人与相对人以虚假的意思表示订立的合同无效。行为人如果以虚假的意思表示隐藏另一个民事法律行为，以虚假的意思表示隐藏的民事法律行为的效力，依照有关法律规定处理。也就是说，隐藏行为如果内容违法则无效，如以借贷掩盖非法集资；隐藏行为如果内容合法，则也可以有效，如以借贷掩盖合伙。

（三）恶意串通，损害他人合法权益的合同

行为人与相对人恶意串通，损害他人合法权益的合同无效。所谓恶意串通，是指行为人与相对人互相勾结，为牟取私利而实施订立合同的民事行为，损害他人的合法权益。

（四）违反强制性规定的合同

违反法律、行政法规的强制性规定的合同无效。但是，该强制性规定不导致合同无效的除外。例如，违法经营需要许可证的食品、药品等的合同无效；超范围经营一般产品的合同有效，但可能受到市场监督管理部门的警告、罚款甚至吊销营业执照的处罚。

（五）违背公序良俗的合同

违背公序良俗的合同无效。这一规定可以有效弥补强制性规定的不足。

四、可撤销合同

可撤销合同，是指合同因欠缺一定的生效要件，其有效与否，取决于有撤销权的

一方当事人是否行使撤销权的合同。在有撤销权的一方行使撤销权之前，合同是有效的。可撤销合同是一种相对无效的合同。

（一）可撤销合同的类型

1. 因重大误解而订立的合同

重大误解，是指行为人因对行为的性质、对方当事人或者标的物的品种、质量、规格和数量等产生错误认识，使行为的后果与自己的意思相悖，造成较大损失的意思表示。基于重大误解而订立的合同，行为人有权请求予以撤销。

2. 因欺诈而订立的合同

欺诈，是指行为人故意告知虚假情况，或者负有告知义务的人故意隐瞒真实情况，使对方陷入错误认识而作出违背自己真实意思表示的行为。当事人以欺诈手段，使对方在违背真实意思的情况下订立的合同，受欺诈方有权请求予以撤销。

3. 因胁迫而订立的合同

胁迫，是指行为人以给自然人及其近亲属等的人身权利、财产权利以及其他合法权益造成损害或者以给法人、非法人组织的名誉、荣誉、财产权益等造成损害为要挟，迫使其基于恐惧心理作出违背真实意愿的意思表示的行为。当事人以胁迫手段，使对方在违背真实意思的情况下订立的合同，受胁迫方有权请求予以撤销。

4. 自始显失公平的合同

自始显失公平，指一方利用对方处于危困状态、缺乏判断能力等情形，致使合同成立时显失公平的情形。在此情形下，受损害方有权请求予以撤销。其又包括两种情况：① 一方乘人之危造成自始显失公平；② 一方利用缺乏判断能力等情形，造成自始显失公平。

（二）撤销权的行使与消灭

1. 撤销权的行使

对于可撤销的合同，当事人应通过诉讼或仲裁的方式请求人民法院或仲裁机构予以撤销。

2. 撤销权的消灭

有下列情形之一的，撤销权消灭：① 当事人自知道或者应当知道撤销事由之日起1年内、重大误解的当事人自知道或者应当知道撤销事由之日起90日内没有行使撤销权；② 当事人受胁迫，自胁迫行为终止之日起1年内没有行使撤销权；③ 当事人知道撤销事由后明确表示或者以自己的行为表明放弃撤销权。

当事人自合同订立之日起5年内没有行使撤销权的,撤销权消灭。

背景材料:张某的妻子半夜突发疾病需送医院,由于夜深且张某家的地址比较偏僻,故而打不到出租车。正在张某焦急之时,出租车司机陶某恰好驾车路过,见状后提出,如果张某愿意支付每公里50元车费便可将张某及其妻子送至医院。张某无奈只好答应。

要求:请帮助张某分析说明其与陶某之间的客运合同的效力。并说明理由。

五、合同被确认无效或被撤销的法律后果

无效或者被撤销的合同自始没有法律约束力。合同部分无效,不影响其他部分效力的,其他部分仍然有效。

合同被确认无效和被撤销后,产生以下法律后果:

① 返还财产。合同无效、被撤销或者确定不发生效力后,行为人因该合同取得的财产,应当予以返还;不能返还或者没有必要返还的,应当折价补偿。② 赔偿损失。有过错的一方应当赔偿对方由此所受到的损失;各方都有过错的,应当各自承担相应的责任。法律另有规定的,依照其规定。

综上所述,合同效力主要有4种类型,即有效合同、效力待定合同、无效合同和可撤销合同,如表5-3所示。

文本:
合同效力的
特殊规则

表5-3 合同效力的类型

类型	有效合同	效力待定合同	无效合同	可撤销合同
具备的条件或者类型	行为人具有相应的民事行为能力	限制民事行为能力人订立的合同	无民事行为能力人订立的合同	因重大误解订立合同
	意思表示真实		行为人与相对人以虚假意思表示订立的合同	因欺诈而订立合同

续表

类型	有效合同	效力待定合同	无效合同	可撤销合同
具备的条件或者类型	不违反法律、行政法规的强制性规定，不违背公序良俗；具备法律所要求的形式	表见代理以外的欠缺代理权（含无权代理、自己代理和双方代理）而代理订立的合同	行为人与相对人恶意串通，损害他人合法权益的合同；违反法律、行政法规的强制性规定的合同；违背公序良俗的合同	因胁迫而订立合同；自始显失公平的合同
法律后果	有效的合同对当事人具有法律效力，能产生当事人预期的法律效果。如果当事人违约应承担违约责任	合同已成立，但是否发生效力尚未确定，有待于其他行为或事实对其确定	无法律约束力。合同被确认无效之后，将产生返还财产和赔偿损失等后果	被撤销之前，合同有效；被撤销之后，合同自始无法律约束力，将产生返还财产和赔偿损失等后果

第四节　合同的履行

一、合同履行的原则

合同履行的原则，是指当事人在履行合同债务时应当遵循的基本准则。当事人在履行合同债务的过程中，只有遵守这些基本准则，才能够实现债权人的债权，当事人期待的合同利益才能实现。

（一）遵守约定原则

遵守约定原则亦称约定必须信守原则，是指依法订立的合同对当事人具有法律约束力。双方的履行过程一切都要服从约定，信守约定，约定的内容是什么就履行什么，一切违反约定的履行行为都属于对该原则的违背。遵守约定原则包括：① 适当履行原则，要求合同当事人按照合同约定的履行主体、标的、时间、地点以及方式等履行，且均须适当，完全符合合同约定。② 全面履行原则，要求合同当事人按照合同所约定的各项条款，全部而完整地履行合同义务。

（二）诚实信用原则

这一原则对于一切合同及合同履行的一切方面均应适用，当事人应根据合同的性质、目的和交易习惯履行合同义务。包括：① 协作履行原则，要求当事人基于诚实信用原则，对对方当事人履行债务的行为给予协助，包括及时通知、相互协助和予以保密。② 经济合理原则，要求当事人在履行合同时追求经济效益，付出最小的成本，取得最佳的合同利益。

（三）绿色原则

这一原则要求当事人履行合同时，应当避免浪费资源、污染环境和破坏生态。

> 理论阅读：
>
> 党的二十大报告指出，我们坚持绿水青山就是金山银山的理念，坚持山水林田湖草沙一体化保护和系统治理，全方位、全地域、全过程加强生态环境保护，生态文明制度体系更加健全，污染防治攻坚向纵深推进，绿色、循环、低碳发展迈出坚实步伐，生态环境保护发生历史性、转折性、全局性变化，我们的祖国天更蓝、山更绿、水更清。
>
> 《民法典》第509条第3款规定："当事人在履行合同过程中，应当避免浪费资源、污染环境和破坏生态。"这一规定也被称为合同履行的"绿色原则"。
>
> 讨论分析：请同学们交流讨论如何在合同履行中树立环保意识，贯彻绿色原则。

二、合同履行的规则

（一）合同内容约定不明时的确定规则

合同生效后，当事人就质量、价款或者报酬、履行地点等内容没有约定或者约定不明确的，可以协议补充；不能达成补充协议的，按照合同相关条款或者交易习惯确定。当事人就有关合同内容约定不明确，依据上述规定仍不能确定的，适用下列规定。

（1）质量要求不明确的，按照强制性国家标准履行；没有强制性国家标准的，按照推荐性国家标准履行；没有推荐性国家标准的，按照行业标准履行；没有国家标准、行业标准的，按照通常标准或者符合合同目的的特定标准履行。

（2）价款或者报酬不明确的，按照订立合同时履行地的市场价格履行；依法应当执行政府定价或者政府指导价的，依照规定履行。

（3）履行地点不明确，给付货币的，在接受货币一方所在地履行；交付不动产的，在不动产所在地履行；其他标的，在履行义务一方所在地履行。

（4）履行期限不明确的，债务人可以随时履行，债权人也可以随时请求履行，但是应当给对方必要的准备时间。

（5）履行方式不明确的，按照有利于实现合同目的的方式履行。

（6）履行费用的负担不明确的，由履行义务一方负担；因债权人原因增加的履行费用，由债权人负担。

文本：
涉及第三人的合同履行

（二）电子合同交付时间的认定规则

在履行通过互联网等信息网络订立的电子合同时，关于交付时间的认定应遵循以下规则。

（1）电子合同的标的为交付商品并采用快递物流方式交付的，收货人的签收时间为交付时间。电子合同的标的为提供服务的，生成的电子凭证或者实物凭证中载明的时间为提供服务时间；前述凭证没有载明时间或者载明时间与实际提供服务时间不一致的，以实际提供服务的时间为准。

（2）电子合同的标的物为采用在线传输方式交付的，合同标的物进入对方当事人指定的特定系统且能够检索识别的时间为交付时间。

（3）电子合同当事人对交付商品或者提供服务的方式、时间另有约定的，按照其约定。

三、合同履行中的抗辩权

抗辩权又称异议权，是指对抗请求权或者否认他人权利主张的权利，其作用是使对方的权利受到阻碍或者消灭。

（一）同时履行抗辩权

同时履行抗辩权，是指当事人互负债务，没有先后履行顺序的，应当同时履行。一方在对方履行之前有权拒绝其履行请求；一方在对方履行债务不符合约定时，有权拒绝其相应的履行请求。

（二）先履行抗辩权

先履行抗辩权，也称顺序履行抗辩权，是指当事人互负债务，有先后履行顺序的，应当先履行债务一方未履行的，后履行一方有权拒绝其履行请求。先履行一方履行债务不符合约定的，后履行一方有权拒绝其相应的履行请求。

（三）不安抗辩权

不安抗辩权，是指当事人互负债务，有先后履行顺序，应当先履行债务的当事人，如果有确切证据证明后履行一方有未来不履行或者无力履行合同的情形时，可以中止履行。

应当先履行债务的当事人，有确切证据证明对方有下列情形之一的，可以中止履行：① 经营状况严重恶化；② 转移财产、抽逃资金，以逃避债务；③ 丧失商业信誉；④ 有丧失或者可能丧失履行债务能力的其他情形。

不安抗辩权行使后，有3种后果产生：① 中止履行。先履行一方暂时停止履行自己承担的合同债务后，应当及时通知对方。② 恢复履行。先履行一方通知对方后，如果对方提供了适当的担保，则先履行一方应当恢复履行。③ 解除合同。如果对方在合理期限内未恢复履行能力且未提供适当担保的，视为以自己的行为表明不履行主要债务，中止履行的一方可以解除合同并可以请求对方承担违约责任。

当事人没有确切证据中止履行的，应当承担违约责任。

合同履行抗辩权主要有以下几种（见表5-4）。

表5-4 合同履行抗辩权的类型

类型	同时履行抗辩权	先履行抗辩权	不安抗辩权
适用条件	因同一双务合同互负债务	因同一双务合同互负债务	因同一双务合同互负债务
	双方所负的债务之间具有牵连性	由一方当事人先为履行	由一方当事人先为履行
	双方互负的债务均已届清偿期		
	对方未履行或未适当履行债务	先履行的一方不履行或不适当履行合同债务	先履行的一方有确切的证据证明另一方不能或不会作出对待履行
	对方的对待履行是可能履行的		
效力	延期的抗辩权；不具有消灭对方请求权的效力，而仅产生使对方请求权延期的效果	延期的抗辩权；随时阻止对方当事人请求权的行使	① 中止合同履行 ② 恢复合同履行 ③ 解除合同

练一练

　　身为歌手的张某与某演出公司签订了一份演出合同，约定由张某在演出公司主办的一场演出中表演一个节目，由演出公司预先支付给张某劳务费10万元。后来，在合同约定的支付劳务费期限到来之前，张某因一场车祸而受伤住院。演出公司通过向医生询问张某的伤情得知，在演出日之前，张某的身体虽有康复的可能，但也不能排除其伤情出现恶化以致不能参加原定演出的情形。基于上述情况，演出公司通知张某，主张暂不予支付合同中所约定的10万元劳务费。

　　思考：该演出公司的做法是否有法律的依据？请说明理由。

四、合同的保全

　　合同的保全，是在债务人的行为给债权人造成损害时，债权人依法向人民法院请求代位行使债务人的债权或者请求人民法院撤销债务人的行为，以保障自己债权实现的制度。其中，代位权是针对债务人消极不行使自己债权的行为，撤销权则是针对债务人积极侵害债权人债权实现的行为。两者或者为了实现债务人的财产权利，或者为了恢复债务人的财产责任，从而确保债权人债权的实现。

（一）代位权

　　代位权，是指因债务人怠于行使其债权或者与该债权有关的从权利，影响债权人的到期债权实现的，债权人可以向人民法院请求以自己的名义代位行使债务人对相对人的权利，但是该权利专属于债务人自身的除外。

　　代位权的行使范围以债权人的到期债权为限。债权人行使代位权的必要费用由债务人负担。

练一练

　　在甲公司和乙公司签订的买卖合同中，乙公司为债权人（供货方），甲公司为债务人（收货方），甲公司欠乙公司50万元货款，即乙公司对甲公司的债权为50万元。同时，甲公司又是丙公司的债权人，即丙公司又欠甲公司30万元的货款。后因甲公司怠于行使其对丙公司到期的债权，致使乙公司的到期债权得不到清偿。

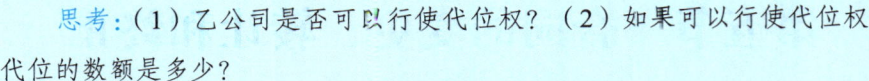

思考：（1）乙公司是否可以行使代位权？（2）如果可以行使代位权，代位的数额是多少？

（二）撤销权

撤销权，是指在债务人实施了危害债权人债权的民事行为时，债权人享有请求人民法院撤销债务人行为的权利。

该撤销权的行使包括以下两种情形：① 无偿处分时债权人撤销权的行使。债务人以放弃其债权、放弃债权担保、无偿转让财产等方式无偿处分财产权益，或者恶意延长其到期债权的履行期限，影响债权人的债权实现的，债权人可以请求人民法院撤销债务人的行为。② 不合理价格交易时债权人撤销权的行使。债务人以明显不合理的低价转让财产、以明显不合理的高价受让他人财产或者为他人的债务提供担保，影响债权人的债权实现，债务人的相对人知道或者应当知道该情形的，债权人可以请求人民法院撤销债务人的行为。

 知识链接

"明显不合理"的低价或者高价如何认定？

根据《最高人民法院关于适用〈中华人民共和国民法典〉合同编通则若干问题的解释》第42条的规定，"明显不合理"的低价或者高价，人民法院应当按照交易当地一般经营者的判断，并参考交易时交易地的市场交易价或者物价部门指导价予以认定。

转让价格未达到交易时交易地的市场交易价或者指导价70%的，一般可以认定为"明显不合理的低价"；受让价格高于交易时交易地的市场交易价或者指导价30%的，一般可以认定为"明显不合理的高价"。

债务人与相对人存在亲属关系、关联关系的，不受70%、30%的限制。

撤销权的行使范围以债权人的债权为限。债权人行使撤销权的必要费用，由债务人负担。

撤销权自债权人知道或者应当知道撤销事由之日起1年内行使。自债务人的行为发生之日起5年内没有行使撤销权的，该撤销权消灭。

债务人影响债权人的债权实现的行为被撤销的，自始没有法律约束力。

第五节　合同的变更、转让和终止

一、合同变更

合同变更，是指合同内容的变更，即指合同成立后，没有履行或没有完全履行以前，合同当事人就合同的内容进行修改或补充的行为。

当事人协商一致，可以变更合同。当事人对合同变更的内容约定不明确的，推定为未变更。

二、合同转让

（一）合同转让的概念

合同转让，是指合同当事人一方将其合同的债权和债务全部或部分转让给第三人的行为。

（二）合同转让的类型

合同转让分为债权转让、债务转让以及债权债务一并转让3种类型（如表5-5所示）。

表5-5　合同转让的类型

类型	含义	生效要件
债权转让（债权让与）	是指债权人将其债权全部或部分转让给第三人的行为。债权人可以将债权的全部或者部分转让给第三人，但是有下列情形之一的除外：① 根据债权性质不得转让；② 按照当事人约定不得转让；③ 依照法律规定不得转让	未通知债务人的，该转让对债务人不发生效力
债务转让（债务承担）	是指债务人将其债务全部或者部分转移给第三人的行为	应当经债权人同意
债权债务一并转让（概括承受）	是指一方当事人将合同中的债权和债务一并转让给第三人	应当经对方同意

法律咨询

背景材料：甲旅游公司与刘先生签订了一份旅游合同。在合同订立后履行前，甲旅游公司欲将该合同转让给乙旅游公司。

要求：请你告诉甲旅游公司怎样操作才能避免承担法律责任。

三、合同终止

合同终止，又称合同消灭，是指合同当事人之间的权利义务关系因一定法律事实的出现而不复存在。合同的权利义务终止主要包括以下情形。

（一）债务已经履行

债务已经履行，是指债务已经按照约定履行，即合同因履行而终止，当事人订立合同的目的得以实现。这是合同终止最主要的形式，属于合同的正常终止。

（二）债务相互抵销

债务相互抵销，是指合同双方当事人互负到期债务，各以其债权充当债务的清偿，而使其债务与对方的债务在对等额度内相互消灭。债务相互抵销有以下两种形式。

1. 法定抵销

法定抵销，是指当事人互负债务，该债务的标的物种类、品质相同的，任何一方可以将自己的债务与对方的到期债务抵销。但是，根据债务性质、按照当事人约定或者依照法律规定不得抵销的除外。

2. 约定抵销

约定抵销，是指当事人互负债务，该债务的标的物种类、品质不相同的，经双方协商一致，也可以抵销。

（三）债务人依法将标的物提存

债务人依法将标的物提存，是指由于债权人的原因致使债务人无法向债权人清偿其所负债务时，债务人将合同标的物交给提存机关，从而使债权债务归于消灭。

1. 提存的原因

提存的原因有以下四个方面：① 债权人无正当理由拒绝受领；② 债权人下落不明；③ 债权人死亡未确定继承人、遗产管理人，或者丧失民事行为能力未确定监护人；④ 法律规定的其他情形。

2. 提存通知

提存通知，是指债务人提存标的物后，应及时通知债权人或者债权人的继承人、遗产管理人、监护人、财产代管人。

（四）债权人免除债务

债权人免除债务，是指债权人放弃债权而使得债权债务关系终止。债权人免除债务人部分或者全部债务的，债权债务部分或者全部终止，但是债务人在合理期限内拒绝的除外。

（五）债权债务同归于一人

债权债务同归于一人，也称债权债务混同，是指合同的债权主体和债务主体合为一体，从而使合同关系消灭。如资产重组、兼并等导致合同权利义务同归于一人。债权债务同归于一人的，债权债务终止，但是损害第三人利益的除外。

（六）法律规定或者当事人约定终止的其他情形

除上述五种情形外，法律规定或当事人约定的其他情形出现时，合同也会终止。如作为合同主体的自然人死亡而其债务无人承担等。

（七）合同解除

合同解除，是指合同当事人依照法律规定或者当事人的约定，在合同尚未履行完毕前依法解除合同效力的行为。合同解除的，该合同的权利义务关系终止。合同的权利义务关系终止，不影响合同中结算和清理条款的效力。

1. 合同解除的方式

（1）意定解除。① 协议解除。当事人协商一致，可以解除合同。② 约定解除权。当事人可以约定一方解除合同的事由。解除合同的事由发生时，解除权人可以解除合同。

（2）法定解除。又称单方解除，是指解除权人行使解除权将合同解除的行为。

有下列情形之一的，当事人可以解除合同：① 不可抗力。因不可抗力致使不能实现合同目的。② 预期违约。在履行期限届满之前，当事人一方明确表示或者以自己的行为表明不履行主要债务。③ 迟延履行。当事人一方迟延履行主要债务，经催告后在合理期限内仍未履行。④ 根本违约。当事人一方迟延履行债务或者有其他违

文本：
情势变更原则

约行为致使不能实现合同目的。⑤ 法律规定的其他情形。

2. 合同解除权的行使和消灭

当事人一方依法主张解除合同的，应当通知对方。

法律规定或者当事人约定解除权行使期限，期限届满当事人不行使的，该权利消灭。法律没有规定或者当事人没有约定解除权行使期限，自解除权人知道或者应当知道解除事由之日起1年内不行使，或者经对方催告后在合理期限内不行使的，该权利消灭。

3. 合同解除的法律后果

合同解除的法律后果包括：① 合同解除后，尚未履行的，终止履行；② 已经履行的，根据履行情况和合同性质，当事人可以请求恢复原状或者采取其他补救措施，并有权请求赔偿损失。

合同因违约解除的，解除权人可以请求违约方承担违约责任，但是当事人另有约定的除外。

第六节　违约责任

一、违约责任的概念与归责原则

（一）违约责任的概念

违约责任，是指合同当事人不履行合同义务或履行合同义务不符合约定所应承担的法律后果。

（二）违约责任的归责原则

合同的违约责任一般采取严格责任原则。只要当事人不履行合同义务或者履行合同义务不符合约定，除存在不可抗力等法定免责事由或当事人另有约定（合法的约定免责条款）外，不管违约方主观上是否存有过错，都需要承担违约责任。但也有例外，比如赔偿损失责任的承担还需要有损害事实，并且违约行为和损害事实之间要有因果关系。

二、违约行为的概念与表现

（一）违约行为的概念

违约行为，即违反合同义务的行为，是指当事人一方不履行合同义务或者履行合同义务不符合约定的行为或事实状态。违约行为是构成违约责任的首要条件。无违约行为，即无违约责任。

（二）违约行为的表现

1. 预期违约

预期违约，是指在合同履行期限到来之前，当事人一方明确表示或者以自己的行为表明不履行合同义务的行为或事实状态。对方可以在履行期限届满前请求其承担违约责任。

2. 实际违约

实际违约，是指在履行期限到来以后，当事人不履行或不完全履行合同义务的行为或事实状态。主要包括以下情形：① 不履行，即当事人根本未履行任何合同义务。② 迟延履行，即当事人的履行违反了履行期限的规定，包括债务人迟延履行和债权人迟延受领。③ 不适当履行，即虽有履行行为但履行行为不符合合同约定。

> **素养提升**
>
> **基于违反诚实信用原则的缔约过失责任**
>
> 甲有1套房屋欲出租，便发布了出租广告。乙看到后有租赁的意向，遂跟甲联系，双方约定第2天签订租赁合同。丙跟乙关系不好，得知乙要租房，遂也找到甲说，他也想租这套房子，并且出价比乙高，但要后天才能签订合同。第2天，甲就推掉了乙的请求，等待第3天与丙签订合同。丙看到自己干扰乙租房的目的达到了，第3天就回复甲说自己也不租这套房子了。这时，丙的行为就构成缔约过失行为。因为丙没有遵守之前的初步约定，导致甲失去了与乙签约的机会，给甲带来了信赖利益的损失。
>
> **警示**：实施了缔约过失行为就要承担缔约过失责任。根据诚实信用原则，参与缔约的当事人应当尽到善良管理人的注意义务，保护对方的利益，并在缔约过程中保持诚信和善良。如果一方违反了应尽的注意义务，如协力、通知、保护、保密等义务，造成相对人损害的，应当承担赔偿责任。

三、承担违约责任的形式

当事人一方不履行合同义务或者履行合同义务不符合约定的，应当承担继续履行、采取补救措施或者赔偿损失等违约责任。此外，还有违约金责任和定金责任。

（一）继续履行责任

1. 继续履行的概念

继续履行，也称为强制实际履行，指违约的当事人无论是否已经承担赔偿金或者违约金责任，都必须按照对方的要求，在自己能够履行的条件下，对原合同未履行的部分进行履行。继续履行合同，既是为了实现合同的目的，又是一种承担违约责任的方式。

2. 继续履行责任的适用

继续履行责任的适用因债务性质的不同而不同：

（1）金钱债务。无条件适用继续履行。金钱债务只存在迟延履行，不存在不能履行。

（2）非金钱债务。有条件适用继续履行。对非金钱债务，原则上可以请求继续履行，但下列情形除外：① 法律上或者事实上不能履行；② 债务的标的不适于强制履行或者强制履行费用过高；③ 债权人在合理期限内未请求履行。有以上除外情形之一，致使不能实现合同目的的，人民法院或者仲裁机构可以根据当事人的请求终止合同权利义务关系，但是不影响违约责任的承担。

（二）补救措施责任

1. 补救措施的概念

补救措施，是指各种矫正合同不适当履行、使履行瑕疵得以消除的具体措施。这种责任形式，与继续履行（解决不履行问题）和赔偿损失具有互补性。

2. 补救措施责任的适用

合同履行不符合约定的，应当按照当事人的约定承担违约责任。对违约责任没有约定或者约定不明确的，如果不能达成补充协议，受损害方根据标的的性质以及损失的大小，可以合理选择请求对方承担修理、重作、更换、退货、减少价款或者报酬等违约责任。

(三)赔偿损失责任

1. 赔偿损失的概念

赔偿损失,也称违约损害赔偿,是指违约方以支付金钱的方式弥补守约方因违约行为所减少的财产或者所丧失的利益的责任形式。赔偿损失是最重要的违约责任形式。

当事人一方不履行合同义务或者履行合同义务不符合约定的,在履行义务或者采取补救措施后,对方还有其他损失的,应当赔偿损失。

2. 损失赔偿范围

损失赔偿额应当相当于因违约所造成的损失,包括合同履行后可以获得的利益。但是,不得超过违约一方订立合同时预见到或者应当预见到的因违约可能造成的损失。

(四)违约金责任

1. 违约金的概念

违约金,是指根据法律规定或者当事人约定,一方违约时应当向对方支付的一定数量的金钱或其他财物。违约金责任是违约责任的重要形式。

2. 违约金的种类

依据违约金产生的根据不同,可以分为法定违约金和约定违约金。其中的约定违约金,根据其目的的不同,又可以分为赔偿性违约金、惩罚性违约金和责任限制性违约金。这里所讲的违约金,指《民法典》第585条所规定的违约金,其以赔偿性违约金为原则,当事人无约定或者约定不明确时,推定为赔偿性的违约金。

3. 违约金的数额与增减规则

当事人可以约定一方违约时应当根据违约情况向对方支付一定数额的违约金,也可以约定因违约产生的损失赔偿额的计算方法。

如果约定的违约金低于造成的损失的,人民法院或者仲裁机构可以根据当事人的请求予以增加;如果约定的违约金过分高于造成的损失的,人民法院或者仲裁机构可以根据当事人的请求予以适当减少。

4. 迟延履行与违约金责任

当事人就迟延履行约定违约金的,违约方支付违约金后,还应当履行债务。

5. 违约金责任与赔偿损失责任的适用

赔偿性违约金与违约损害赔偿不能同时并用。

> **违约金的增加和减少**
>
> 　　当事人请求人民法院增加违约金的，增加后的违约金数额以不超过实际损失额为限。增加违约金以后，当事人又请求对方赔偿损失的，人民法院不予支持。
>
> 　　当事人主张约定的违约金过高请求予以适当减少的，人民法院应当以实际损失为基础，兼顾合同的履行情况、当事人的过错程度，以及预期利益等综合因素，根据公平原则和诚信原则予以衡量，并作出裁决。
>
> 　　当事人约定的违约金超过造成损失的30%的，一般可以认定为《民法典》第585条第2款规定的"过分高于造成的损失"。

（五）定金责任

1. 定金的概念

定金，是指当事人约定的，为保证债权的实现，由一方在合同履行前预先向对方给付的一定数量的货币或者其他代替物。

定金责任，则是指在合同设定违约定金担保的情形下，违约方根据定金罚则所承担的责任。定金是担保的一种方式，同时也是承担违约责任的一种方式。

文本：
定金有哪些种类？

2. 定金合同的成立

当事人可以约定一方向对方给付定金作为债权的担保。定金合同自实际交付定金时成立，定金担保也自此设立。

3. 定金数额的限制

定金的数额由当事人约定，但是不得超过主合同标的额的20%，超过部分不产生定金的效力。实际交付的定金数额多于或者少于约定数额的，视为变更约定的定金数额。

4. 定金罚则

债务人履行债务的，定金应当抵作价款或者收回。给付定金的一方不履行债务或者履行债务不符合约定，致使不能实现合同目的的，无权请求返还定金；收受定金的一方不履行债务或者履行债务不符合约定，致使不能实现合同目的的，应当双倍返还定金。

文本：
责任竞合

5. 定金与违约金的适用

当事人既约定违约金，又约定定金的，一方违约时，对方可以选择适用违约金或者定金条款。定金与违约金不能同时使用。

6. 定金与违约损害赔偿的适用

约定的定金不足以弥补一方违约造成的损失的，对方可以请求赔偿超过定金数额的损失。定金与违约损害赔偿可以同时使用，但不能超过所造成损失的总额。

四、违约责任的免除

（一）免责事由

免责事由，又称免责条件，是指当事人对其违约行为免于承担违约责任的事由。

1. 法定免责事由

法定免责事由，是指由法律直接规定、不需要当事人约定即可援用的免责事由，主要指不可抗力。不可抗力是指不能预见、不能避免且不能克服的客观情况。主要包括以下几种情形：① 自然灾害，如台风、洪水、冰雹；② 政府行为，如征收、征用；③ 社会异常事件，如罢工、骚乱。

因不可抗力不能履行合同的，根据不可抗力的影响，违约方可部分或全部免除责任。但有以下例外：① 金钱债务的迟延责任不得因不可抗力而免除。② 迟延履行后发生不可抗力的不具有免责效力。不可抗力条款是法定免责条款，具有强制性，当事人不得约定排除。

2. 约定免责事由

约定免责事由，是指当事人约定的免责条款。即指当事人在合同中约定免除将来可能发生的违约责任的条款。免责条款不能排除当事人的基本义务，也不能排除故意或重大过失的责任。

（二）不可抗力的法律效力

不可抗力可以导致合同责任的免除，免除的责任包括实际履行、支付违约金、赔偿损失等。具体免责范围如下：① 全部免除合同不履行的责任。指不可抗力导致当事人无法履行合同的，免除全部责任。② 部分免除合同不履行的责任。指不可抗力只是部分地影响当事人履行合同的能力，则只免除不可抗力因素所影响的部分责任。③ 免除合同当事人迟延履行的责任。由于不可抗力的原因致使合同当事人无法在合同约定的履行期限内履行合同的，免除其迟延履行的责任。当事人迟延履行后发生不可抗力的，不免除其违约责任。

（三）因不可抗力不能履行合同一方的义务

合同当事人一方因不可抗力不能履行合同时，虽然可以免除履行的责任，但仍负有以下义务：① 通知义务；② 证明义务。

练一练

某年，程先生等17名北京的旅游者报名参加了北京某旅行社组织的"昆明4飞6日游"。按照旅游合同的约定，程先生等人应于6月3日乘飞机从西双版纳返回昆明。但由于遇到了大雾和雷电天气，预订航班被取消。旅行社为确保旅游者6月4日准时乘上昆明至北京的航班，拟改乘大巴赶往昆明。经与旅游者协商未达成一致意见，旅游者坚决要求按约定乘飞机返回昆明，因此滞留西双版纳4天，直到6月8日，旅行社设法买到机票后才返程。程先生等旅游者为此起诉该旅行社，要求旅行社承担违约责任，并支付他们滞留西双版纳期间的食宿费用及误工费。

思考：（1）该旅行社是否应当支付程先生等17名旅游者滞留西双版纳期间的食宿费用及误工费？为什么？（2）该旅行社是否应当承担违约责任？为什么？

知识链接

违约责任与侵权责任的主要区别

违约责任与侵权责任是民事责任的两种主要方式，尽管两者存在竞合的情况，但两者之间有着重要差异：① 产生的前提不同。违约责任是基于合同而产生的违反合同的责任；侵权责任是基于行为人没有履行法律上规定的或者认可的应尽的义务而产生的责任。② 归责原则不同。违约责任主要奉行无过错责任原则；侵权责任以过错责任原则为主，只有在法律有明文规定的情况下才可以实行无过错责任原则或公平责任原则。③ 免责条件不同。在违约责任中，除了有法定的免责事由以外，还可以在合同中约定免责事由；在侵权责任中，其免责事由只能是法定的。④ 责任形式不同。违约金、定金等责任形式只能适用于违约责任；停止侵害、消除影响、恢复名誉、赔礼道歉等只能适用于侵权责任。

第五章 合同法律制度

职场应用与指导

职场应用场景：

在王余年代表公司与某客户签订的一份合同中,有两项条款出现了问题。其中的一项合同条款中,客户要求王余年所在公司为自己提供一项保密技术,而该项保密技术此前已由王余年所在公司提供给了其他客户,并有保密约定。那么,该项合同条款的效力如何?

其中的另一项合同条款则约定,如果王余年所在公司不同意提供该项保密技术,将与其终止合同关系,并要求王余年所在公司承担所有损失。那么,该项合同条款的效力又如何?

要求：

请结合本章内容,给予王余年相应的法律指导。

指导建议请扫描二维码阅读参考。

文本：
第五章职场应用与指导建议

通关自测

测验：
第五章交互式测验及参考答案

法务实训

案例1

案情简介：

某制衣公司(以下简称甲方)为生产高档毛衣向某机械公司(以下简称乙方)订购一套机组设备。双方本应按照约定签订书面合同,但由于乙方表示肯定能够在两个月内送货上门,并安装调试至顺利生产,故双方没有签订书面合同。两个月后,乙方准时将设备送到甲方,并进行了安装调试。在安装完毕之后的试生产过程中，机器出现故障。甲方请乙方的专业人员又进行了两次调试，但故障仍未排除。于是，甲方以合同未按照约定采用书面形式订立为由，要求认定合同不成立，并请求退货。

问题：

（1）甲方要求认定合同不成立的请求有无法律依据？为什么？

（2）此案应如何处理？

案例2

案情简介：

某商场新进一款电视机，价格定为2 598元。柜台组长在制作价签时，误将2 598元写为598元。赵某发现该电视机物美价廉，于是用信用卡支付1 196元购买了两台电视机。一周后，商场盘点时发现少了4 000元。经查是柜台组长标错价签所致。由于赵某是使用信用卡结算的，所以商场很快查出是赵某少付了电视机货款。于是商场找到赵某，请求其退货并由商场负责退款。赵某则认为彼此的买卖关系已经成立，并且交易完毕，商场不能反悔，便拒绝了商场的请求。商场遂向人民法院起诉，请求判令赵某退回购买的两台电视机，并由商场退还其1 196元货款。

问题：

（1）商场的诉讼请求有法律依据吗？为什么？

（2）该案应如何处理？

案例3

案情简介：

中国甲公司与国外乙公司签订了一份货物买卖合同。合同约定：由甲公司向乙公司购买一套机器设备，价款500万元，任何一方违约须向对方支付违约金100万元。

问题：

（1）如果甲公司尚未付款前，发现乙公司提供的货物不符合合同的约定，是否可以不支付货款？为什么？

（2）如果乙公司违约，未能及时供货，给甲公司造成损失5万元，乙公司要求减少违约金数额，法律是否允许？

（3）如果乙公司违约给甲公司造成损失8 000万元，乙公司能否提出减少赔偿金额的要求？

案例4

案情简介：

甲公司向乙公司发出了购买设备的意思表示，内容为购买一套设备，价格5万元，5天内发货，同时也包括违约金、定金等内容。乙公司回答说："价格5.5万元，5天内发货。"乙公司在第6天发货，甲公司收下。后甲公司又要求乙公司支付违约金1万元和定金5 000元。

问题：

（1）该合同是否成立？如果成立，是什么时候成立的？为什么？

（2）乙公司是否违约，为什么？

（3）假如乙公司违约，甲公司可否在向乙公司主张支付违约金的同时主张定金？为什么？

案例5

案情简介：

原告李某与被告某房地产开发公司签订了一份房屋定购单，定购被告开发的别墅一套，面积为300平方米，单价为10 000元／平方米，总价为300万元。原告向被告交纳了30万元的定金，双方未约定签订商品房销售合同具体时间，只是约定原告要等被告的通知。原告在签订了定购单后，数次催促被告签订涉案别墅的商品房销售合同，但被告售楼处的人员以老板不在国内，无法联系为由拒签。原告向物业所在地的消费者保护委员会投诉，经调解，被告同意签订该商品房销售合同。但原告去被告处签订该合同时，却被告知签订的合同中不是原告之前定购的那套别墅。原告不同意，要求被告按原房屋定购单的约定履行。事后原告发现该套别墅已被卖给他人。原告认为被告构成违约，请求人民法院判令被告双倍返还其交付的定金共计60万元。

问题：

原告的诉讼请求能否得到法院的支持？请说明理由。

第六章
担保法律制度

【学习目标】

★ 素养目标
- 培养遵纪守法的社会主义法治观念。
- 树立风险防范意识,助力优化营商环境。
- 养成理性的消费观和财富观。

★ 知识目标
- 了解担保的概念和法律特征。
- 熟悉担保的分类。
- 熟悉保证、抵押权、质权、留置权等担保方式。

★ 能力目标
- 能够正确区分一般保证和连带责任保证的不同规定,降低自身风险。
- 能够灵活运用抵押权、质权、留置权保护自己的权利和利益。

第六章 担保法律制度

【思维导图】

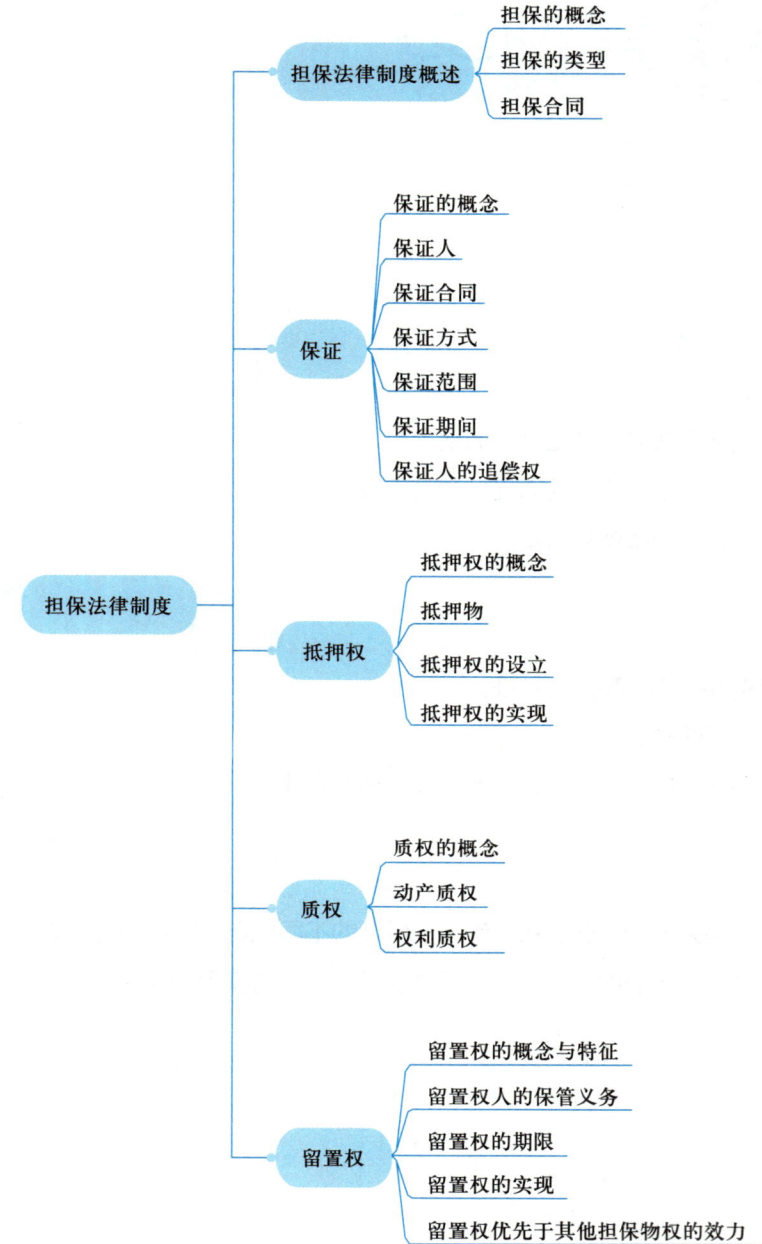

【先导案例】

案情介绍：

岳某的父亲生病住院，急需一笔治疗费和手术费用。岳某便向其同学司某借款20万元，但司某要求岳某提供担保，岳某就将自己房屋的不动产权证书交给了司某作为抵押，并签订了书面抵押合同，双方也都在抵押合同上签了名，但没有办理抵押登记。

想一想：

（1）该抵押合同是否有效？

（2）该抵押权是否设立？司某能否就该房产优先受偿？

第一节 担保法律制度概述

一、担保的概念

担保，是指法律规定或者当事人约定的确保债务人履行债务，保障债权人的债权得以实现的法律措施。

根据《民法典》物权编与合同编的规定，担保的方式主要包括保证、抵押、质押、留置和定金。

二、担保的类型

基于《民法典》的相关规定，担保可分为人的担保、物的担保与金钱担保。

（一）人的担保

人的担保，又称信用（誉）担保，是"物的担保"的对称，指债务人以外的第三人以自己的信用（誉）和不特定的财产作为债权实现的担保。人的担保的典型方式是保证。

（二）物的担保

物的担保，指以债务人或者债务人以外的第三人以特定财产作为债权实现的担保。当债务人不履行债务时，债权人有权就该担保物优先受偿。为担保债权的履行而在特定财产上设定的权利，统称为担保物权，包括抵押权、质权、留置权等。

（三）金钱担保

金钱担保，指债务人在约定给付以外向债权人交付一定数额的金钱，该金钱的返还与丧失同债务履行相联系，从而促使其积极履行债务，以保障债权的实现。金钱担保的最主要方式是定金。

定金既是违约责任的承担方式，又是一种担保方式。因其在第五章中已有较为详细的介绍，在此不再赘述。

三、担保合同

担保合同，是一种重要的民事合同，旨在促使债务人履行其债务，保障债权人的债权得以实现。

担保合同包括保证合同、抵押合同、质押合同和其他具有担保功能的合同。担保合同是主债权债务合同的从合同。主债权债务合同无效的，担保合同无效，但是法律另有规定的除外。

担保合同被确认无效后，债务人、担保人、债权人有过错的，应当根据其过错各自承担相应的民事责任。

文本：
共同担保

第二节　保　　证

一、保证的概念

保证，是第三人和债权人约定，当债务人不履行债务时，该第三人按照约定履行债务或者承担责任的担保方式。这里的第三人称为保证人，保证人必须是主合同以外的第三人，其是保证合同的债务人；这里的债权人既是主合同等主债的债权人，又是保证合同中的债权人。

二、保证人

（一）保证人的概念
保证人，是指具有代为清偿债务能力的法人、非法人组织或者自然人。

（二）保证人的资格
《民法典》规定：① 机关法人不得为保证人，但是经国务院批准为使用外国政府或者国际经济组织贷款进行转贷的除外；② 以公益为目的的非营利法人、非法人组织不得为保证人。

三、保证合同

（一）保证合同的概念
保证合同，是为保障债权的实现，保证人和债权人约定，当债务人不履行到期债务或者发生当事人约定的情形时，保证人履行债务或者承担责任的合同。

（二）保证合同的订立
保证合同的订立有如下四种情形：① 保证人和债权人单独订立书面形式的保证合同；② 保证人在债权人与被保证人签订的订有保证条款的主合同上，以保证人身份签名或者盖章的，保证合同成立；③ 第三人单方以书面形式向债权人作出保证，债权人接收且未提出异议的，保证合同成立；④ 在实践中，主合同中虽然没有保证条款，但保证人在主合同上以保证人的身份签名或者盖章的，保证合同成立。

（三）保证合同的内容
保证合同的内容一般主要包括下列条款：① 被保证的主债权的种类、数额；② 债务人履行债务的期限；③ 保证的方式；④ 保证范围；⑤ 保证期间。

四、保证方式

保证方式包括一般保证和连带责任保证。当事人在保证合同中对保证方式没有约定或者约定不明确的,按照一般保证承担保证责任。

(一)一般保证

1. 一般保证的概念

一般保证,是指当事人在保证合同中约定,债务人不能履行债务时,由保证人承担保证责任的保证。

2. 一般保证的保证人享有先诉抗辩权

所谓先诉抗辩权,是指一般保证的保证人在主合同纠纷未经审判或者仲裁,并就债务人财产依法强制执行仍不能清偿前,有权拒绝向债权人承担保证责任。这里的不能清偿,是指对债务人的存款、现金、有价证券、成品、半成品、原材料、交通工具等可以执行的动产和其他方便执行的财产执行完毕后,债务仍未能得到清偿。但是有下列情形之一的,保证人不享有先诉抗辩权:① 债务人下落不明,且无财产可供执行;② 人民法院已经受理债务人破产案件;③ 债权人有证据证明债务人的财产不足以履行全部债务或者丧失履行债务能力;④ 保证人书面表示放弃该权利。

知识链接

当债权人放弃或怠于行使权利时,一般保证人可否免责?

从《民法典》第六百九十八条的规定可以看出,在一般保证中,如果保证人在主债务履行期限届满后,向债权人提供了债务人可供执行财产的真实情况,但由于债权人放弃或怠于行使权利致使该财产不能被执行的,保证人在其提供可供执行财产的价值范围内不再承担保证责任。

(二)连带责任保证

1. 连带责任保证的概念

连带责任保证,是指当事人在保证合同中约定保证人和债务人对债务承担连带责任的保证。

2. 连带责任保证的保证人不享有先诉抗辩权

连带责任保证的债务人不履行到期债务或者发生当事人约定的情形时,债权人可以请求债务人履行债务,也可以请求保证人在其保证范围内承担保证责任。

五、保证范围

保证的范围包括主债权及其利息、违约金、损害赔偿金和实现债权的费用。当事人另有约定的，按照其约定。

六、保证期间

（一）保证期间的概念

保证期间，是指确定保证人承担保证责任的期间。该期间不发生中止、中断和延长。

保证人只对保证合同约定的保证期间内的保证事项承担责任。

（二）保证期间的确定

债权人与保证人可以约定保证期间，但是约定的保证期间早于主债务履行期限或者与主债务履行期限同时届满的，视为没有约定；没有约定或者约定不明确的，保证期间为主债务履行期限届满之日起6个月。

债权人与债务人对主债务履行期限没有约定或者约定不明确的，保证期间自债权人请求债务人履行债务的宽限期届满之日起计算。

（三）保证期间届满的法律后果

一般保证的债权人未在保证期间对债务人提起诉讼或者申请仲裁的，保证人不再承担保证责任。

连带责任保证的债权人未在保证期间请求保证人承担保证责任的，保证人不再承担保证责任。

> **法律咨询**
>
> 背景材料：甲承租乙的设备，双方就租金问题协商后，甲向乙出具欠条一张，并注明会在某年10月31日前还款，若逾期则由丙支付。丙也在该欠条上签字同意担保。还款期满后，甲未向乙还款，乙也未向甲主张权利。直到次年6月，乙诉至人民法院要求丙承担保证责任。人民法院一审判决驳回了原告的诉讼请求。

> 要求：请你解答乙的以下两个疑问：① 本案中，丙承担保证责任的期间是多长？自何时起至何时止？② 人民法院的判决有无法律依据？为什么？

七、保证人的追偿权

保证人承担保证责任后，除当事人另有约定外，有权在其承担保证责任的范围内向债务人追偿，享有债权人对债务人的权利，但是不得损害债权人的利益。

第三节 抵 押 权

一、抵押权的概念

抵押权，是指为担保债务的履行，债务人或者第三人不转移财产的占有，将该财产抵押给债权人，当债务人不履行到期债务或者发生当事人约定的实现抵押权的情形时，债权人有就该财产优先受偿的权利。其中，债务人或者第三人为抵押人，债权人为抵押权人，提供担保的财产为抵押财产。

> **素养提升**
>
> **千万不要盲目超前消费、过度消费，要珍惜个人信用**
>
> 当今，"小额贷款"是很多人解决资金不足的常用手段。因其具有只需一张身份证、无需任何抵押、贷款门槛低等特点，受到诸多急需资金人士的青睐。这种方式虽然可以方便快速的解其燃眉之急，但也极易导致部分人陷入高额利息和逾期还款的恶性循环状态，甚至发展到以贷养贷、拆东墙补西墙的窘境。
>
> 警示：大学生一定要树立理性的消费观和财富观，不要盲目超前消费、过度消费，要珍惜个人信用，时刻保持风险意识，选择合法、安全的筹资渠道。筹资前要明确资金的使用成本，包括利息率、计息周期和其他相关筹资费用和用资费用。筹资成功后，要恪守合同，按时履约还款。

二、抵押物

（一）可以抵押的财产

债务人或者第三人有权处分的下列财产可以抵押：① 建筑物和其他土地附着物；② 建设用地使用权；③ 海域使用权；④ 生产设备、原材料、半成品、产品；⑤ 正在建造的建筑物、船舶、航空器；⑥ 交通运输工具；⑦ 法律、行政法规未禁止抵押的其他财产。

（二）禁止抵押的财产

下列财产不得抵押：① 土地所有权；② 宅基地、自留地、自留山等集体所有土地的使用权，但是法律规定可以抵押的除外；③ 学校、幼儿园、医疗机构等为公益目的成立的非营利法人的教育设施、医疗卫生设施和其他公益设施；④ 所有权、使用权不明或者有争议的财产；⑤ 依法被查封、扣押、监管的财产；⑥ 法律、行政法规规定不得抵押的其他财产。

三、抵押权的设立

（一）抵押权设立方式

设立抵押权，当事人应当采取书面形式订立抵押合同。抵押合同一般包括下列条款：① 被担保债权的种类和数额；② 债务人履行债务的期限；③ 抵押财产的名称、数量等情况；④ 担保的范围。

（二）抵押登记

1. 登记是不动产抵押权设立的条件

设立抵押权，除了要订立抵押合同之外，对某些财产设置抵押权还须进行抵押登记，才能发生抵押权的效果。以下列财产设立抵押的，应办理抵押权登记，抵押权自登记之日起设立：① 建筑物和其他土地附着物；② 建设用地使用权；③ 海域使用权；④ 正在建造的建筑物。

2. 登记是动产抵押对抗第三人的条件

当事人以生产设备、原材料、半成品、产品、正在建造的船舶、航空器、交通运输工具等动产设立抵押的，抵押权自抵押合同生效时设立；未经抵押权登记的，抵押权亦设立，只是不得对抗善意第三人。

四、抵押权的实现

债务人不履行到期债务或者发生当事人约定的实现抵押权的情形，抵押权人可以与抵押人协议以抵押财产折价或者以拍卖、变卖该抵押财产所得的价款优先受偿。

（一）抵押权实现的方式

1. 折价

抵押财产折价，指在抵押权实现时，抵押权人与抵押人协议，或者协议不成经由人民法院判决，按照抵押财产自身的品质、参考市场价格折算为价款，把抵押财产所有权转移给抵押权人，从而实现抵押权。

2. 拍卖

拍卖也称为竞卖，指以公开竞争的方法将抵押财产卖给出价最高的买者。拍卖又分为自愿拍卖和强制拍卖两种，自愿拍卖是出卖人与拍卖机构，一般为拍卖行订立委托合同，委托拍卖机构拍卖；强制拍卖是债务人的财产基于某些法定的原因由司法机关如人民法院强制性拍卖。

3. 变卖

变卖的方式，指以拍卖以外的生活中一般的买卖形式出让抵押财产。为了保障变卖的价格公允，变卖抵押财产应当参照市场价格。

（二）抵押财产变价款的归属原则

抵押财产折价或者拍卖、变卖后，其价款超过债权数额的部分归抵押人所有，不足部分由债务人清偿。

（三）同一财产上多个抵押权的效力顺序

同一财产向两个以上债权人抵押的，拍卖、变卖抵押财产所得的价款依照下列规定清偿：① 抵押权已经登记的，按照登记的时间先后确定清偿顺序；② 抵押权已经登记的先于未登记的受偿；③ 抵押权未登记的，按照债权比例清偿。

法律咨询

背景材料：甲向乙借款8万元开办加工厂，乙要求甲以其新购置的一辆轿车作为抵押，甲同意后，双方签订了书面抵押合同。该合同约定，如果甲到期无法偿还借款，乙可将其轿车变卖后优先受偿。合同签订后，双方并未到车管所办理车辆抵押登记。后甲的加工厂因经营不善倒闭，无力偿还向乙的借款，又恐乙低价变卖用作抵押的轿车使其遭受更大损失，遂将该轿车卖给了丙。乙得知后，遂向人民法院起诉，请求人民法院从丙处追回该轿车并将其变卖优先受偿。

要求：请你告诉乙，他与甲的抵押合同效力如何？乙能否就甲的轿车优先受偿？

第四节 质 权

一、质权的概念

质权，是指为了担保债的履行，债务人或者第三人将其动产或者权利出质给债权人占有，当债务人不履行债务时，债权人有就其占有的动产或者权利优先受偿的权利。其中，债务人或者第三人为出质人，债权人为质权人，设定质权的动产或者权利为质押财产。

质权可分为动产质权和权利质权两种形式。

二、动产质权

动产质权，是指以可以转让的动产为标的物的质权。法律、行政法规禁止转让的动产不得出质，例如毒品、管制枪支等。

（一）动产质权的设立

设立质权，当事人应当采取书面形式订立质押合同。质押合同一般包括下列条款：① 被担保债权的种类和数额；② 债务人履行债务的期限；③ 质押财产的名称、数量等情况；④ 担保的范围；⑤ 质押财产交付的时间、方式。

动产质权自出质人交付质押财产时设立。

（二）对质押财产的保管义务

质权人负有妥善保管质押财产的义务；因保管不善致使质押财产毁损、灭失的，应当承担赔偿责任。

（三）对质押财产处分的限制及法律责任

质权人在质权存续期间，未经出质人同意，擅自使用、处分质押财产，造成出质人损害的，应当承担赔偿责任。

（四）动产质权的实现

债务人不履行到期债务或者发生当事人约定的实现质权的情形，质权人可以与出质人协议以质押财产折价，也可以就拍卖、变卖质押财产所得的价款优先受偿。

质押财产折价或者变卖的，应当参照市场价格。

质押财产折价或者拍卖、变卖后，其价款超过债权数额的部分归出质人所有，不足部分由债务人清偿。

三、权利质权

权利质权，是指以可以转让的权利为标的物的质权。

（一）出质权利的范围

债务人或者第三人有权处分的下列权利可以出质：① 汇票、本票、支票；② 债券、存款单；③ 仓单、提单；④ 可以转让的基金份额、股权；⑤ 可以转让的注册商标专用权、专利权、著作权等知识产权中的财产权；⑥ 现有的以及将有的应收账款；⑦ 法律、行政法规规定可以出质的其他财产权利。

（二）权利质权的生效条件

因设立权利质权的标的不同，其生效条件也不同：① 有价证券。以汇票、本票、支票、债券、存款单、仓单、提单出质的，质权自权利凭证交付质权人时设立；没有权利凭证的，质权自办理出质登记时设立。法律另有规定的，依照其规定。② 基金份额、股权。以基金份额、股权出质的，质权自办理出质登记时设立。③ 知识产权。以注册商标专用权、专利权、著作权等知识产权中的财产权出质的，质权自办理出质登记时设立。④ 应收账款。以应收账款出质的，质权自办理出质登记时设立。

第五节 留 置 权

一、留置权的概念与特征

（一）留置权的概念

留置权，是指在债务人不履行债务时，债权人可以留置已经合法占有的债务人的动产，并有就该动产优先受偿的权利。其中，债权人为留置权人，占有的动产为留置财产。

法律规定或者当事人约定不得留置的动产，不得留置。

（二）留置权的特征

1. 从属性

留置权依主债权的存在而存在，依主债权的转移而转移，并因主债权的消灭而消灭。

2. 法定性

留置权只能直接依据法律的规定发生，不能由当事人自由设定。只要债务人不履行到期债务，债权人即可以依照法律规定留置已经合法占有的债务人的动产，并在满足法律规定的条件的情况下，折价或者拍卖、变卖留置财产以受偿。

3. 不可分性

留置权的不可分性表现在以下两个方面：① 留置权所担保的是债权的全部，而不是部分；② 留置权的效力及于债权人所留置的全部留置财产。留置权人可以对留置财产的全部行使留置权，而不是部分。当然，为了公平起见，留置财产为可分物的，债权人留置的财产的价值应当相当于债务的金额，而不应留置其占有的债务人的全部动产。

善良风俗：搜救人对其打捞上来的遗体不得主张留置权

在搜寻援救中，搜救人对其打捞上来的遗体不得主张留置权，遗体运送人也不得以运费未付为由而对所运输的遗体主张留置权，债权人可以通过其他形式主张债权，如追究债务人的合同违约责任，但如果债权人实施留置遗体行为的话，则构成违背善良风俗的行为。

警示：《民法典》第8条规定："民事主体从事民事活动，不得违反法律，不得违背公序良俗。"公序良俗旨在维护社会公共利益和人们健康的道德信念，与一般个体的私权相比，具有更重要的意义，各国法律都不允许留置权的行使影响社会公共利益和社会公德。

二、留置权人的保管义务

留置权人负有妥善保管留置财产的义务；如果因保管不善致使留置财产毁损、灭失的，留置权人应当承担赔偿责任。

三、留置权的期限

债权人在其债权没有得清偿时，有权留置债务人的财产，并给债务人确定一个履行期限。

留置权人与债务人应当约定留置财产后的债务履行期限；没有约定或者约定不明确的，留置权人应当给债务人60日以上履行债务的期限，但是鲜活易腐等不易保管的动产除外。

四、留置权的实现

债务人逾期未履行的，留置权人可以与债务人协议以留置财产折价，也可以就拍卖、变卖留置财产所得的价款优先受偿。

留置财产折价或者变卖的，应当参照市场价格。

留置财产折价或者拍卖、变卖后，其价款超过债权数额的部分归债务人所有，不足部分由债务人清偿。

五、留置权优先于其他担保物权的效力

同一动产上已设立抵押权或者质权，该动产又被留置的，留置权人优先受偿。也就是说，在同一动产上，无论留置权是产生于抵押权或者质权之前，还是产生于抵押权或者质权之后，其效力都优先于抵押权或者质权。

文本：
抵押权与其他物权并存的清偿顺序

练一练

甲商场委托乙服装公司在某年4月11日前加工100套西服，双方签订了书面合同，并约定甲商场支付加工费的履行期应当先于乙服装公司的交货日期。合同期满后，甲商场未向乙服装公司支付2万元的加工费。乙服装公司遂将加工的西服留置，并给予了甲商场60天的履行期间。该期限届满后，甲商场仍未支付加工费，乙服装公司将其中的50套西服予以变卖折抵了加工费。甲商场以乙服装公司擅自将自己委托加工的西服变卖为由，根据双方达成的仲裁协议向该仲裁委员会申请仲裁，要求乙服装公司承担违约责任。

思考：你认为甲商场的请求能否得到仲裁委员会的支持？请说明理由。

职场应用与指导

职场应用场景：

王余年在与某客户沟通结清合同到期后的余款时，发现客户已经没有钱了。在此情况下，客户主动提出的解决方案有两个：一是暂时先欠着，等客户的资金回笼后再结清；二是客户将公司的办公设备，比如打印机、计算机等进行抵押。另外，公司的股票也可以进行抵押。王余年面对该客户为其提供的两项解决方案陷入了沉思，不知道该如何选择，也不知道办公设备和股票是否可以设立抵押权，更不知道如何

办理手续。

要求：

请你结合本章内容的学习，帮助王余年解答上述问题。

指导建议请扫描二维码阅读参考。

文本：
第六章职场应用指导建议

通关自测

测验：
第六章交互式测验及参考答案

法务实训

案例1

案情简介：

甲与乙签订了一份借款合同，该合同约定由乙将自己的钻戒出质给甲。但其后乙并未将钻戒如约交付给甲，而是把该钻戒卖给了丙。丙取得钻戒后，与甲因该钻戒权利归属发生纠纷。

问题：

丙能否取得该钻戒的所有权？甲能否向丙要求返还该钻戒？请说明理由。

案例2

案情简介：

A公司以一套价值100万元的设备作为抵押，向甲借款10万元，未办理抵押登记手续。几天后，A公司又向乙借款80万元，也以该套设备作为抵押，并办理了抵押登记手续。后A公司欠丙货款20万元，又将该套设备出质给了丙。丙不小心损坏了该套设备，送到丁处修理，因丙欠丁5万元修理费，故该套设备被丁留置。

问题：

甲、乙、丙、丁对该套设备享有的担保物权的清偿顺序是什么？请说明理由。

第七章
工业产权法律制度

【学习目标】

★ 素养目标
- 明确工业产权法律保护在现代市场经济,尤其是在创新发展中的重要作用。
- 树立对自己专利权和商标权等知识创造的权利意识。
- 树立尊重他人无形财产权的意识。
- 倡导创新文化,强化工业产权的创造、保护和运用。

★ 知识目标
- 了解专利权、商标权的概念和特征。
- 掌握专利权的主体、客体及专利权人的权利和义务。
- 掌握专利权的授予条件以及专利权的法律保护。
- 掌握商标注册制度及商标侵权行为的认定和法律责任。

★ 能力目标
- 能够正确把握专利申请的条件和程序取得专利权。
- 能够正确运用商标注册程序取得商标专用权。
- 能够处理专利权、商标权有关法律事宜。

第七章 工业产权法律制度

【思维导图】

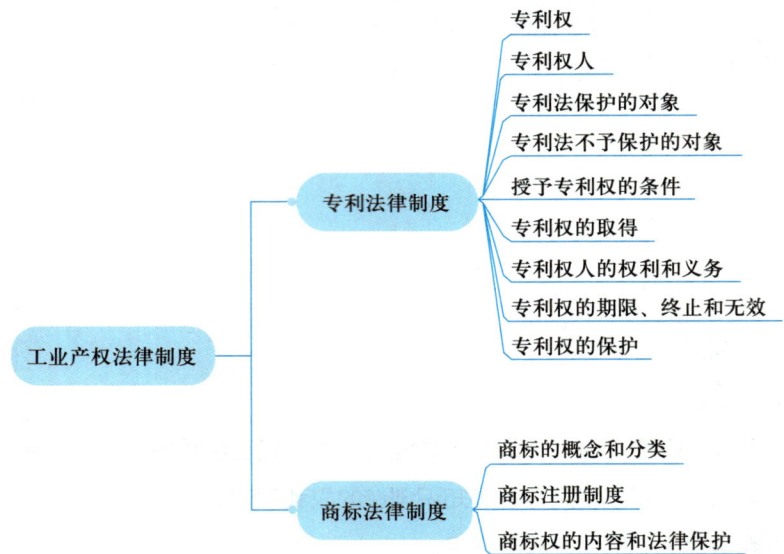

【先导案例】

案情介绍：

某年年初，某市甲大学环境科研所环境化学研究室副主任A，应该市环保局邀请，同意帮助其研究有关印染污水处理技术。A在单位一直从事微量元素与健康研究，并分管后勤工作。同年寒假，A在甲大学实验室内利用废旧原料、工具及试纸，对有关厂家提供的印染污水进行实验和测试，完成了"印染污水处理方法及工艺"的发明创造。此后，甲大学就该项发明创造向国家知识产权局申请了职务发明专利，并于4年后获得专利权。而A则认为该发明专利权归属有误，于当年10月向该市中级人民法院提起诉讼，请求判令该发明专利为非职务发明。

想一想：

（1）什么是职务发明？

（2）该发明专利的主体应该是个人还是单位？

（3）"印染污水处理方法及工艺"发明创造是职务发明还是非职务发明，应如何判断？

第一节 专利法律制度

一、专利权

专利权简称"专利",是发明创造人或其权利受让人对特定的发明创造在一定期限内依法享有的独占实施权。

文云：
认识知识产权

知识链接

什么是专利?

从我国专利理论和实践两方面看,专利有以下三种含义:① 专利权。发明创造人或其权利受让人对特定的发明创造在一定期限内依法享有的独占实施权。② 取得专利权的发明创造。是指经国务院专利行政部门依照《中华人民共和国专利法》(以下简称《专利法》)规定的程序审查,并认定为符合条件的发明创造。③ 专利文献。是指经国务院专利行政管理部门依照法定程序审查后,依法出版的记载发明创造内容的专利文件。一般情况下,专利是指"符合专利条件的发明创造"。

二、专利权人

专利权人即专利权的主体,是指依法享有专利权利并承担相应义务的单位和个人。

(一)发明人或者设计人所属的单位

职务发明创造申请专利的权利属于该单位。执行本单位的任务或者主要是利用本单位的物质技术条件所完成的发明创造为职务发明创造。职务发明创造申请被批准后,该单位为专利权人,可以依法处置其职务发明创造申请专利的权利和专利权,促进相关发明创造的实施和运用。

发明人或设计人享有署名权和获得奖金、报酬的权利。国家鼓励被授予专利权的单位实行产权激励,采取股权、期权、分红等方式,使发明人或者设计人合理分享创新收益。

职务发明创造的分类

根据《专利法》和《专利法实施细则》的规定，职务发明创造可分为两类。一类是"执行本单位的任务"所完成的发明创造，包括以下三种情况：① 在从事本职工作中所作出的发明创造；② 履行本单位交办本职工作之外的任务所作出的发明创造；③ 退休、调离原单位后或者劳动、人事关系终止后1年内作出的，与其原单位承担的本职工作或者分配的任务有关的发明创造。另一类是"主要利用本单位的物质技术条件"所完成的发明创造。利用本单位的物质技术条件是指利用本单位的资金、设备、零部件、原材料或不对外公开的技术资料等。如果是少量利用本单位的物质技术条件，且这种物质技术条件的利用对发明创造的完成无关紧要，则不能认定是职务发明创造。

利用本单位的物质技术条件所完成的发明创造，单位与发明人或者设计人订有合同，对申请专利的权利和专利权的归属作出约定的，从其约定。

（二）发明人或者设计人

对于非职务发明创造，申请专利的权利属于发明人或者设计人。申请被批准后，该发明人或者设计人为专利权人。

非职务发明创造，是指发明人或者设计人完成的职务发明创造以外的发明创造。

对发明人或者设计人的界定

发明人或者设计人是指对发明创造的实质性特点作出创造性贡献的人。只有在发明创造完成过程中对发明创造的构思以及构思的结构形式提出具体的创造性见解的人才能被称为发明人。只负责组织工作的人、为物质技术条件的利用提供方便的人或者从事其他辅助工作的人，不是发明人或者设计人。

（三）外国人和外国企业或者外国其他组织

在中国没有经常居所或者营业所的外国人、外国企业或者其他组织在中国申请专利的，依照其所属国同中国签订的协议或者共同参加的国际条约，或者依照互惠原则，根据《专利法》办理，成为专利权主体。

（四）受让人

受让人是指通过合同或继承而依法取得专利权的单位或个人。专利申请权转让以后，如果获得了专利，受让人就应是该专利权的主体。专利权转让后，受让人应该成为该专利权的新主体，继受了专利申请权或专利权之后，受让人并不因此成为发明人、设计人，该发明创造的发明人、设计人也不因发明创造的专利申请权或专利权转让而丧失其特定的人身权。

三、专利法保护的对象

专利法保护的对象即专利权的客体，是指专利法保护的发明创造。我国《专利法》所称的发明创造，是指发明、实用新型和外观设计。

（一）发明

发明是指对产品、方法或者其改进所提出的新的技术方案。因此，发明专利具有以下特点：① 发明是一种技术方案。这种技术方案是发明人利用自然规律的结果，是自然规律在特定技术领域的结合和应用。② 发明是一种具体的技术方案。发明应当能够解决特定的技术问题，具有一定的实用性，不能是单纯的设想。③ 发明必须是一种新的技术方案。申请专利的发明与现有技术相比，必须是前所未有的，有一定的创造性高度。④ 发明必须是符合法律规定的技术方案。

发明又可以分为产品发明和方法发明。产品发明包括制造品的发明、材料物品的发明、具有特定用途的物品发明等，如电视机、智能手机和人造卫星的发明等；方法发明包括制造产品方法的发明、使用产品方法的发明等，如汉字输入方法、无铅汽油的提炼方法等。

（二）实用新型

实用新型是指对产品的形状、构造或者其结合所提出的适于实用的新的技术方案。实用新型有时会被人们称为"小发明"或"小专利"。

实用新型与发明的主要区别是：① 发明既包括产品发明也包括方法发明；而实用新型只限于具有一定形状的产品，不能是一种方法，也不能是没有固定形状的产品，即排除气态、液态、粉末状、颗粒状等无确定形状的产品。② 实用新型与发明相比，对产品的创造性要求较低，而对实用性要求较强。

> **练一练**
>
> 李某经过多年研究配制出一种抗猪瘟的液态物质，命名为"猪瘟净"。李某与某生物制品厂签订了一份技术开发合同。该合同规定，由该生物制品厂提供全部资金和场所，李某提供技术和药物制品，共同开发"猪瘟净"系列防止猪瘟的药品。实验分三批进行，第一批实验结果有效率为80%，但第二批和第三批的有效率只有10%~20%。
>
> 思考：（1）该"猪瘟净"能否获得发明专利？（2）该"猪瘟净"能否申请为实用新型？请说明理由。

（三）外观设计

外观设计又称工业产品外观设计，也就是工业品的式样，是指对产品整体或局部的形状、图案或者其结合，以及色彩与形状、图案的结合所作出的富有美感并适于工业应用的新设计。

外观设计专利应当符合以下要求：① 必须是对产品的外观所作的设计，不包括产品的内部构造；② 构成外观设计的要素可以是产品的形状、图案或者其结合，也可以是色彩与形状、图案的结合，色彩不能单独构成外观设计，除非产品色彩变化的本身已经形成一种图案；③ 必须是适于工业上应用的新设计；④ 必须富有美感。

文本：
外观设计与发明、实用新型的区别

> **法律咨询**
>
> 背景材料：有一天，爱好雕刻的王先生在山上游玩时，捡到了一棵很有特点的树根，十分喜爱。王先生便根据树根的原型创作了一件根雕作品，拟申请外观设计专利权。
>
> 要求：请你告诉王先生该作品能否获得外观设计专利权。

四、专利法不予保护的对象

根据《专利法》的相关规定，下列各项均不授予专利权：① 违反国家法律、社会公德或妨害公共利益的发明创造。② 违反法律、行政法规的规定获取或者利用遗传资源，并依赖该遗传资源完成的发明创造。③ 科学发现。④ 智力活动的规则和方法。但如果是进行智力活动的工具、设备、装置等产品则可以授予专利权。⑤ 疾病的诊断和治疗方法。但用以诊断或治疗疾病的仪器和药品则可以授予专利权。⑥ 动物和植物品种。但培育和生产动植物的方法可以授予专利权。⑦ 原子核变换方法以及用原子核变换方法获得的物质。⑧ 对平面印刷品的图案、色彩或者二者的结合作出的主要起标识作用的设计。

五、授予专利权的条件

（一）授予发明和实用新型专利权的条件

1. 新颖性

新颖性是指该发明或者实用新型不属于现有技术，也没有任何单位或者个人就同样的发明或者实用新型在申请日以前向国务院专利行政部门提出过申请，并记载在申请日以后公布的专利申请文件或者公告的专利文件中。

现有技术，是指申请日以前在国内外为公众所知的技术。可以说新颖性的判断就是相关技术是否已经被公开的判断。

知识链接

不丧失新颖性的情形有哪些？

《专利法》规定，申请专利的发明创造在申请日以前6个月内，有下列情形之一的，不丧失新颖性：① 在国家出现紧急状态或者非常情况时，为公共利益目的首次公开的；② 在中国政府主办或者承认的国际展览会上首次展出的；③ 在规定的学术会议或者技术会议上首次发表的；④ 他人未经申请人同意而泄露其内容的。

2. 创造性

创造性是指与现有技术相比，该发明具有突出的实质性特点和显著的进步，该实用新型具有实质性特点和进步。

3. 实用性

实用性是指该发明或者实用新型能够制造或者使用，并且能够产生积极效果。《专利法》并不要求发明或者实用新型在申请专利之前已经经过生产实践，而是分析和推断在工农业及其他行业的生产中可以实现。

（二）授予外观设计专利权的条件

1. 新颖性

《专利法》对外观设计新颖性的界定采取了绝对性标准，即"不属于现有设计"。现有设计是指申请日以前在国内外为公众所知的设计。

2. 独创性

外观设计的独创性是指授予专利权的外观设计与现有设计或者现有设计特征的组合相比，应当具有明显区别。

3. 没有抵触申请

没有抵触申请是指没有任何单位或者个人就同样的外观设计在申请日以前向国务院专利行政部门提出过申请，并记载在申请日以后公告的专利文件中。

4. 不存在权利冲突

不存在权利冲突是指授予专利权的外观设计不得与他人在申请日以前取得的合法权利相冲突。在先的合法权利包括商标权、著作权、企业名称权、肖像权、知名商品特有包装或者装潢使用权等。

六、专利权的取得

（一）专利申请的原则

1. 书面申请原则

专利申请必须采用书面形式，按照国务院专利行政部门（国家知识产权局）的要求提交申请文件，办理任何手续也都应当采用书面形式。

2. 单一性原则

一件发明或者实用新型专利申请应当限于一项发明或者实用新型。一件外观设计专利申请应当限于一项外观设计。

3. 申请在先原则

两个以上的申请人分别就同样的发明创造申请专利的，专利权授予最先申请人。这里所说的"最先申请人"是指申请日或者优先权日最早的人。

4. 诚实信用原则

申请专利和行使专利权应当遵循诚实信用原则，不得滥用专利权损害公共利益或者他人合法权益。

（二）专利申请文件

（1）申请发明或者实用新型专利应当提交下列文件：① 请求书；② 说明书及其摘要；③ 权利要求书。

（2）申请外观设计专利应当提交下列文件：① 请求书；② 外观设计图片或照片；③ 外观设计的简要说明。

（三）专利申请的审批程序

1. 发明专利申请的审批程序

发明专利申请的审批程序如表7-1所示。

表7-1 发明专利申请的审批程序

步骤	要求
初步审查（形式审查）	主要是对专利申请手续和申请文件是否完备进行审查
早期公布	国务院专利行政部门收到发明专利申请后，经初步审查认为符合法定要求的，自申请日起满18个月，即行公布。国务院专利行政部门可以根据申请人的请求早日公布其申请
实质审查	主要是从技术角度审查发明专利是否符合《专利法》所要求的新颖性、创造性和实用性。发明专利申请自申请日起3年内，国务院专利行政部门可以根据申请人随时提出的请求，对其申请进行实质审查；申请人无正当理由逾期不请求实质审查的，该申请即视为撤回。国务院专利行政部门认为必要的时候，可以自行对发明专利申请进行实质审查
授权登记和公告	发明专利申请经实质审查没有发现驳回理由的，由国务院专利行政部门作出授予发明专利权的决定，发给发明专利证书，同时予以登记和公告。发明专利权自公告之日起生效

2. 实用新型和外观设计申请的审批程序

（1）初步审查。

（2）授权登记和公告。实用新型和外观设计专利申请经初步审查没有发现驳回理由的，由国务院专利行政部门作出授予实用新型专利权或者外观设计专利权的决定，发给相应的专利证书，同时予以登记和公告。实用新型专利权和外观设计专利权自公告之日起生效。

七、专利权人的权利和义务

（一）专利权人的权利

1. 独占实施权

发明、实用新型和外观设计专利权被授予后，除《专利法》另有规定的以外，任何单位或者个人未经专利权人许可，都不得实施其专利。

2. 实施许可权

专利权人可以通过订立许可实施合同的方式许可他人实施其专利技术并收取专利使用费。

3. 转让权

专利申请权和专利权可以依法转让。专利转让的，专利权人和受让人应订立书面合同，向国务院专利行政部门登记，由国务院专利行政部门公告，权利转让自登记之日起生效。

4. 标示权

专利权人有权在其专利产品或者该产品的包装上标明专利标识。

（二）专利权人的义务

（1）专利权人的基本义务是缴纳专利年费。专利权人应当自被授予专利权的当年开始缴纳年费。

（2）充分公开其发明创造是专利权人必须承担的义务。

（3）正确行使专利权，不滥用专利权也是专利权人应当承担的义务。

八、专利权的期限、终止和无效

（一）专利权的期限

发明专利权的期限为20年，实用新型专利权的期限为10年，外观设计专利权的期限为15年，均自申请日起计算。

（二）专利权的终止

专利权的终止，是指专利权因某种法律事实发生而导致其效力消灭的情形。根据《专利法》的规定，导致专利权终止的法律事实有：① 专利权期限届满；② 专利权人以书面形式向国务院专利行政部门声明放弃专利权；③ 没有按照规定缴纳年费。

（三）专利权的无效

自国务院专利行政部门公告授予专利权之日起，任何单位或者个人认为该专利权的授予不符合《专利法》有关规定的，可以请求国务院专利行政部门宣告该专利权无效。被宣告无效的专利权视为自始即不存在。

练一练

2020年12月1日，某公司的工程师陈某在退休8个月后完成了一项方法发明。该公司认为陈某的发明与其在公司承担的本职工作有关，向陈某提出该方法发明申请专利的权利应属于公司，陈某表示同意。2021年3月1日，该公司向国务院专利行政部门提出发明专利的书面申请。国务院专利行政部门经初步审查，认为该方法发明符合《专利法》的要求，于2022年9月1日即行公布（早期公布）。2023年12月1日，国务院专利行政部门根据该公司的请求，对该方法发明进行实质审查后，于2024年3月1日作出授予该公司发明专利权的决定，并于同日予以登记和公告。

思考：（1）该方法发明的专利权人是否为该公司？为什么？（2）如果是的话，该公司获得的发明专利权的保护期限应从何时计算？

九、专利权的保护

（一）专利权的保护范围

专利权的保护范围详见表7-2。

表7-2 专利权的保护范围

专利权	保护范围
发明或者实用新型	以其权利要求的内容为准，说明书及附图可以用于解释权利要求的内容
外观设计	以表示在图片或者照片中的该产品的外观设计为准，简要说明可以用于解释图片或者照片所表示的该产品的外观设计

（二）专利侵权行为

1. 专利侵权行为的概念

专利侵权行为，是指在专利权有效期限内，行为人未经专利权人许可又无法律依据，以营利为目的实施他人专利的行为。

2. 认定专利侵权行为的条件

认定专利侵权需要满足下列条件：① 必须是有效的专利，即在专利权有效期间内。实施专利授权以前的技术、已经被宣告无效、被专利权人放弃的专利或者专利权期限届满的技术，不构成侵权行为。② 在主观上，要以生产经营为目的。非以生产经营目的而实施的行为，不构成侵权。③ 必须有侵害行为，即行为人在客观上实施了侵害他人专利权的行为。

3. 专利侵权行为的表现

（1）直接侵权行为。以下未经专利权人许可，为生产经营目的而实施的行为被认定为直接侵权行为：① 制造发明、实用新型、外观设计专利产品的行为；② 使用发明、实用新型专利产品的行为；③ 许诺销售发明、实用新型、外观设计专利产品的行为；④ 销售发明、实用新型、外观设计专利产品的行为；⑤ 进口发明、实用新型、外观设计专利产品的行为；⑥ 使用专利方法以及使用、许诺销售、销售、进口依照该专利方法直接获得的产品的行为等。

文本：
不视为侵犯专利权的行为

（2）间接侵权行为。间接侵权行为，是指行为人本身的行为并不直接构成对专利权的侵害，但其实施了教唆或者帮助他人侵害专利权的行为。

（三）专利侵权纠纷的解决途径

专利权人发现侵权行为后，可以与对方当事人协商解决，不愿协商或者协商不成的，可以请求管理专利工作的部门处理。管理专利工作的部门有权责令侵权人停止其侵权行为。对于管理专利工作的部门的处理决定不服的，当事人可以在收到处理通知之日起15日内向人民法院起诉。专利权人或者利害关系人发现侵权行为后，也可以直接向人民法院起诉。

（四）专利侵权行为的法律责任

1. 民事责任

（1）停止侵权。即侵权人根据行政处理决定或法院生效判决，立即停止正在实施的侵犯专利权的行为。

（2）赔偿损失。当侵权行为给专利权人造成实际损失时，侵权人应当向专利权人赔偿损失。

知识链接

侵犯专利权的赔偿数额如何确定？

根据《专利法》第71条的规定，赔偿数额可按以下方法计算：① 按照权利人因被侵权所受到的实际损失或者侵权人因侵权所获得的利益确定；② 权利人的损失或者侵权人获得的利益难以确定的，参照该专利许可使用费的倍数合理确定。以上两种计算方法，由人民法院根据案情或专利权人的意愿，选择适用其中的一种即可。对故意侵犯专利权，情节严重的，可以在按照上述方法确定数额的1倍以上5倍以下确定赔偿数额。

权利人的损失、侵权人获得的利益和专利许可使用费均难以确定的，人民法院可以根据专利权的类型、侵权行为的性质和情节等因素，确定给予3万元以上500万元以下的赔偿。

另外，赔偿数额还应当包括权利人为制止侵权行为所支付的合理开支。

2. 行政责任

假冒专利的，除依法承担民事责任外，由负责专利执法的部门责令改正并予公告，没收违法所得，可以并处违法所得5倍以下的罚款；没有违法所得或者违法所得在5万元以下的，可以处25万元以下的罚款。

3. 刑事责任

假冒他人专利，情节严重的，依照《刑法》第216条的规定，对直接责任人员追究刑事责任，处以3年以下有期徒刑或者拘役，并处或者单处罚金。

第二节　商标法律制度

一、商标的概念和分类

（一）商标的概念

商标，是商业主体在其提供的商品或者服务上使用的，能够将其商品或服务与其他市场主体提供的商品或服务区别开来的特定标志。这种标志通常由文字、图形、字母、数字、三维标志、声音、颜色组合，以及上述要素的组合来表示，并置于商品表面或其包装、服务场所及服务说明书上。

（二）商标的分类

我国《商标法》根据商标的不同作用，将商标作了以下分类。

1. 商品商标

商品商标，是指商品生产者或经营者在其生产或经营的有形商品上使用的标志。如"海信"电视、"海尔"冰箱等。

2. 服务商标

服务商标，是指服务提供者在其提供的服务项目上使用的标志。服务商标主要应用于宾馆、餐饮、旅游、运输、广告、娱乐、金融、保险等服务领域。如提供通信服务的"中国移动通信"，提供金融服务的"中国建设银行"等。

文本：
商标的分类

3. 集体商标

集体商标，是指以团体、协会或者其他组织名义注册、供该组织成员在商事活动中使用，以表明使用者在该组织中的成员资格的标志。集体商标虽然也表示商品来源，但它并非标示某一单个厂商，而是代表有若干企业组成的集体组织。例如合作社、行业协会注册的商标供合作社成员、行业协会成员使用。众所周知的有"沙县小吃""五常大米"等。

4. 证明商标

证明商标，是指由对某种商品或者服务具有监督能力的组织所控制，而由该组织以外的人使用于其商品或者服务，用以证明该商品或者服务的原产地、原料、制造方法、质量或者其他特定品质的标志。例如，在服装上使用的"纯羊毛"标志，在食品上使用的"绿色食品"标志等。证明商标的使用具有开放性，凡是其商品或者服务的质量达到规定标准的任何人都可以申请使用。

二、商标注册制度

（一）商标注册的概念

商标注册是指商标使用人将其使用的商标按照法律规定的条件和程序，向商标管理机关（国家知识产权局）提出注册申请，以取得商标专用权的行为。在我国，原始取得商标专用权的唯一途径是商标注册。

经国家知识产权局核准注册的商标为注册商标。商标注册人享有商标专用权，受法律保护。

（二）商标注册的原则

1. 自愿注册和强制注册相结合的原则

在我国，商标注册采用自愿注册和强制注册相结合，以自愿注册为主的原则。自愿注册原则是指商标使用人是否申请商标注册取决于自己的意愿。在自愿注册原则下，商标注册人对其注册商标享有专用权，受法律保护。未经注册的商标，可以在生产服务中使用，但其使用人不享有专用权，无权禁止他人在同种或类似商品上使用与其商标相同或近似的商标。

在实行自愿注册原则的同时，我国《商标法》规定了在极少数商品上使用的商标实行强制注册原则，作为对自愿注册原则的补充。法律、行政法规规定必须使用注册商标的商品，必须申请商标注册，未经核准注册的，不得在市场销售。目前，必须使用注册商标的商品只有烟草制品，包括卷烟、雪茄烟和有包装的烟丝。使用未注册商标的烟草制品，禁止生产和销售。

2. 诚实信用原则

申请注册和使用商标，应当遵循诚实信用原则。其目的在于倡导市场主体从事有关商标的活动时应诚实守信，同时对当前存在的大量商标抢注行为予以规制。

3. 申请在先原则

两个或两个以上申请人，在同一种商品或类似商品上，以相同或近似的商标申请注册的，初步审定并公告申请在先的商标；同一天申请的，初步审定并公告使用在先的商标，驳回其他人的申请，不予公告。

申请商标注册不得损害他人现有的在先权利，也不得以不正当手段抢先注册他人已经使用并有一定影响的商标。

4. 优先权原则

（1）国外申请注册条件下的优先权。商标注册申请人自其商标在外国第一次提出商标注册申请之日起6个月内，又在中国就相同商品以同一商标提出商标注册申请的，依照该外国同中国签订的协议或者共同参加的国际条约，或按照相互承认优先权的原则，可以享有优先权。优先权日视为申请日。

（2）因国内外展出而享有的优先权。商标在中国政府主办的或者承认的国际展览会展出的商品上首次使用的，自该商品展出之日起6个月内，该商标的注册申请人可以享有优先权。

（三）商标注册的条件

1. 申请人的条件

商标注册申请人可以是自然人、法人或者其他组织，但必须从事生产经营活动。不以使用为目的的恶意商标注册申请应当予以驳回。外国人或者外国企业在中国申请商标注册的，应当按其所属国和中华人民共和国签订的协议或者共同参加的国际条约办理，或者按对等原则办理。

申请商标注册或者办理其他商标事宜，可以自行办理，也可以委托依法设立的商标代理机构办理。外国人或者外国企业在中国申请商标注册和办理其他商标事宜的，应当委托依法设立的商标代理机构办理。

2. 注册商标构成要件

（1）商标必须具备法律规定的构成要素。任何能够将自然人、法人或者其他组织的商品或服务与他人的商品或服务区别开的标志，包括文字、图形、字母、数字、三维标志、颜色组合和声音等，以及上述要素的组合，均可作为商标申请注册。

（2）商标设计必须具备显著特征，便于识别，并不得与他人在先取得的合法权利相冲突。一般来讲，商标设计只要立意新颖，独具特色，文字、图形、声音或其组合鲜明简洁就具备了显著特征。只有具备了显著特征，才能便于被人们识别，借以和其他同类商品或服务相区别。

3. 不得作为商标使用的标志

下列标志不得作为商标使用：① 同中华人民共和国的国家名称、国旗、国徽、国歌、军旗、军徽、军歌、勋章等相同或者近似的，以及同中央国家机关的名称、标志、所在地特定地点的名称或者标志性建筑物的名称、图形相同的；② 同外国的国家名称、国旗、国徽、军旗等相同或者近似的，但经该国政府同意的除外；③ 同政府间国际组织的名称、旗帜、徽记等相同或者近似的，但经该组织同意或者不易误导公众的除外；④ 与表明实施控制、予以保证的官方标志、检验印记相同或者近似的，但经授权的除外；⑤ 同"红十字""红新月"的名称、标志相同或者近似的；⑥ 带有民族歧视性的；⑦ 带有欺骗性，容易使公众对商品的质量等特点或者产地产生误认的；⑧ 有害于社会主义道德风尚或者有其他不良影响的。

法治素养

理论解读：

《最高人民法院关于在人民法院工作中培育和践行社会主义核心价值观的若干意见》指出，公共秩序和善良风俗是法治国家与法治社会建设的重要内容，也是衡量社会主义法治与德治建设水准的重要标志。倡导、培育和维护公序良俗，谴责、制裁、摒除各类缺德行为或丑恶现象，是人民法院肩负的重要职责。

我国《商标法》也明确规定，有害于社会主义道德风尚或者有其他不良影响的，不得作为商标使用。

讨论分析：请同学们讨论分析，有的经营者申请将"粪豆"两字用于巧克力食品作为商标使用能否被核准注册？并请思考作为新时代的大学生应如何弘扬社会主义道德风尚。

此外，县级以上行政区划的地名或者公众知晓的外国地名，不得作为商标。但是，地名具有其他含义或者作为集体商标、证明商标组成部分的除外；已经注册的使用地名的商标继续有效。

法律咨询

背景材料：李某想用一部音乐作品申请商标注册；王某想用奥运会的五环旗帜申请商标注册。

要求：请你告诉李某和王某，国家知识产权局能否核准他们的注册申请。

4. 商标注册的禁止条件

下列标志不得作为商标注册：① 仅有本商品的通用名称、图形、型号的；② 仅直接表示商品的质量、主要原料、功能、用途、重量、数量及其他特点的；③ 其他缺乏显著特征的。以上标志经过使用取得显著特征，并便于识别的，可以作为商标注册。

（四）商标注册程序

1. 申请

商标注册申请人应当按规定的商品分类表填报使用商标的商品类别和商品名称，提出注册申请。商标注册申请人可以通过一份申请就多个类别的商品申请注册同一商标。商标注册申请等有关文件，可以以书面方式或者数据电文方式提出。注册商标需要在核定使用范围之外的商品上取得商标专用权的，应当另行提出注册申请。注册商标需要改变其标志的，应当重新提出注册申请。为申请商标注册所申报的事项和所提供的材料应当真实、准确、完整。

2. 初步审定并公告

对申请注册的商标，国家知识产权局应当自收到商标注册申请文件之日起9个月内审查完毕，符合《商标法》有关规定的，予以初步审定公告。

申请注册的商标，凡不符合《商标法》有关规定或者同他人在同一种商品或者类似商品上已经注册的或者初步审定的商标相同或者近似的，由国家知识产权局驳回申请，不予公告。

对驳回申请、不予公告的商标，国家知识产权局应当书面通知商标注册申请人。商标注册申请人不服的，可以自收到通知之日起15日内向国家知识产权局申请复审。国家知识产权局应当自收到申请之日起9个月内做出决定，并书面通知申请人。有特殊情况需要延长的，经国家知识产权局批准，可以延长3个月。当事人对国家知识产权局的决定不服的，可以自收到通知之日起30日内向人民法院起诉。

3. 核准与公告

对初步审定公告的商标，自公告之日起3个月内，根据不同异议理由，在先权利人、利害关系人或者任何人均可以向国家知识产权局提出异议。公告期满无异议的，予以核准注册，发给商标注册证，并予公告。

对初步审定公告的商标提出异议的，国家知识产权局应当听取异议人和被异议人陈述事实和理由，经调查核实后，自公告期满之日起12个月内做出是否准予注册的决定，并书面通知异议人和被异议人。有特殊情况需要延长的，经国家知识产权局批准，可以延长6个月。

（五）注册商标的管理

1. 注册商标的无效宣告

已经注册的商标，违反《商标法》相关规定的，或者是以欺骗手段或者其他不正当手段取得注册的，由国家知识产权局宣告该注册商标无效；其他单位或者个人可以请求国家知识产权局宣告该注册商标无效。

已经注册的商标，违反《商标法》相关规定的，自商标注册之日起5年内，在先权利人或者利害关系人可以请求国家知识产权局宣告该注册商标无效。对恶意注册的，驰名商标所有人不受5年的时间限制。

2. 注册商标的撤销

商标注册人在使用注册商标的过程中，自行改变注册商标、注册人名义、地址或者其他注册事项的，由地方市场监督管理部门责令限期改正；期满不改正的，由国家知识产权局撤销其注册商标。

文本：
对于驰名商标的保护

注册商标成为其核定使用的商品的通用名称或者没有正当理由连续3年不使用的，任何单位或者个人可以向国家知识产权局申请撤销该注册商标。

三、商标权的内容和法律保护

（一）商标权的内容

商标权，是指商标注册人依法对其注册商标所享有的占有、使用、收益和处分的权利。商标权主要包括以下内容。

1. 专用权

专用权，是指商标注册人对其注册商标依法享有的，自己在指定商品或服务项目上独占使用的权利。注册商标的专用权以核准注册的商标和核定使用的商品为限。

2. 标示权

标示权，是指商标注册人使用其商标时，有标明"注册商标"或者注册标记的权利。根据《商标法实施条例》的规定，使用注册商标，可以在商品、商品包装、说明书或者其他附着物上标明"注册商标"或者注册标记。注册标记包括㊟和®。使用注册标记，应当标注在商标的右上角或者右下角。

3. 使用许可权

使用许可权，是指商标注册人将其注册商标的专用权许可他人行使的权利。许可他人使用商标要签订商标使用许可合同。被许可人必须具备使用注册商标的主体资格。许可他人使用注册商标的，许可人应当自商标使用许可合同签订之日起3个月内将合同副本报送国家知识产权局备案，当国家知识产权局公告。被许可人必须在商标上标明自己的名称和商品产地，保证与许可人的商品质量一致，接受许可人的监督。

4. 转让权

转让权，是指商标注册人将其商标权依法定程序和条件转让给他人的权利。转让注册商标的，转让人和受让人应当签订转让协议，并共同向国家知识产权局提出申请。转让注册商标经核准后，予以公告，受让人自公告之日起享有商标专用权。受让人应当保证使用该注册商标的商品质量。

5. 续展权

续展权，是指商标注册人在其注册商标有效期届满前，依法享有申请续展注册，从而延长其注册商标保护期的权利。注册商标的有效期为10年，自核准注册之日起计算。注册商标有效期满，应当在期满前12个月内申请办理续展手续；在此期间未能办理的，可以给予6个月的宽展期。每次续展注册的有效期为10年。续展注册经核准后，予以公告。宽展期满仍未办理的，注销其注册商标。

（二）商标权的法律保护

动画：
谁是商标侵权人

1. 商标侵权行为的概念

商标侵权行为，是指未经商标权人许可，在相同或类似商品上使用与其注册商标相同或近似的商标，以及其他干涉、妨碍商标权人使用其注册商标，损害商标权人合法权益的行为。

2. 商标侵权行为的表现（见表7-3）

表 7-3　商标侵权行为的表现

1	假冒	未经商标注册人的许可，在同一种商品上使用与其注册商标相同的商标的
2	仿冒	① 未经商标注册人的许可，在同一种商品上使用与其注册商标近似的商标，或者在类似商品上使用与其注册商标相同或者近似的商标，容易导致混淆的； ② 在同一种商品或者类似商品上将与他人注册商标相同或者近似的标志作为商品名称或者商品装潢使用，误导公众的
3	销售侵犯商标权的商品	① 只要实施了销售侵犯注册商标专用权的商品的行为，都构成侵权； ② 善意侵权：销售不知道是侵犯注册商标专用权的商品，能证明该商品是自己合法取得并说明提供者的，不承担赔偿责任
4	造假	伪造、擅自制造他人注册商标标识或者销售伪造、擅自制造的注册商标标识的
5	反向假冒	未经商标注册人同意，更换其注册商标并将该更换商标的商品又投入市场的
6	帮助实施侵权行为	故意为侵犯他人注册商标专用权行为提供便利条件，帮助他人实施侵犯商标专用权行为的（如为侵犯他人商标专用权提供仓储、运输、邮寄、印制、隐匿、经营场所、网络商品交易平台等）
7	造成其他损害的行为	如将与他人注册商标相同或者相近似的文字作为企业名称中的字号在相同或者类似商品上突出使用，容易使相关公众产生误认的行为等

3. 商标侵权行为的处理

有侵犯注册商标专用权行为之一，引起纠纷的，由当事人协商解决；不愿协商或者协商不成的，商标注册人或者利害关系人可以向人民法院起诉，也可以请求市场监督管理部门处理。

对侵犯注册商标专用权的行为，市场监督管理部门有权依法查处；涉嫌犯罪的，应当及时移送司法机关依法处理。

市场监督管理部门处理时，认定侵权行为成立的，责令立即停止侵权行为，没收、销毁侵权商品和主要用于制造侵权商品、伪造注册商标标识的工具，违法经营额5万元以上的，可以处违法经营额5倍以下的罚款，没有违法经营额或者违法经营额不足5万元的，可以处25万元以下的罚款。对5年内实施两次以上商标侵权行为或者有其他严重情节的，应当从重处罚。销售不知道是侵犯注册商标专用权的商品，能证明该商品是自己合法取得并说明提供者的，由市场监督管理部门责令停止销售。

练一练

某市场监督管理部门接到消费者的举报，称某鞋业有限公司擅自生产标有"李宁"商标的运动鞋，非法牟利。经市场监督管理部门查明，该鞋业有限公司确实未经商标注册人的许可，擅自生产标有"李宁"商标的运动鞋4万余双，非法经营额达190万元。经查，消费者的举报属实。

思考：依据我国《商标法》的规定，市场监督管理部门应如何处理该案？

4. 侵犯商标专用权赔偿数额的确定

侵犯商标专用权的赔偿数额，按照权利人因被侵权所受到的实际损失确定；实际损失难以确定的，可以按照侵权人因侵权所获得的利益确定；权利人的损失或者侵权人获得的利益难以确定的，参照该商标许可使用费的倍数合理确定。对恶意侵犯商标专用权，情节严重的，可以在按照上述方法确定数额的1倍以上5倍以下确定赔偿数额。赔偿数额应当包括权利人为制止侵权行为所支付的合理开支。

人民法院为确定赔偿数额，在权利人已经尽力举证，而与侵权行为相关的账簿、资料主要由侵权人掌握的情况下，可以责令侵权人提供与侵权行为相关的账簿、资料；侵权人不提供或者提供虚假的账簿、资料的，人民法院可以参考权利人的主张和提供的证据判定赔偿数额。

权利人因被侵权所受到的实际损失、侵权人因侵权所获得的利益、注册商标许可使用费难以确定的，由人民法院根据侵权行为的情节判决给予500万元以下的赔偿。

第七章 工业产权法律制度

职场应用与指导

职场应用场景：

近日，王余年所在公司的一项新技术正准备申请发明专利。在撰写申请材料时，王余年得知发明专利需要进行实质审查，而实质审查主要是审查专利的新颖性。对于该项技术能否通过新颖性审查，王余年没有把握，他既不知道发明专利对于新颖性的要求是什么，也不知道申请发明专利的具体流程怎么走。

要求：

请结合本章内容，帮助王余年解决上述问题。

指导建议请扫描二维码阅读参考。

文本：
第七章职场应用指导建议

通关自测

测验：
第七章交互式测验及参考答案

法务实训

案例1

案情简介：

甲公司未经许可，擅自使用乙公司专利技术生产并销售了变频家用空调5 000台。丙家电销售公司在明知甲公司侵犯乙公司专利权的情况下，从甲公司进货2 000台空调，并已实际售出1 600台空调。丁宾馆在不知甲公司侵犯乙公司专利权的情况下，也从甲公司购入200台空调，并已安装使用。乙公司发现甲公司、丙公司和丁宾馆的上述生产、销售和使用行为后，遂向法院起诉，状告甲公司、丙公司和丁宾馆侵犯其专利权。

问题：

（1）甲公司的生产、销售行为是否侵权？请说明理由。

（2）丙公司的销售行为是否侵权？是否可以继续销售库存的400台空调？请说明理由。

（3）丁宾馆的使用行为是否侵权？是否应承担相应的赔偿责任？请说明理由。

案例2

案情简介：

某公司原是一家主要生产油炸土豆片、锅巴等小食品的企业，自10年前就将"香脆"两字作为商标使用于土豆片、锅巴产品的包装上。近年来其产品销售量稳步增长，销售地区不断扩大。2023年3月，该公司决定将"香脆"两字作为商标向商标局申请注册，使用的商品范围仍为油炸土豆片、锅巴等。

问题：

（1）"香脆"两字用作油炸土豆片等商品的商标是否具有显著特征？为什么？

（2）假设国家知识产权局以缺乏显著特征为理由驳回注册申请，该公司不服，可在什么期间内提出复审请求？

第八章
反不正当竞争法律制度

【学习目标】

★ 素养目标
- 强化商业秘密保护意识，塑造诚实信用的良好品质。
- 树立公平的竞争意识，形成尊重竞争对手的良好品质。

★ 知识目标
- 了解不正当竞争行为的概念和特征。
- 掌握不正当竞争行为的具体表现及其内涵。
- 了解不正当竞争行为的调查机构和调查措施。
- 熟悉不正当竞争行为的法律责任。

★ 能力目标
- 能够认定不正当竞争行为。
- 能够依法处理商品生产、经营过程中存在的不正当竞争问题。

第八章 反不正当竞争法律制度

【思维导图】

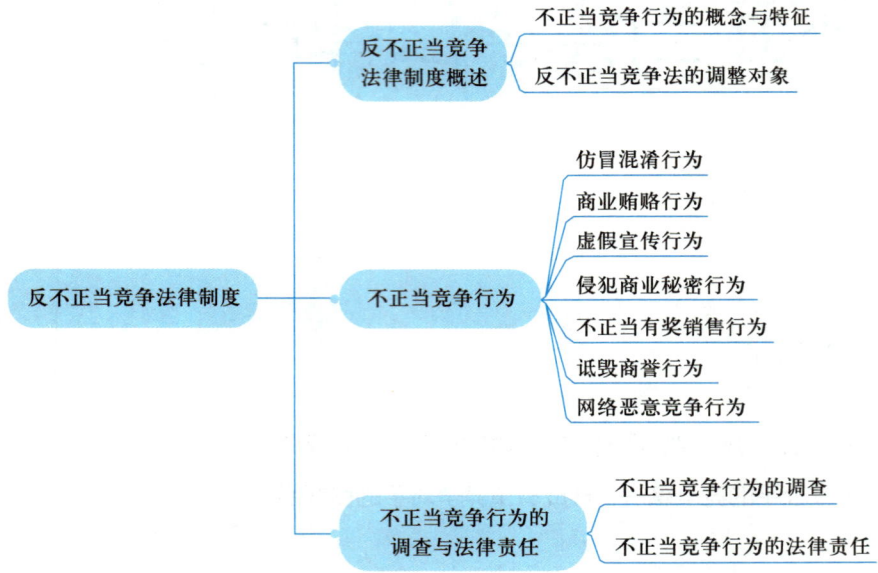

【先导案例】

案情介绍：

云南省瑞丽市某珠宝店经营者，在某平台的"冰绿翡翠"直播间开展翡翠原石的销售活动。其直播间的主要运营方式为雇用缅甸籍人员在直播间内售卖翡翠原石，并在与买家的微信聊天中多次实施虚构进出中缅边境线代购翡翠原石的行为，谎称翡翠原石来自缅甸，价格便宜，或者让缅甸籍人员假冒缅甸货主在直播间和主播进行虚假砍价表演，实际是为了达到帮助主播售卖翡翠原石的目的。此外，市场监督管理部门在调查中还发现该经营者存在发布虚假用户评价的行为。

想一想：

什么是虚假宣传行为？该经营者的行为是否构成虚假宣传行为，请说明理由。

第一节　反不正当竞争法律制度概述

一、不正当竞争行为的概念与特征

(一)不正当竞争行为的概念

不正当竞争行为,是针对市场竞争中的正当竞争行为而言的,泛指经营者在市场竞争中,采取非法的或者有悖于公认的商业道德的手段和方式,与其他经营者相竞争的行为。

根据《反不正当竞争法》的规定,不正当竞争行为是指经营者在生产经营活动中,违反法律规定,扰乱市场竞争秩序,损害其他经营者或者消费者的合法权益的行为。

这里的经营者,是指从事商品生产、经营或者提供服务(以下所称商品包括服务)的自然人、法人和非法人组织。

(二)不正当竞争行为的特征

不正当竞争行为有以下特征:①主体的特定性。不正当竞争的行为人应为经营者,即从事商品生产、经营的自然人、法人和非法人组织。②领域的限定性。不正当竞争行为是经营者在从事商品生产、经营的过程中实施的。③性质的违法性。不正当竞争的行为直接违反《反不正当竞争法》的禁止性规定,或者违背了自愿、平等、公平、诚信的原则及相关法律和商业道德。④结果的危害性。不正当竞争行为的实施客观上扰乱了市场竞争秩序,损害了其他经营者或者消费者的合法权益。

二、反不正当竞争法的调整对象

反不正当竞争法的调整对象,就是在制止不正当行为过程中发生在监督管理机构与经营者之间、经营者相互之间以及经营者与消费者之间的社会关系。主要包括监督管理机构与经营者之间的监督管理关系,经营者之间以及经营者与消费者之间的民事赔偿关系。

第二节 不正当竞争行为

一、仿冒混淆行为

（一）仿冒混淆行为的概念

仿冒混淆行为，是指经营者冒用他人商品的标识或者名义用于自己的商品，足以引人误认为是他人商品或者与他人存在特定联系，以谋取非法利益的行为。仿冒混淆行为是一种典型的"搭便车"行为。

（二）仿冒混淆行为的表现

经营者的仿冒混淆行为有以下表现：① 擅自使用他人有一定影响的商品名称、包装、装潢等相同或者近似的标识；② 擅自使用他人有一定影响的企业名称（包括简称、字号等）、社会组织名称（包括简称等）、姓名（包括笔名、艺名、译名等）；③ 擅自使用他人有一定影响的域名主体部分、网站名称、网页等；④ 其他足以引人误认为是他人商品或者与他人存在特定联系的混淆行为。

练一练

> 小贝同学新买的A品牌手机在一次春游途中不慎丢失了，她非常着急，便在某电商平台的某网店又购买了一部同款的A品牌手机。当时小贝同学就是因为清楚的看到，该网店是使用"A品牌手机""官方授权，全新正品手机""假一罚十"等标语对其所售手机进行宣传的，才毫不犹豫立刻下单的。几天后，当小贝同学收到手机后才发现该手机并非是她所喜欢的A品牌手机，感到自己被商家的宣传误导了，非常失望和气愤，遂向市场监督管理部门进行了举报。经查，该网店所售手机均为B品牌手机，并非A品牌手机，当然也未曾获得A品牌官方授权。
>
> 思考：该网店的行为是否构成不正当竞争行为？请说明理由。

二、商业贿赂行为

（一）商业贿赂行为的概念

商业贿赂行为，是指经营者为了谋取交易机会或者竞争优势，采取财物或者其他手段向交易相对方的有关单位或者个人提供某种利益的行为。

（二）商业贿赂行为的认定

经营者不得采用财物或者其他手段贿赂下列单位或者个人，以谋取交易机会或者竞争优势：① 交易相对方的工作人员；② 受交易相对方委托办理相关事务的单位或者个人；③ 利用职权或者影响力影响交易的单位或者个人。对于商业贿赂行为的认定如表8-1所示。

表8-1 商业贿赂行为的认定

交易对象	① 交易相对方的工作人员； ② 受交易相对方委托办理相关事务的单位或者个人； ③ 利用职权或者影响力影响交易的单位或者个人
工作人员的行为	① 经营者的工作人员进行贿赂的，应当认定为经营者的行为； ② 经营者有证据证明工作人员的行为与为经营者谋取交易机会或者竞争优势无关的除外
除外情形	经营者在交易活动中，可以以明示方式向交易相对方支付折扣，或者向中间人支付佣金。经营者向交易相对方支付折扣、向中间人支付佣金的，应当如实入账。接受折扣、佣金的经营者也应当如实入账

知识链接

回扣、折扣与佣金

回扣，是经营者在从事商品经营或营利性服务中，账外暗中给予或收受财物或其他利益的违法行为。它是商业贿赂的主要表现形式。商业贿赂的其他形式还包括提供免费度假、旅游、高档宴席、房屋装修、营利的业务项目，赠送昂贵物品，提供出国机会，解决子女、亲属入学就业等。

折扣，即让利，是指经营者在销售商品时，给予对方的价格优惠，包括"支付价款时对价款总额按一定比例即时予以扣除"和"支付价款总额后再按一定比例予以退还"两种形式。折扣只发生在交易的双方当事人之

第八章 反不正当竞争法律制度

文本：
商业贿赂行为构成要件

间，不能支付给当事人一方的经办人或代理人。

佣金，是指在市场交易活动中，具有独立地位的中间人因为为他人提供服务、介绍、撮合交易或代买、代卖商品而得到的报酬。佣金可以由买方给付，也可以由卖方给付，还可以由双方给付。

廉洁自律——勇敢地向商业贿赂行为说不

众所周知，医疗行业是我国商业贿赂的重灾区。随着对商业贿赂案件查处力度不断加大，一些医药企业采取更为隐蔽、复杂的手段，为其贿赂行为披上"合法外衣"。如有的企业以赞助科研经费、学术会议费等名义，进行不法利益输送。也有的通过生产环节虚抬药品价格、流通环节虚假交易等方式套取资金进行贿赂。

警示： 这些行为不但会影响其他同业经营者的商业机会，扰乱市场竞争秩序，同时也会侵害消费者的知情权和选择权，加重患者的医疗负担，激化医患矛盾，对医疗卫生系统的行业风气和医者的职业道德也会造成严重侵蚀，助长歪风邪气。如果索取他人财物或者非法收受他人财物达到一定数额，还可能会构成犯罪，要被追究相应的刑事责任，所以千万别动歪心思。每个人都应该勇敢地向商业贿赂行为说不！

 练一练

某年年底，浙江省金华市金东区市场监管局根据市局稽查支队的统一部署，联合新疆维吾尔自治区阿克苏地区的商标权利人，在辖区4个冷库内查处了6起伪造产地的苹果销售案。据查，同年12月期间，徐某等6名水果经销商分别在陕西、甘肃、山西等地收购当地产的苹果，装进印有"阿克苏糖心苹果"和"产地：新疆阿克苏"等字样的纸箱，运往浙江金华，存放在不同冷库，以待春节前旺季销售。

思考：徐某的行为是否违反《反不正当竞争法》？为什么？

三、虚假宣传行为

（一）虚假宣传行为的概念

虚假宣传行为，是指经营者对其商品或帮助其他经营者作虚假或者引人误解的商业宣传，欺骗、误导消费者的行为。这里的"虚假"商业宣传，是指商品宣传的内容与商品的实际情况不相符，如将国产产品宣传为进口产品等；这里的"引人误解"的商业宣传，是指就一般社会公众的合理判断而言，宣传的内容会使接受宣传的人或者受宣传影响的人，对被宣传的商品产生错误的认识，从而影响其购买决策的商品宣传。

（二）虚假宣传行为的表现

经营者的虚假宣传行为有以下表现：① 对其商品的性能、功能、质量、销售状况、用户评价、曾获荣誉等作虚假或者引人误解的商业宣传；② 通过组织虚假交易等方式，帮助其他经营者进行虚假或者引人误解的商业宣传。

文本：
虚假宣传行为的类型

四、侵犯商业秘密行为

（一）侵犯商业秘密行为的概念

侵犯商业秘密行为，是指经营者及相关非经营者（如前员工、第三人等）非法获取和非法披露、使用或者允许他人使用权利人商业秘密的行为。

所谓商业秘密，是指不为公众所知悉、具有商业价值并经权利人采取相应保密措施的技术信息、经营信息等商业信息。商业秘密不仅包括那些凭借技能或者经验产生的，在实际经济生活中尤其是在工业生产活动中适用的技术信息，如工艺流程、技术秘诀、设计图纸、化学配方等，而且包括那些具有秘密性质的经营管理方法以及与经营管理方法密切相关的经营信息，如管理诀窍、产销策略、货源情报、物流及供应链信息、招投标中的标底及标书内容等。

（二）侵犯商业秘密行为的表现

侵犯商业秘密的行为有如下表现：① 以盗窃、贿赂、欺诈、胁迫、电子侵入或者其他不正当手段获取权利人的商业秘密；② 披露、使用或者允许他人使用以前述手段获取权利人的商业秘密；③ 违反保密义务或者违反权利人有关保守商业秘密的要求，披露、使用或者允许他人使用其所掌握的商业秘密；④ 教唆、引诱、帮助他人违反保密义务或者违反权利人有关保守商业秘密的要求，获取、披露、使用或者允许他人使用权利人的商业秘密。

另外，经营者以外的其他自然人、法人和非法人组织实施上述所列违法行为的，视为侵犯商业秘密。第三人明知或者应知商业秘密权利人的员工、前员工或者其他单位、个人以盗窃、贿赂、欺诈、胁迫、电子侵入或者其他不正当手段获取权利人的商业秘密，仍获取、披露、使用或者允许他人使用该商业秘密的，视为侵犯商业秘密。

练一练

某年，甲制药公司组织本公司员工参观乙制药公司实验室时，甲公司一名技术人员暗中提取了乙公司实验室中的一种溶液样品，回公司后分析出溶液的成分，由此得知了乙公司新开发的一种药品的配方。甲公司根据此配方抢先一步，在市场上推出了这种新药。

思考：甲公司的行为是否构成不正当竞争行为？请说明理由。

五、不正当有奖销售行为

（一）不正当有奖销售行为的概念

不正当有奖销售行为，是指经营者违反诚实、公平竞争原则，利用物质、金钱或其他经济利益引诱购买者与之交易，排挤竞争对手的不正当竞争行为。

（二）不正当有奖销售行为的表现

经营者的下列有奖销售行为是不正当竞争行为：① 所设奖的种类、兑奖条件、奖金金额或者奖品等有奖销售信息不明确，影响兑奖；② 采用谎称有奖或者故意让内定人员中奖的欺骗方式进行有奖销售；③ 抽奖式的有奖销售，最高奖的金额超过5万元。

六、诋毁商誉行为

（一）诋毁商誉行为的概念

诋毁商誉行为，也称商业诋毁行为，是指经营者通过编造、传播虚假信息或者误导性信息，损害竞争对手的商业信誉、商品声誉的行为。

（二）诋毁商誉行为的特征

构成诋毁商誉的行为有以下特征：① 行为对象是同业竞争者，且行为人具有诋毁竞争对手、削弱对手竞争能力的故意。② 行为结果是损害了竞争对手的商业信誉、商品声誉。③ 行为手段是编造、传播虚假信息或者误导性信息。

> **法律咨询**
>
> 背景材料：某年，根据群众举报，湖北省荆州市市场监督管理局对荆州H商贸有限公司进行立案调查。经查，H商贸有限公司利用店堂广告，对自己代理的V3菱锐东南汽车与其他代理商经营的长城腾翼C30、比亚迪F3、长安悦翔4个品牌的质量和性能等做针对性对比广告宣传，捏造了与事实不符的技术数据，列举了动力、油耗、操控性能、转向、制动、科技6个方面内容及相关技术数据，称V3菱锐东南汽车动力更强、油耗更低、操控性能更强、转向更灵活、制动更安全、人性科技更贴心。
>
> 要求：请你为荆州H商贸有限公司指出其行为存在的不妥之处，并说明理由。

七、网络恶意竞争行为

（一）网络恶意竞争行为的概念

网络恶意竞争行为，也即妨碍、破坏网络产品或服务正常运行的行为，是指经营者利用技术手段，通过影响用户选择或者其他方式，实施妨碍、破坏其他经营者合法提供的网络产品或者服务正常运行的行为。

（二）网络恶意竞争行为的表现

网络恶意竞争行为主要有如下表现：① 未经其他经营者同意，在其合法提供的网络产品或者服务中，插入链接、强制进行目标跳转；② 误导、欺骗、强迫用户修改、关闭、卸载其他经营者合法提供的网络产品或者服务；③ 恶意对其他经营者合法提供的网络产品或者服务实施不兼容；④ 其他妨碍、破坏其他经营者合法提供的网络产品或者服务正常运行的行为。

第三节 不正当竞争行为的调查与法律责任

一、不正当竞争行为的调查

（一）反不正当竞争执法主体

县级以上人民政府履行市场监督管理职责的部门对不正当竞争行为进行查处；相关法律、行政法规规定由其他部门查处的，依照其规定。

（二）调查涉嫌不正当竞争行为的措施

监督检查部门在调查涉嫌不正当竞争行为时，可以采取以下措施：① 进入涉嫌不正当竞争行为的经营场所进行检查；② 询问被调查的经营者、利害关系人及其他有关单位、个人，要求其说明有关情况或者提供与被调查行为有关的其他资料；③ 查询、复制与涉嫌不正当竞争行为有关的协议、账簿、单据、文件、记录、业务函电和其他资料；④ 查封、扣押与涉嫌不正当竞争行为有关的财物；⑤ 查询涉嫌不正当竞争行为的经营者的银行账户。

二、不正当竞争行为的法律责任

经营者实施不正当竞争行为应当承担民事责任、行政责任和刑事责任，其财产不足以支付的，优先用于承担民事责任。

（一）民事责任

这是指经营者违反《反不正当竞争法》的规定，实施不正当竞争行为，给其他经营者的合法权益造成损害所要承担的民事法律后果。不正当竞争行为应承担的损害赔偿责任是一种因侵权行为而承担的民事责任。

不正当竞争行为给被侵害的经营者造成的损害主要是财产上的损害，所以承担损害赔偿责任的方式主要是赔偿财产损失。

1. 赔偿数额

因不正当竞争行为受到损害的经营者的赔偿数额，按照其因被侵权所受到的实际损失确定；实际损失难以计算的，按照侵权人因侵权所获得的利益确定。经营者恶意实施侵犯商业秘密行为，情节严重的，可以在按照上述方法确定数额的1倍以上5倍以下确定赔偿数额。

经营者实施仿冒混淆行为和侵犯商业秘密的行为，权利人因被侵权所受到的实际损失、侵权人因侵权所获得的利益难以确定的，由人民法院根据侵权行为的情节判决给予权利人500万元以下的赔偿。

2. 赔偿范围

赔偿数额还应当包括经营者为制止侵权行为所支付的合理开支。

（二）行政责任

行政责任是《反不正当竞争法》中的主要责任形式。我国《反不正当竞争法》规定的行政处罚形式主要有没收违法所得、罚款和吊销营业执照等。

经营者从事不正当竞争，有主动消除或者减轻违法行为危害后果等法定情形的，依法从轻或者减轻行政处罚；违法行为轻微并及时纠正，没有造成危害后果的，不予行政处罚。

经营者从事不正当竞争，受到行政处罚的，由监督检查部门记入信用记录，并依照有关法律、行政法规的规定予以公示。

当事人对监督检查部门作出的处罚决定不服的，可以依法申请行政复议或者提起行政诉讼。

（三）刑事责任

违反《反不正当竞争法》的规定，构成犯罪的，依法追究刑事责任。

第八章 反不正当竞争法律制度

职场应用与指导

职场应用场景：

最近，王余年所在公司收到了一张法院传票。有一家同行公司起诉了王余年所在公司，主张其之前申请的一项发明专利侵犯同行公司的商业秘密，构成不正当竞争行为。同行公司要求王余年所在公司公开赔礼道歉，并赔偿其因此受到的一切经济损失。王余年非常纳闷，这都是按照正规法律流程走的，怎么会构成不正当竞争呢？

要求：

请你结合本章内容，告知王余年：（1）什么是商业秘密？商业秘密有什么特点？（2）王余年所在公司应如何应对这一诉讼？

指导建议请扫描二维码阅读参考。

文本：
第八章职场应用指导建议

通关自测

测验：
第八章交互式测验及参考答案

法务实训

案情简介：

某年下半年，浙江省宁波市奉化区消费者举报投诉中心连续接听了多起群众举报，反映某超市收银台附近的珠宝专柜以抽奖打折形式促销玉器饰品的行为存在猫腻。根据举报线索，奉化区市场监管局派出维权义工，通过真实的消费体验来掌握事件原委。经查，消费者在奉化区某超市购物消费后，收银台附近的珠宝专柜都会主动提醒消费者凭小票参与抽奖。奖项分别为：特等奖（赠送和田金）、一等奖（购买珠宝1折）、二等奖（购买珠宝2折）、三等奖（购买珠宝3折）。义工体验后反馈，如购买意愿强烈，均可抽中一等奖，原价1 999元至10 000元不等的玉器，大多可以

200~300元折价购得。原来，该经营户对消费者的意愿进行评估后，由后台计算机或人工控制获奖概率，最后基本以1折的价格出售商品。并且该珠宝专柜属于租赁超市的经营场所来从事经营活动，从其销售票据看，特等奖（赠送和田金）尚未发生，销售价格基本集中在200元至400元之间。

经宁波珠宝行业协会鉴定，玉器不是假的，但标价过高，实际价值与折后价基本符合。奉化区市场监管局认为，此专柜设在商超收银台周边，有误导消费者以为该专柜为超市所设的嫌疑，而且以抽奖形式打折促销，容易造成消费者中奖的假象。

问题：

（1）该珠宝专柜的行为是否违反《反不正当竞争法》的有关规定？为什么？

（2）监督检查部门应如何处理该案？

第九章
产品质量法律制度

【学习目标】

★ 素养目标
- 树立产品质量责任意识,培养"质量第一、改革创新"的现代市场经济理念。
- 培养精益求精的工匠精神。

★ 知识目标
- 了解产品质量的概念和产品质量法的适用范围。
- 理解产品质量、产品瑕疵、产品缺陷的含义。
- 掌握生产者、销售者的产品质量责任与义务以及违反义务应承担的法律责任。

★ 能力目标
- 能够切实认识到产品质量对企业的重要性。
- 能运用产品质量法律、法规分析简单案例。
- 能够处理涉及产品质量的现实问题。
- 能熟知作为生产者和销售者应如何履行产品质量义务。

第九章 产品质量法律制度

【思维导图】

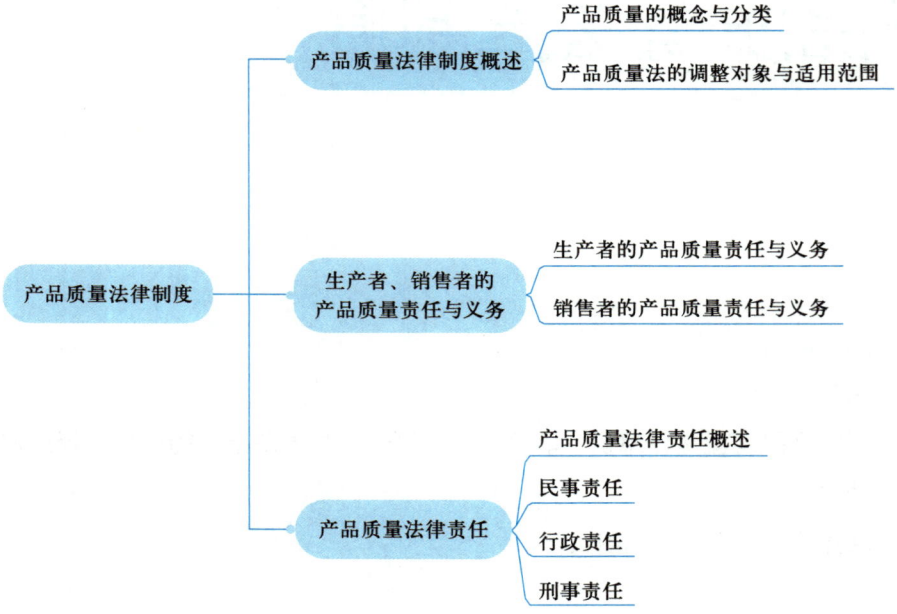

【先导案例】

案情介绍：

某天，周某从张某的烟花爆竹店购买了20个某烟花火炮厂生产的"六号鱼雷"。后周某在燃放"六号鱼雷"时，右手被炸伤，伤情鉴定为重伤，评定为八级伤残。事后，经对该烟花火炮厂生产的"六号鱼雷"的鉴定，发现其引线燃放时间不符合相关标准，质量综合判定为不合格。

想一想：

（1）该烟花火炮厂生产的"六号鱼雷"这一产品是否存在缺陷？为什么？

（2）周某可以向谁要求赔偿？请说明理由。

第一节 产品质量法律制度概述

一、产品质量的概念与分类

（一）产品质量的概念

产品质量，通常是指产品满足人类需要的适用性、安全性、可靠性、耐用性、可维修性、经济性等特征和特性的总和。

产品质量是由各种要素所组成的。这些要素亦被称为产品所具有的特征和特性，不同的产品其特征和特性各异。因此，产品所具有的特征和特性的总和，便构成了产品质量的内涵。

产品质量可以是法定的、约定的或者是隐含的，一般通过法律、合同、惯例等形式表现出来。

（二）产品质量的分类

产品质量可分为合格产品与不合格产品两大类。

1. 合格产品

合格产品必须符合以下要求：① 不存在危及人身、财产安全的不合理的危险，有保障人体健康和人身、财产安全的国家标准、行业标准的，应当符合该标准；② 具备产品应当具备的使用性能；③ 符合在产品或者其包装上注明采用的产品标准，符合以产品说明、实物样品等方式表明的质量状况。

2. 不合格产品

不合格产品，则是指除合格产品以外的产品。不合格产品主要表现为瑕疵产品和缺陷产品。

理论阅读：

　　党的二十大报告指出，建设现代化产业体系，要坚持把发展经济的着力点放在实体经济上，推进新型工业化，加快建设制造强国、质量强国、航天强国、交通强国、网络强国、数字中国。

　　产品质量是企业的生命线，产品安全关系到千家万户的利益。要解决

第九章　产品质量法律制度

文本：
产品质量监督管理制度

产品质量问题，实施质量强国之路，"工匠精神"也起着极为关键的作用。

《产品质量法》第1条规定，为了加强对产品质量的监督管理，提高产品质量水平，明确产品质量责任，保护消费者的合法权益，维护社会经济秩序，制定本法。

讨论分析：请同学们讨论分析"工匠精神"与质量强国的关系。

二、产品质量法的调整对象与适用范围

（一）调整对象

产品质量法调整的对象包括两方面：① 产品质量责任关系。这属于生产者、销售者与消费者之间进行商品交易所发生的经济关系。② 产品质量监督管理关系。这属于行政机关执行产品质量管理职能而发生的经济关系。

（二）适用范围

1. 主体适用范围

在我国境内从事产品生产、销售活动的企业、其他组织和个人（包括外国人）。另外，运输者、保管者、仓储者也有可能成为责任主体。

2. 产品适用范围

产品适用范围包括：① 以销售为目的，通过工业加工、手工制作等生产方式所获得的具有特定使用性能的产品；② 建设工程使用的建筑材料、建筑构配件和设备；③ 军工企业生产的民用产品。

下列产品（或物品）不适用《产品质量法》调整：① 未经加工的天然物品，如原矿、原煤、原油、水等；② 初级农产品，如农、林、牧、渔等产品；③ 虽经加工、制作，但不用于销售的产品；④ 建设工程；⑤ 军工产品；⑥ 人体的器官及其组织体等。

背景材料：某房地产公司接到市场监督管理部门的一个罚款通知单，称该房地产公司在施工中使用了质量不合格的建筑材料。面对罚款通知单，房地产公司想知道《产品质量法》适用于房地产行业吗？

要求：解答房地产公司的疑问，并告知其理由。

第二节 生产者、销售者的产品质量责任与义务

一、生产者的产品质量责任与义务

(一)生产者的产品质量责任

生产者应当对其生产的产品质量负责。产品质量应当符合合格产品的要求。

(二)生产者的产品标识义务

1. 一般产品的标识要求

生产者的产品或者其包装上的标识必须真实,并符合下列要求:① 有产品质量检验合格证明。② 有中文标明的产品名称、生产厂厂名和厂址。③ 根据产品的特点和使用要求,需要标明产品规格、等级、所含主要成分的名称和含量的,用中文相应予以标明;需要事先让消费者知晓的,应当在外包装上标明,或者预先向消费者提供有关资料。

> **法律咨询**
>
> 背景材料:王某在一家超市买狗粮,见一包装袋上印有狗的图案,便认为是狗粮,花了50元钱买回家,打开一看,与以前买的狗粮截然不同。包装上全是英文,王某借助英汉字典将说明书翻译了一下,才发现根本不是狗粮而是狗的垫料。王某将垫料拿回超市要求退货,理由是包装上没有一个中文字,使消费者不知情,发生误解。可商场服务员却说"进口商品当然不标中文字,不懂英语就别来买进口货"。
>
> 要求:请你告诉王某,服务员的说法是否有法律依据?并请说明理由。

2. 限期使用产品的标识要求

限期使用的产品,应当在显著位置清晰地标明生产日期和安全使用期或者失效日期。

3. 特殊产品的标识要求

特殊产品标识要求包括以下两种情形:① 使用不当,容易造成产品本身损坏或

者可能危及人身、财产安全的产品，应当有警示标志或者中文警示说明。② 易碎、易燃、易爆、有毒、有腐蚀性、有放射性等危险物品以及储运中不能倒置和其他有特殊要求的产品，其包装质量必须符合相应要求，依照国家有关规定作出警示标志或者中文警示说明，标明储运注意事项。

4. 裸装食品的标识要求

对于裸装的食品和其他根据产品的特点难以附加标识的裸装产品，可以不附加产品标识。

练一练

小明和爷爷及保姆到快餐店就餐。爷爷为小明买了热饮果汁一杯。保姆用手试过温度后从桌上的吸管盒里取了一根吸管放至杯中递给小明饮用，小明在饮用时因热饮烫口，导致饮料杯脱手，被烫伤。事发后，小明被送到医院救治，花费医疗费2 500元。另查，快餐店在吸管盒、热饮杯上均标有"小心热饮烫口，请勿用吸管"的字样。小明的妈妈将快餐店诉至法院，要求快餐店承担赔偿责任。

思考：快餐店是否应承担赔偿责任？为什么？

（三）生产者的禁止性义务

《产品质量法》对生产者产品质量责任有以下禁止性规定：

（1）不得生产国家明令淘汰的产品。

（2）不得伪造产地，不得伪造或者冒用他人的厂名、厂址。

（3）不得伪造或者冒用认证标志等质量标志。

（4）生产的产品不得掺杂、掺假，不得以假充真、以次充好，不得以不合格产品冒充合格产品。

二、销售者的产品质量责任与义务

销售者是产品流转过程中的重要主体，在保证产品质量方面具有重要地位。《产品质量法》对销售者的产品质量责任与义务作了重要规定。

（一）销售者的作为义务

销售者的作为义务包括：

（1）建立并认真执行进货检查验收制度。

（2）采取措施，保持销售产品的质量。

（3）销售者销售的产品的标识，应当符合《产品质量法》关于生产者的产品或者其包装上标识的各项规定。

（二）销售者的禁止性义务

销售者的禁止性义务包括：

（1）不得销售失效变质的产品。

（2）不得伪造产地，伪造或者冒用他人的厂名、厂址。

（3）不得冒用认证标志、名优标志等质量标志。

（4）不得掺杂、掺假，以假充真、以次充好，以不合格产品冒充合格产品。

第三节　产品质量法律责任

一、产品质量法律责任概述

（一）产品质量法律责任的概念

产品质量法律责任，是指产品的生产者、销售者以及对产品质量负有直接责任的主体违反《产品质量法》规定的产品质量义务应承担的法律后果。

（二）承担产品质量法律责任的依据

判定产品的生产者或者销售者是否承担产品质量责任的依据主要包括三个方面：① 是否违反了产品质量的默示担保义务。默示担保即国家有关法律、法规规定的产品质量要求，产品必须符合安全、卫生要求，具备应有的使用性能。② 是否违反了产品质量的明示担保义务。明示担保即生产者、销售者自身对产品质量作出的保证和承诺，可以用产品说明、标识、广告、样品或其他方式表示。③ 产品是否存在缺陷。产品缺陷是指产品存在危及人身、缺陷产品以外的其他财产（以下简称他人财产）安全的不合理危险；如果产品有保障人体健康和人身财产安全的国家标准、行业标准的，是指不符合该标准。产品缺陷包括设计上的缺陷、制造上的缺陷、指示上的缺陷三类。

违反默示和明示担保义务，无论是否造成了损害后果，都应承担相应法律责任。而对于产品缺陷，只有造成了损害后果才承担责任。

质量强国与品质人生!

产品质量的高低关系着一个国家的形象和声誉，国家之间的竞争也包括产品质量的竞争。提升中国制造在世界范围内的形象，实现中国制造到中国"质"造的转变，实现中华民族的伟大复兴，需要全面推行质量管理，树立产品质量责任意识。

警示：我们大学生要用严谨求实与一丝不苟的大国工匠精神对待自己的专业学习、技能提升以及未来的职业规划，做一个有质量意识的人，有责任有担当的人，实现自己的品质人生。

二、民事责任

民事责任，分为因产品瑕疵而发生的合同责任和因产品缺陷而发生的产品责任。其责任形式主要表现为损害赔偿。

（一）合同责任

合同责任也称产品瑕疵担保责任或产品瑕疵责任，当销售者售出的产品有下列情形之一的，销售者应当负责修理、更换、退货；给购买产品的消费者造成损失的，销售者应当赔偿损失：① 不具备产品应当具备的使用性能而事先未作说明的；② 不符合在产品或者其包装上注明采用的产品标准的；③ 不符合以产品说明、实物样品等方式表明的质量状况的。

销售者负责修理、更换、退货、赔偿损失后，属于生产者的责任或者属于向销售者提供产品的其他销售者（以下简称供货者）的责任的，销售者有权向生产者、供货者追偿。

(二)产品责任

产品责任也称缺陷产品质量责任或侵权责任,指产品存在缺陷并导致产品买受人或者其他受害人的人身、财产遭受损害时应承担的责任,这种责任仅指民事赔偿责任。

文本:
产品瑕疵与产品缺陷

1. 生产者的严格责任

生产者的产品责任采用严格责任原则,也称无过错责任原则,也就是说无论产品缺陷是否因为生产者的过错而产生,均应对该产品的缺陷所造成的人身和他人财产损失承担赔偿责任。产品责任虽然是无过错责任,但并不意味着绝对责任,生产者能够证明有以下情形之一的,不承担赔偿责任:① 未将产品投入流通的;② 产品投入流通时,引起损害的缺陷尚不存在的;③ 将产品投入流通时的科学技术水平尚不能发现缺陷的存在的。

2. 销售者的过错责任

由于销售者的过错使产品存在缺陷,造成人身、他人财产损害的,销售者应当承担赔偿责任。销售者不能指明缺陷产品的生产者也不能指明缺陷产品的供货者的,销售者应当承担赔偿责任。

销售者负责赔偿损失后,属于生产者的责任或者属于向销售者提供产品的其他销售者的责任的,销售者有权向生产者、其他销售者追偿。

3. 产品责任的承担主体

因产品存在缺陷造成人身、他人财产损害的,受害人可以向产品的生产者要求赔偿,也可以向产品的销售者要求赔偿。属于产品的生产者的责任,产品的销售者赔偿后,有权向产品的生产者追偿;属于产品的销售者的责任,产品的生产者赔偿后,有权向产品的销售者追偿。

4. 产品责任的赔偿范围

(1) 人身伤害的赔偿范围。分为3种情况:① 产品存在缺陷造成受害人人身伤害的,侵害人应当赔偿医疗费、治疗期间的护理费、因误工减少的收入等费用;② 造成残疾的,还应当支付残疾者生活辅助具费、生活补助费、残疾赔偿金以及由其扶养的人所必需的生活费等;③ 造成受害人死亡的,应当支付丧葬费、死亡赔偿金以及由死者生前扶养的人所必需的生活费等。

(2) 财产损害的赔偿范围。对于因产品存在缺陷造成受害人财产损失的,侵害人应当恢复原状或者折价赔偿;受害人因此遭受其他重大损失的,侵害人应当赔偿损失。

缺陷产品的惩罚性赔偿

根据《民法典》第1207条的规定，明知产品存在缺陷仍然生产、销售，或者没有依据前条规定采取有效补救措施，造成他人死亡或者健康严重损害的，被侵权人有权请求相应的惩罚性赔偿。

惩罚性赔偿也称惩戒性赔偿，是加害人给付受害人超过其实际损害数额的一种金钱赔偿，是一种集补偿、惩罚、遏制等功能于一身的赔偿制度。

5. 诉讼时效

《民法典》规定，因产品存在缺陷造成损害要求赔偿的诉讼时效期间为3年，自当事人知道或应当知道其权益受到损害之日起计算。因产品存在缺陷造成损害要求赔偿的请求权，在造成损害的缺陷产品交付最初消费者满10年丧失，但是，尚未超过明示的安全使用期的除外。

合同责任和产品责任在诸多方面存在差异，具体如表9-1所示。

表9-1 合同责任与产品责任的比较

比较项	合同责任	产品责任
判断标准	产品存在瑕疵，即产品存在除危险之外的其他质量问题	产品存在缺陷，指产品存在危及人身、他人财产安全的不合理的危险，如果产品有保障人体健康和人身、财产安全的国家标准、行业标准的，是指不符合该标准
损害程度	产品在使用性能上存在瑕疵，但不会危及人身、他人财产安全	产品造成了人身、他人财产的损害
能否流通	消费者可自行决定是否接受	禁止流通
责任性质	违约责任	侵权责任
权利主体	产品买受人	产品买受人、其他受害人
责任主体	销售者	生产者、销售者

续表

比较项	合同责任	产品责任
责任形式	修理、更换、退货，给产品买受人造成损失的，应当赔偿损失	造成人身损害的应当承担损害赔偿责任（包括精神损害赔偿）；造成财产损害的应当恢复原状或者折价赔偿；若受害人因此遭受其他重大损失的，还应当赔偿损失
免责事由	销售者对其销售的产品存在的瑕疵事先向买受者作出说明的	生产者能够证明下列情形之一的：① 未将产品投入流通的；② 产品投入流通时，引起损害的缺陷尚不存在的；③ 将产品投入流通时的科学技术尚不能发现缺陷存在的

练一练

于某在某年6月从某商场买回一个高压锅，开始时高压锅能正常使用，未有异常。次年9月6日，于某做饭时，高压锅发生爆炸，锅盖飞起，煤气灶被损坏，天花板被冲裂，玻璃震碎。事故发生后，于某找到商场，商场说产品本身存在缺陷与商家无关，应找厂家。于某找到高压锅的生产厂家要求赔偿。生产厂家提出，于某买锅的时间已经过去一年多了，早已过了规定的保修期，因此对发生的损害不负责任。

思考：（1）商家的说法是否有法律依据？请说明理由。（2）厂家的说法是否有法律依据？并说明理由。

三、行政责任

生产者、销售者有违反《产品质量法》的一般违法行为，由有关行政管理部门，视情节轻重分别给予责令更正、责令停止生产、没收违法所得、没收违法产品、罚款、吊销营业执照等行政处罚。行政处罚视情节，既可单处，也可并处。

四、刑事责任

根据《产品质量法》和《刑法》中关于生产、销售伪劣商品犯罪的规定，如果生产者、销售者的行为触犯刑律的，应当承担刑事责任。

行为人违反《产品质量法》的规定，应当承担民事赔偿责任和缴纳罚款、罚金，当其财产不足以同时支付时，应先承担民事赔偿责任。

职场应用与指导

职场应用场景：

王余年从网上给奶奶买了一部按摩仪。这部按摩仪起初经常自动断电，不能正常工作。后来甚至出现了漏电情况，而且导致王余年奶奶身体的皮肤有明显灼伤。王余年非常气愤，打算要为奶奶讨个说法。那么，根据《产品质量法》的规定，该按摩仪出现的质量问题属于产品瑕疵还是产品缺陷？卖家和生产者需要承担什么责任？以上问题王余年均不清楚。

文本：
第九章职场应用指导建议

要求：

请结合《产品质量法》，为王余年解答疑惑，并提供解决建议。

指导建议请扫描二维码阅读参考。

通关自测

测验：
第九章交互式测验及参考答案

法务实训

案例1

案情简介：

某养殖人用明知是含有某种有害物质的饲料喂鸡，导致鸡体内残留该有害物质，养殖人将活鸡出售后，致使食用这种鸡的人健康受到损害。

问题：

（1）养殖人是否应承担因自己的过错造成他人损害的责任？

（2）受害人能否依据《产品质量法》追究养殖人的产品责任？

（3）受害人应如何追究养殖人的法律责任？

案例2

案情简介：

陈某在某商场买到一台冰箱，冰箱附有产品合格证。陈某买回冰箱后发现冰箱噪声太大，就去找商场交涉，商场说冰箱一开始使用时有些噪声是正常的，过一段时间就会好。一个月后，冰箱的制冷器又出了问题，到后来完全丧失了冷冻食品的功能，成了一个食品储藏柜。陈某再去找商场，商场说冰箱的质量问题是厂家的原因，此事只有生产厂家才能解决，商场不负责任，让陈某去找生产厂家。陈某认为商品是从该商场买的，质量不合格商场应负责，至于找厂家，那应该是商场的事。陈某找商场遭到拒绝后，立即向人民法院起诉，要求商场对冰箱进行维修，如修理不好，应负责退货。

问题：

（1）该商场对售出的有瑕疵的产品是否应承担责任？

（2）如果你是商场的负责人，陈某找到你，你会如何处理？

（3）如果你是陈某，买到有瑕疵的产品，该如何维护自己的权益？能否直接找厂家承担责任？

第十章
消费者权益保护法律制度

【学习目标】

★ **素养目标**
- 树立正确、合法、理性的消费观念。
- 提升作为消费者的自我保护意识，拥有保护自己的合法权益、同一切侵害消费者权益的行为作斗争的勇气和责任。
- 打假维权也须依法进行，不能突破法律底线。

★ **知识目标**
- 了解消费者的概念。
- 掌握消费者权利和经营者义务的具体内容。
- 理解侵害消费者权益的法律责任。

★ **能力目标**
- 熟知消费者权利和经营者义务。
- 能够正确选择消费者权益争议的解决途径和界定法律责任的承担。
- 能够依法处理社会生活中出现的消费者权益保护的实际问题。

第十章 消费者权益保护法律制度

【思维导图】

消费者权益保护法律制度
- 消费者权益保护法律制度概述
  - 消费者的概念与特征
  - 适用范围与基本原则
- 消费者的权利
  - 安全保障权
  - 知悉真情权
  - 自主选择权
  - 公平交易权
  - 获得赔偿权
  - 依法结社权
  - 获得相关知识权
  - 受尊重权
  - 监督批评权
- 经营者的义务
  - 履行法定义务及约定义务
  - 听取意见和接受监督义务
  - 保障人身和财产安全义务
  - 缺陷产品召回义务
  - 提供真实、全面信息义务
  - 标明真实名称和标记义务
  - "网络购物"的无理由退货义务
  - 出具发票等购货凭证、服务单据义务
  - 保证商品或服务质量义务
  - 履行"三包"义务
  - 正确使用格式条款义务
  - 尊重消费者人格尊严义务
  - 必要信息提供义务
  - 保护消费者个人信息安全义务
- 消费者权益争议的解决和法律责任
  - 消费者权益争议的解决
  - 法律责任

【先导案例】

案情介绍：

某日，李女士去某大型自选商场购物，上午10时，当李女士欲从珠宝专柜离开时，服务员张某挡住了她的去路。张说："看你贼眉鼠眼的，我怀疑你拿了本店的首饰，能否让我看看？"当即遭到李女士的断然拒绝。张某遂叫保安人员将李女士强行拉到保卫室，由商场的女性工作人员对李女士的大衣口袋及裤兜进行了检查，并没有发现首饰，半小时后才放走了李女士。李女士很气愤，遂向人民法院提起诉讼，称该自选商场侵犯其名誉权与人身自由，要求其公开赔礼道歉，并赔偿精神损失。

想一想：

（1）该自选商场是否侵害了消费者李女士的合法权益？

（2）如果构成侵权，该自选商场应承担哪些民事责任？

第一节　消费者权益保护法律制度概述

一、消费者的概念与特征

（一）消费者的概念

国际标准化组织（ISO）认为，消费者是以个人消费为目的而购买使用商品和服务的个体社会成员。

我国《消费者权益保护法》第2条规定："消费者为生活消费需要购买、使用商品或者接受服务，其权益受本法保护；本法未作规定的，受其他有关法律、法规保护。"由此可见，《消费者权益保护法》中的消费者，是指为了生活消费需要购买、使用商品或接受服务的个人。

（二）消费者的特征

（1）消费者的消费性质属于生活消费，以满足个人生活消费为直接目的。生活消费是指在人们生存和发展过程中的生活资料的消耗，它与人们的日常生活密切相关。另外，《消费者权益保护法》也把一部分生产消费纳入调整范围，即农民购买、使用直接用于农业生产的生产资料参照该法执行。

（2）消费者的消费客体包括商品和服务。但法律禁止购买、使用的商品和禁止接受的服务，不属于《消费者权益保护法》规定的商品和服务。

（3）消费者必须有购买、使用商品或者接受服务的行为。消费者不完全限于直接的交易人，也包括最终的消费者或使用者。如商品的购买者可以同时是该商品的使用者，也可以由购买者购买商品，然后供他人使用。服务也是如此。

（4）消费者的主体范围是自然人。生活消费主要是自然人（含家庭）的消费，而且对自然人的生活消费是保护的重点。

二、适用范围与基本原则

（一）适用范围

我国《消费者权益保护法》，对于中华人民共和国主权所及的全部领域都是适用的。该法从主体及其行为角度规定了其适用范围，即：① 消费者为生活消费需要购买、使用商品或接受服务，其权益受该法保护。② 经营者为消费者提供满足其生活需要的商品或提供服务，也应当遵守该法。③ 农民购买、使用直接用于农业生产的生产资料，亦应参照该法执行。

> **法律咨询**
>
> **背景材料**：某年，某村10余家农户从甲供销公司购得乙农药厂生产的"立杀净"杀虫药，并按说明喷洒于农作物上，但虫害却有增无减，以致错过灭虫时机，当年农作物歉收，损失4万余元。经查，该杀虫药系乙农药厂未按标准生产的劣质农药。
>
> **要求**：请你告诉这些农户本案是否适用《消费者权益保护法》？并请说明理由。

（二）基本原则

1. 自愿、平等、公平、诚实信用原则

自愿，是指经营者与消费者的交易必须建立在双方真实意愿的基础上，一方不得强迫另一方进行交易，也不允许第三者非法干预；平等，是指经营者与消费者在交易活动中的法律地位平等，不因财产多少、地位高低而有所差别；公平，是指经营者与消费者的权利义务应大致相当，不得显失公平；诚实信用，是指在市场交易过程中，经营者与消费者应当以诚相待、信守诺言，不得弄虚作假、恶意欺诈。

2. 国家保护消费者的合法权益不受侵害的原则

这一原则是《消费者权益保护法》立法宗旨的体现。国家采取措施，保障消费者依法行使权利，维护消费者的合法权益。国家倡导文明、健康、节约资源和保护环境的消费方式，反对浪费。

3. 国家保护与社会监督相结合的原则

保护消费者权益不仅是国家机关的责任，而且是企事业单位、社会团体以及消费者自身的责任。国家鼓励、支持一切组织和个人对损害消费者合法权益的行为进行社会监督。大众传播媒介应当做好维护消费者合法权益的宣传，对损害消费者合法权益的行为进行舆论监督。

第二节　消费者的权利

我国《消费者权益保护法》借鉴了国内外相关立法的经验，结合我国的实际情况，规定了消费者享有的九项权利。

一、安全保障权

消费者在购买、使用商品和接受服务时享有人身、财产安全不受损害的权利。安全是人们的一种最基本的心理需要，国家和社会有义务为人们提供一个安全的生活环境。获得安全保障权是人们的一项最基本的权利。

二、知悉真情权

知悉真情权，也称知情权。消费者享有知悉其购买、使用的商品或接受的服务的真实情况的权利。根据这一权利，消费者有权要求经营者提供商品的价格、产地、生产者、用途、性能、规格、等级、主要成分、生产日期、有效期限、检验合格证明、使用方法说明书、售后服务，或者服务的内容、规格、费用等有关情况。

禁止"刷单炒信"和"大数据杀熟"!

(1) 禁止"刷单炒信"。某些经营者实施的"批量点赞""虚假种草""虚构测评""好评返现""删除差评"等行为,侵犯了消费者的知情权,损害了公平竞争和公平交易。《消费者权益保护法实施条例》(自2024年7月1日起施行)第9条规定,经营者不得采用虚构商品或者服务交易信息、经营数据,篡改、编造、隐匿用户评价等方式,进行虚假或者引人误解的宣传,欺骗、误导消费者。

(2) 禁止"大数据杀熟"。"童叟无欺、真不二价"是中国传统的商业道德,也是现代市场的交易底线。如果经营者根据消费者的使用习惯、兴趣爱好、支付能力、议价条件等进行歧视性定价,就会损害消费公平。《消费者权益保护法实施条例》第9条同时规定,经营者不得在消费者不知情的情况下,对同一商品或者服务在同等交易条件下设置不同的价格或者收费标准。这也是我们国家在行政法规中首次对差异化定价进行规范。

三、自主选择权

消费者享有自主选择商品或者服务的权利。该权利包括以下几个方面:① 自主选择提供商品或者服务的经营者;② 自主选择商品品种或者服务方式;③ 自主决定购买或者不购买任何一种商品、接受或者不接受任何一项服务;④ 对商品或者服务进行比较、鉴别和挑选。经营者不得以任何方式干涉消费者行使自主选择权。

四、公平交易权

消费者在购买商品或者接受服务时,有权获得质量保障、价格合理、计量正确等公平交易条件,有权拒绝经营者的强制交易行为。这与消费者权益保护法基本原则的要求也是一致的。

五、获得赔偿权

获得赔偿权，也称消费者的求偿权。消费者因购买、使用商品或者接受服务受到人身、财产损害的，享有依法获得赔偿的权利。依法求偿权是弥补消费者所受损害必不可少的救济性权利。该权利包括两个方面：（1）享有求偿权的主体：① 商品的购买者、使用者；② 服务的接受者；③ 第三人，指消费者之外的因某种原因在事故发生现场而受到损害的人。（2）求偿的内容：① 人身损害的赔偿，无论是生命健康还是精神方面的损害均可以要求赔偿；② 财产损害的赔偿。

六、依法结社权

依法结社权，也称成立维权组织权。消费者享有依法成立维护自身合法权益的社会组织的权利。消费者通过结社可形成自己有组织的力量，改变自己的弱者地位与不法经营者相抗衡，形成完备的对消费者的保护机制。

七、获得相关知识权

消费者享有获得有关消费知识和消费者权益保护方面的知识的权利。消费者应当努力掌握所需商品和服务的知识和使用技能，正确使用商品，提高自我保护意识。

八、受尊重权

消费者在购买、使用商品和接受服务时，享有人格尊严、民族风俗习惯得到尊重的权利，享有个人信息依法得到保护的权利。

九、监督批评权

消费者享有对商品和服务以及保护消费者权益工作进行监督的权利。消费者有权检举、控告侵害消费者权益的行为和国家机关及其工作人员在保护消费者权益工作中的违法失职行为，有权对保护消费者权益工作提出批评、建议。

诚信——领先者的通行证

2023年，河南省许昌市胖东来商贸集团有限公司《以诚信为消费者带来更多美好》的案例入选全国"诚信兴商"20个典型案例，并位居榜首。该公司是河南省唯一入选的百货零售企业。

该公司有七大诚信之道：一是尊重、关爱、成就员工；二是优选供货商和服务商；三是营造人性化经营服务环境；四是不折不扣履行承诺，主动接受公众监督；五是从顾客角度考虑问题；六是尊重商户；七是主动承担社会责任。

警示：在商业世界里，在众多商业原则中，诚信的地位尤为突出。诚信，不仅是一种道德规范，更是企业长期稳定发展的基石。

第三节　经营者的义务

为了有效地保护消费者的权益，约束经营者的经营行为，《消费者权益保护法》不仅规定了消费者的权利，还规定了经营者的14项义务。

一、履行法定义务及约定义务

经营者向消费者提供商品或者服务，应当依照《消费者权益保护法》和其他有关法律、法规的规定履行义务。经营者和消费者有约定的，应当按照约定履行义务，但双方的约定不得违背法律、法规的规定。经营者向消费者提供商品或者服务，应当恪守社会公德，诚信经营，保障消费者的合法权益，不得设定不公平、不合理的交易条件，不得强制交易。

二、听取意见和接受监督义务

经营者应当听取消费者对其提供的商品或者服务的意见，接受消费者的监督。

经营者听取消费者意见，可以通过与消费者面对面的交流，书面征询消费者对商品及服务的意见与建议，从新闻媒介了解消费者对商品和服务的看法与反映等方式来进行。经营者接受消费者的监督，可以通过设立意见箱、意见簿以及投诉电话，及时处理消费者的投诉等方式进行。

三、保障人身和财产安全义务

经营者应当保证其提供的商品或者服务符合保障人身、财产安全的要求。对可能危及人身、财产安全的商品和服务，应当向消费者作出真实的说明和明确的警示，并说明和标明正确使用商品或者接受服务的方法以及防止危害发生的方法。

宾馆、商场、餐馆、银行、机场、车站、港口、影剧院等经营场所的经营者，应当对消费者尽到安全保障义务。经营者应当保证其经营场所及设施符合保障人身、财产安全的要求，采取必要的安全防护措施，并设置相应的警示标识。消费者在经营场所遇到危险或者受到侵害时，经营者应当给予及时、必要的救助。

四、缺陷产品召回义务

经营者发现其提供的商品或者服务存在缺陷，有危及人身、财产安全危险的，应当立即向有关行政部门报告和告知消费者，并采取停止销售、警示、召回、无害化处理、销毁、停止生产或者服务等措施。采取召回措施的，经营者应当承担消费者因商品被召回支出的必要费用。

练一练

范先生花24万元购买了一辆某品牌轿车，没几天轿车就出现了质量问题。当该车行驶到5 000公里时，出现了轻微摆尾现象，行驶到10 000公里后，只要车速超过每小时40公里，就出现严重的上下摆动。而专卖店认为，该问题是这款轿车的通病，请范先生回去等待厂家召回。范先生等了

> 3个月，也没有等到厂家的召回通知。无奈之下，范先生直接联系了厂家要求处理此事。
> 思考：（1）什么是召回？（2）该轿车的生产厂家是否应该召回此款轿车？为什么？

五、提供真实、全面信息义务

经营者向消费者提供有关商品或者服务的质量、性能、用途、有效期限等信息，应当真实、全面，不得作虚假或者引人误解的宣传。经营者对消费者就其提供的商品或者服务的质量和使用方法等问题提出的询问，应当作出真实、明确的答复。

经营者提供商品或者服务应当明码标价。经营者采用自动展期、自动续费等方式提供服务的，应当在消费者接受服务前和自动展期、自动续费等日期前，分两次以显著方式提请消费者注意。同时还应当为消费者提供显著、简便的随时取消或者变更的选项。

六、标明真实名称和标记义务

经营者应当标明其真实名称和标记。租赁他人柜台或者场地的经营者，应当标明其真实名称和标记。标明经营者的名称和标记，其主要功能在于区别商品和服务的来源。因此，经营者必须如实标明自己的名称和标记，而不得假冒其他经营者的名称和标记，以便消费者能对其准确识别，并作出正确选择。

经营者通过网络、电视、电话、邮购等方式提供商品或者服务的，应当在其首页、视频画面、语音、商品目录等处以显著方式标明或者说明其真实名称和标记。

七、网络购物的无理由退货

经营者采用网络、电视、电话、邮购等方式销售商品，消费者有权自收到商品之日起7日内退货，且无需说明理由，但下列商品除外：① 消费者定作的；② 鲜活易腐的；③ 在线下载或者消费者拆封的音像制品、计算机软件等数字化商品；④ 交付的报纸、期刊。除前述所列商品外，其他根据商品性质并经消费者在购买时确认不宜退货的商品，不适用无理由退货。消费者退货的商品应当完好。经营者应当自收到退回商品之日起7日内返还消费者支付的商品价款。退回商品的运费由消费者承担；经营者和消费者另有约定的，按照约定。

八、出具发票等购货凭证或者服务单据义务

经营者提供商品或者服务，应当按照国家有关规定或者商业惯例向消费者出具发票等购货凭证或者服务单据；消费者索要发票等购货凭证或者服务单据的，经营者必须出具。

九、保证商品或服务质量义务

经营者应当保证在正常使用商品或者接受服务的情况下其提供的商品或者服务应当具有的质量、性能、用途和有效期限，但消费者在购买该商品或者接受该服务前已经知道其存在瑕疵，且存在该瑕疵不违反法律强制性规定的除外。经营者以广告、产品说明、实物样品或者其他方式表明商品或者服务的质量状况的，应当保证其提供的商品或者服务的实际质量与表明的质量状况相符。

知识链接

商家是否需要对赠品的质量负责？

依照《消费者权益保护法》的相关规定，获取货真价实的商品是消费者不可侵犯的权利。即使是赠品，也应当是质量合格的产品。商家用于促销的赠品大多也计入销售成本中。因此，赠品实际上也是商家用于销售的产品，如果有质量问题，消费者同样可以要求退换或赔偿。

我国《零售商促销行为管理办法》第12条规定，零售商开展促销活动，不得降低促销商品（包括有奖销售的商品、赠品）的质量和售后服务水平，不得将质量不合格的物品作为奖品、赠品。

经营者提供的机动车、计算机、电视机、电冰箱、空调器、洗衣机等耐用商品或者装饰装修等服务，消费者自接受商品或者服务之日起6个月内发现瑕疵，发生争议

的，由经营者承担有关瑕疵的举证责任。

十、履行"三包"义务

（1）有国家规定、当事人约定的情形。经营者提供的商品或者服务不符合质量要求的，消费者可以依照国家规定、当事人约定退货，或者要求经营者履行更换、修理等义务。（2）没有国家规定和当事人约定的情形。没有国家规定和当事人约定的，消费者可以自收到商品之日起7日内退货；7日后符合法定解除合同条件的，消费者可以及时退货，不符合法定解除合同条件的，可以要求经营者履行更换、修理等义务。（3）费用承担。依照规定进行退货、更换、修理的，经营者应当承担运输等必要费用。

练一练

> 某年4月3日，林先生从某商场买了一台52寸的某品牌液晶彩电。可没过多久，新买的彩电屏幕就经常出现故障，不能正常使用。林先生三番五次地送去修理，问题却始终解决不了。林先生要求退货，可商场工作人员说同一故障三次修不好才能退货。林先生说已经修了不止三次了，但商场工作人员说记录单只有两次。6月，林先生家的彩电又出现了老问题，换了新屏后还出现了松动和边框缝过大的问题。林先生要求商场按购机价款全额退款。
>
> 思考：该商场是否应该满足林先生的退货请求？为什么？

十一、正确使用格式条款义务

（1）提请消费者注意重要内容。经营者在经营活动中使用格式条款的，应当以显著方式提请消费者注意商品或者服务的数量和质量、价款或者费用、履行期限和方式、安全注意事项和风险警示、售后服务、民事责任等与消费者有重大利害关系的内容，并按照消费者的要求予以说明。（2）无效的格式条款。经营者不得以格式条款、通知、声明、店堂告示等方式，作出对消费者不公平、不合理的排除或者限制消费者权利、减轻或者免除经营者责任、加重消费者责任等规定，不得利用格式条款并借助技术手段强制交易。格式条款、通知、声明、店堂告示等含有前述所列内容的，其内容无效。

> 背景材料：某饭店在经营场所的告示牌上有如下标示用语："温馨提示：本店谢绝自带酒水、饮料、食品。敬请配合，谢谢您的理解！"。消费者甲不知道他是否必须遵守该告示牌上的这一规定。
>
> 要求：请你告诉消费者甲该饭店的行为有无法律效力。并说明理由。

十二、尊重消费者人格尊严义务

经营者不得对消费者进行侮辱、诽谤，不得搜查消费者的身体及其携带的物品，不得侵犯消费者的人身自由。该义务又被称为不得侵犯消费者人格尊严和人身自由的义务。

十三、必要信息提供义务

采用网络、电视、电话、邮购等方式提供商品或者服务的经营者，以及提供证券、保险、银行等金融服务的经营者，应当向消费者提供经营地址、联系方式、商品或者服务的数量和质量、价款或者费用、履行期限和方式、安全注意事项和风险警示、售后服务、民事责任等信息。该义务又被称为特定领域经营者的信息披露义务。

十四、保护消费者个人信息安全义务

经营者收集、使用消费者个人信息，应当遵循合法、正当、必要的原则，明示收集、使用信息的目的、方式和范围，并经消费者同意。经营者收集、使用消费者个人信息，应当公开其收集、使用规则，不得违反法律、法规的规定和双方的约定收集、使用信息。

经营者及其工作人员对收集的消费者个人信息必须严格保密，不得泄露、出售或者非法向他人提供。经营者应当采取技术措施和其他必要措施,确保信息安全,防止消费者个人信息泄露、丢失。在发生或者可能发生信息泄露、丢失的情况时,应当立即采取补救措施。

经营者未经消费者同意或者请求,或者消费者明确表示拒绝的,不得向其发送商业性信息。

对"直播带货"的专门性规定

从事直播带货,必须说清楚是"谁在带货""带谁的货",这也是营销的前提和底线。《消费者权益保护法实施条例》第14条对"直播带货"作出了专门性规定,经营者通过网络直播等方式提供商品或者服务的,应当依法履行消费者权益保护相关义务。直播营销平台经营者应当建立健全消费者权益保护制度,明确消费争议解决机制。发生消费争议的,直播营销平台经营者应当根据消费者的要求提供直播间运营者、直播营销人员相关信息以及相关经营活动记录等必要信息。直播间运营者、直播营销人员发布的直播内容构成商业广告的,应当依照《中华人民共和国广告法》的有关规定履行广告发布者、广告经营者或者广告代言人的义务。

第四节 消费者权益争议的解决和法律责任

一、消费者权益争议的解决

(一)消费者权益争议的概念

消费者权益争议,又称消费争议或消费纠纷,指消费者在购买、使用商品或接受服务过程中,因经营者不依法履行或者不适当履行义务,使消费者合法权益受到损害而引起的争议。

(二)消费者权益争议的解决途径

1. 与经营者协商和解

在发生消费争议后,消费者与经营者可以通过协商的方式解决。这种方式直接、简便，能够及时解决纠纷，但不具有强制性。当事人在协商过程中，应当尊重事实，依据法律提出处理意见，任何一方都不应提出不合理的要求。

2. 请求消费者协会或者依法成立的其他调解组织调解

消费者与经营者在发生消费争议后或者经双方协商仍不能解决争议时，可以请求消费者协会（消费者权益保护委员会，简称消保委）或者依法成立的其他调解组织调解解决。

3. 向有关行政部门投诉

这里的行政部门主要包括各级人民政府的市场监管、卫生健康等行政管理机关。在发生消费争议后，当事人可向有关行政部门投诉，由有关行政部门对双方的纠纷进行处理。有关部门自收到投诉之日起7个工作日内，予以处理并告知消费者。

4. 根据与经营者达成的仲裁协议提请仲裁机构仲裁

消费者与经营者事先订有仲裁协议或发生争议后达成仲裁协议的，可向双方约定的仲裁机构申请仲裁。当事人达成仲裁协议的，不得向人民法院起诉。

5. 向人民法院提起诉讼

当事人之间没有达成仲裁协议或仲裁协议无效的消费争议，无论是否经过协商、投诉，当事人均可直接向人民法院提起民事诉讼。

文本：
消费者的求偿对象

二、法律责任

（一）民事责任

1. 人身伤害的赔偿

（1）赔偿范围。① 一般伤害的赔偿。经营者提供商品或者服务，造成消费者或者其他受害人人身伤害的，应当赔偿医疗费、护理费、交通费等为治疗和康复支出的合理费用，以及因误工减少的收入。② 造成残疾的赔偿。经营者除了赔偿一般伤害的费用外，还应当赔偿残疾生活辅助具费和残疾赔偿金。③ 导致死亡的赔偿。造成死亡的，还应当赔偿丧葬费和死亡赔偿金。

（2）精神损害赔偿。经营者有侮辱诽谤、搜查身体、侵犯人身自由等侵害消费者或者其他受害人人身权益的行为，造成严重精神损害的，受害人可以要求精神损害赔偿。

（3）惩罚性赔偿。经营者明知商品或者服务存在缺陷，仍然向消费者提供，造成消费者或者其他受害人死亡或者健康严重损害的，受害人有权要求经营者赔偿损失，并有权要求所受损失2倍以下的惩罚性赔偿。

2. 财产损害的赔偿

（1）一般情形。经营者提供商品或者服务，造成消费者财产损害的，应当依照法律规定或者当事人约定承担修理、重作、更换、补足商品数量、退还货款和服务费用或者赔偿损失等民事责任。

（2）以预收款方式提供商品或者服务的责任。① 经营者以预收款方式提供商品或者服务的，应当按照约定提供；② 未按照约定提供的，应当按照消费者的要求履行约定或者退回预付款；③ 经营者应当承担预付款的利息、消费者必须支付的合理费用。

3. 欺诈行为的赔偿

这里的欺诈行为，是指经营者故意在提供的商品或服务中，以虚假陈述或者其他不正当手段欺骗、误导消费者，致使消费者权益受到损害的行为。

关于经营者欺诈行为的认定与赔偿如表10-1所示。

表10-1 欺诈行为的认定与赔偿

经营者欺诈行为的构成要件	① 经营者具有欺诈的故意
	② 经营者实施了欺诈行为。比如，假冒他人产品、以次充好、短斤少两、虚假宣传、偷工减料等
	③ 经营者的行为误导了消费者，且消费者因被误导而进行了意思表示
3倍赔偿500保底	① 经营者提供商品或者服务有欺诈行为的，应当按照消费者的要求增加赔偿其受到的损失，增加赔偿的金额为消费者购买商品的价款或者接受服务的费用的3倍
	② 增加赔偿的金额不足500元的，为500元
	③ 法律另有规定的，依照其规定

《消费者权益保护法实施条例》第49条明确规定，通过夹带、调包、造假、篡改商品生产日期、捏造事实等方式骗取经营者的赔偿或者对经营者进行敲诈勒索的，不适用消费者权益保护法第55条第1款的规定，依照《治安管理处罚法》等有关法律、法规处理；构成犯罪的，依法追究刑事责任。

知识链接

消费者买到不符合食品安全标准的食品应如何索赔?

我国《食品安全法》第148条第2款规定,生产不符合食品安全标准的食品或者经营明知是不符合食品安全标准的食品,消费者除要求赔偿损失外,还可以向生产者或者经营者要求支付价款10倍或者损失3倍的赔偿金;增加赔偿的金额不足1 000元的,为1 000元。

食品的10倍赔偿请求权的要点包括以下3个方面:① 购买的商品是食品;② 食品不符合食品安全标准(如果只是忘了标注生产日期,而食品是符合安全标准的,是不能请求10倍赔偿的);③ 10倍赔偿不满1 000元的,按1 000元计算。

理论解读:

《市场监督管理投诉举报处理暂行办法》第15条明确规定:"不是为生活消费需要购买、使用商品或者接受服务,或者不能证明与被投诉人之间存在消费者权益争议的"而发起的投诉,市场监督管理部门不予受理。这意味着,以"打假"等名义实施恶意投诉的"职业索赔"行为将受到规制。

讨论分析:请同学们谈谈对于职业打假人恶意投诉不予受理的看法,并思考"保护消费者合法权益、维护公平公正的市场秩序"与中国共产党"坚持以人民为中心的发展思想"的关系。

(二)行政责任

经营者违反《消费者权益保护法》的规定,侵害消费者合法权益的,除承担相应的民事责任外,其他有关法律、法规对处罚机关和处罚方式有规定的,依照法律、法规的规定执行;法律、法规未作规定的,由市场监督管理部门或者其他有关行政部门责令改正,可以根据情节单处或并处警告、没收违法所得、处以违法所得1倍以上10倍以下的罚款,没有违法所得的,处以50万元以下的罚款;情节严重的,责令停业整顿、吊销营业执照。

经营者有违反《消费者权益保护法》规定情形的,除依照法律、法规规定予以处罚外,处罚机关应当记入信用档案,向社会公布。

（三）刑事责任

违反《消费者权益保护法》，构成犯罪的行为需依法追究刑事责任。包括：① 经营者提供商品或服务，造成消费者或其他人人身伤害或死亡的；② 以暴力、威胁等方法阻碍或拒绝有关行政部门工作人员依法执行职务的；③ 国家机关工作人员玩忽职守或者包庇经营者侵害消费者合法权益的。

职场应用与指导

职场应用场景：

前不久，王余年在某购物平台的一家网店里购买了一台迷你小冰箱。可仅仅使用两个月后，小冰箱的内壁便出现了裂痕。王余年就把这一问题反映给了卖家，但卖家认为小冰箱内壁的裂痕是王余年人为损坏所致，不同意帮王余年免费修理，更不同意退货。而王余年也拿不出证据，证明冰箱内壁裂痕是因冰箱存在质量问题所致。

文本：
第十章职场应用指导建议

要求：

请你结合本章内容，告诉王余年关于该冰箱是否存在质量问题，应由哪一方来负责举证。

指导建议请扫描二维码阅读参考。

通关自测

测验：
第十章交互式测验及参考答案

法务实训

案例1

案情简介：

庄女士在某商场购买了一件纯羊毛大衣，售价2 000元。该商场标明该大衣为"换季商品，概不退换"。庄女士穿了一周后发现大衣起满了毛球，于是将大衣送到市质量监督检验机构进行检验，鉴定结果证明该羊毛大衣所用原料为100%涤纶，庄女士遂要求商场退货并赔偿其因此造成的损失。该商场营业员却回答说，当时已标明该大衣为"换季商品，概不退换"。同时还称该柜台是出租给他人使用的，目前租赁期已满，你只好自认倒霉了。

问题：

（1）该商场标明羊毛大衣为"换季商品，概不退换"的行为是否合法？请说明理由。

（2）该商场应承担什么责任？请说明理由。

案例2

案情简介：

于先生在某烟酒城通过微信转账的形式，以9 480元购买了一箱（共6瓶）贵州某名酒。事后，于先生发现该箱白酒包装与同品牌白酒略有不同，便怀疑该箱白酒可能为假冒产品。于是，于先生投诉至市场监督管理局。市场监督管理局委托贵州某名酒公司对该箱白酒进行鉴定，结果显示该箱的6瓶酒均为假冒产品。于先生认为，该烟酒城明知该箱白酒属于假冒产品，却依然销售，构成对自己的欺诈。于先生便要求该烟酒城"退一赔三"，即要求其退还货款9 480元，同时要求其支付3倍赔偿金计28 440元。其后，因为于先生与该烟酒城就此事无法达成一致意见，遂诉至当地人民法院。

问题：

（1）在什么情况下，消费者应该得到3倍的赔偿？

（2）在本案中，于先生能否得到3倍赔偿？并说明理由。

第十一章 广告法律制度

【学习目标】

★ **素养目标**
- 形成依法从事广告活动的自觉意识。
- 树立与违法广告行为作斗争的意识。
- 努力实现商业广告的商业价值和社会价值的统一。

★ **知识目标**
- 了解商业广告活动中广告主、广告经营者、广告发布者、广告代言人等基本概念。
- 掌握广告内容准则及广告行为规范的相关法律规定。
- 了解广告监督管理制度。
- 理解违反广告法的法律责任。

★ **能力目标**
- 能够在广告活动中正确适用广告内容准则及广告行为规范。
- 能够正确适用违法广告行为承担法律责任的具体方式。
- 能够依法处理广告活动中出现的违反广告内容准则和行为规范等问题。

第十一章 广告法律制度

【思维导图】

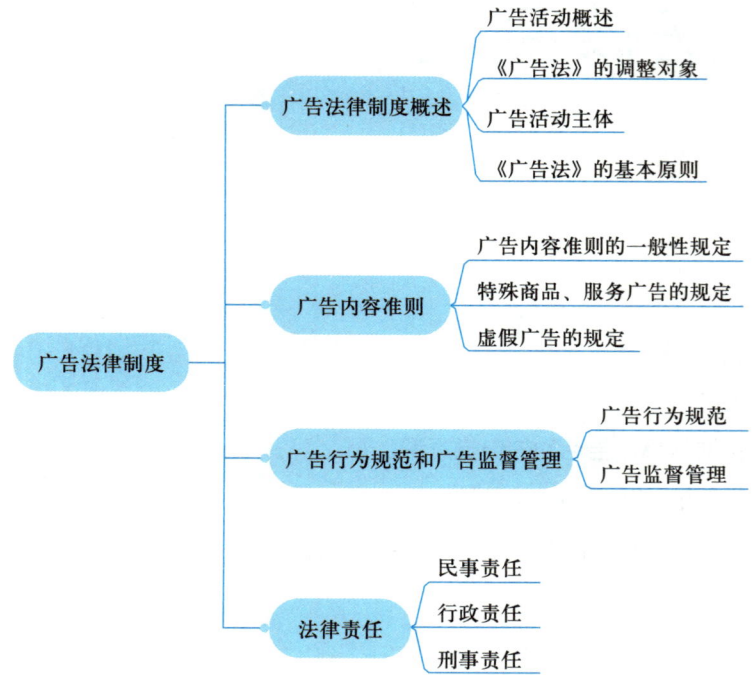

【先导案例】

案情介绍：

某科技有限公司开展"0元5天手机剪辑线上训练营"培训活动，其在客户微信群中发布了"老师带你第一视角逛集团总部""老师抖音账号总收益69万多一点"等视频。经查，实际并不存在宣传中所谓的"集团总部"，而且该账号也非老师本人账号。此外，当事人发布的"宝妈月平均挣5~6w""老太太11月份收入过万"等视频也无法提供真实出处。

想一想：

该公司的上述行为是否违反《广告法》的规定，并请说明理由。

第一节　广告法律制度概述

一、广告活动概述

广告活动可分为商业广告活动和非商业广告活动。

商业广告活动是以营利为目的的宣传活动。商业广告活动是广告活动中最常见的一种形式，其目的是推销产品或服务，并从中牟利。

非商业广告活动是不以营利为目的宣传活动。非商业广告通常由政府、非营利组织或个人发布，它们的目的不是推销产品或服务，而是为了传递某种信息或表达某种观点。例如，政府发布的公共安全广告、环保广告，非营利组织发布的公益广告、慈善广告，以及个人发布的招聘广告、寻人启事等。

二、《广告法》的调整对象

《广告法》的调整对象是商业广告活动。《中华人民共和国广告法》（以下简称《广告法》）第2条第1款明确规定："在中华人民共和国境内，商品经营者或者服务提供者通过一定媒介和形式直接或者间接地介绍自己所推销的商品或者服务的商业广告活动，适用本法。"

商业广告活动具有以下特征：① 商业广告活动须发生在中华人民共和国境内。广告活动涉及设计、制作、代理、发布等各个环节，只要某一环节发生在我国境内，其相应的广告活动即须受我国《广告法》调整。② 商业广告活动的主体须是商品经营者或者服务提供者。商品经营者或者服务提供者，包括进行登记的自然人、法人或者其他组织，如个体工商户、企业法人、合伙企业等。③ 商业广告活动须通过一定的媒介和形式进行。这里所指的"媒介和形式"范围较广，通常包括广播、电视、报纸、期刊、印刷品、电话、互联网、户外广告设施等，但也不限于此。④ 商业广告活动须直接或者间接地介绍自己所推销的商品或者服务。

第十一章 广告法律制度

理论解读：

习近平总书记曾在党的新闻舆论工作座谈会上指出，新闻舆论工作各个方面、各个环节都要坚持正确舆论导向，副刊、专题节目、广告宣传也要讲导向。广告经营作为媒体工作的重要一环，也必须旗帜鲜明地讲政治、讲导向，始终坚持正确的政治方向和舆论导向。

根据我国《广告法》第73条的规定，国家鼓励、支持开展公益广告宣传活动，传播社会主义核心价值观，倡导文明风尚。大众传播媒介有义务发布公益广告。广播电台、电视台、报刊出版单位应当按照规定的版面、时段、时长发布公益广告。

讨论分析： 请同学们交流讨论以下问题：① 你如何看待目前媒体中商业广告过多、过滥、过俗、过度的现象？② 你认为商业广告是否具有文化功能，商业广告是否能够实现广告商业价值和社会价值的统一？

三、广告活动主体

（一）广告主

广告主是指为推销商品或者服务，自行或者委托他人设计、制作、发布广告的自然人、法人或者其他组织。广告主是广告活动的投资者和受益者，其发布广告的目的是直接或者间接地向消费者推销商品或者提供服务。

（二）广告经营者

广告经营者是指接受委托提供广告设计、制作、代理服务的自然人、法人或者其他组织，主要包括专业广告公司及其他从事广告业务的个人或经济组织。

（三）广告发布者

广告发布者是指为广告主或者广告主委托的广告经营者发布广告的自然人、法人或者其他组织。广告发布者需要拥有一定的广告传播媒介，如电波媒介、印刷品媒介和其他媒介。

（四）广告代言人

广告代言人是指广告主以外的，在广告中以自己的名义或者形象对商品、服务作推荐、证明的自然人、法人或者其他组织。一般把广告代言人的类型分为名人（明星）、专家、典型消费者三类，其中名人（明星）的说服力主要源于其吸引力。

明星广告代言要遵守法律、坚守道义

某明星曾为广州某公司生产经营的果蔬类食品作广告代言。该广告宣称该果蔬类食品"可以阻止糖分和油脂被身体吸收，保持好身材就像吃糖一样简单"等虚假内容。其行为显然违反了《广告法》规定，构成虚假广告。广州市市场监管局对该明星作出没收违法所得，并处罚款合计高达700多万元的行政处罚决定。

警示：请明星做广告代言人是一种常见的市场营销策略，企业经常通过邀请明星为品牌或产品代言，以增加品牌曝光度并提高销售额。但有些明星在金钱的诱惑下，无视产品实际效果，无视法律法规，以不道德甚至违规的方式进行虚假夸大宣传，使消费者的合法权益受到了损害。不仅明星广告代言要遵守法律、坚守道义，任何商业广告活动也都要遵守法律、坚守道义！

四、《广告法》的基本原则

（一）真实、合法原则

（1）广告应当真实。广告主应当对广告内容的真实性负责。广告作为一种艺术形式，可以有艺术夸张，但内容必须真实。广告不得含有虚假或者引人误解的内容，不得欺骗、误导消费者。

（2）广告应当合法。广告从内容到形式都必须合法。广告应当以健康的表现形式表达广告内容，符合社会主义精神文明建设和弘扬中华优秀传统文化的要求。同时，广告活动主体在广告活动中也应遵守法律、行政法规、规章的要求，不能违背社会秩序和公共利益的要求。

(二)诚实信用、公平竞争原则

(1)诚实信用。就是要求广告活动主体在广告活动中诚实待人,恪守信用,不弄虚作假,不损人利己,要以善意的方式履行自己的义务。

(2)公平竞争。就是要求广告活动主体在市场竞争中做到公平合理,正当行使自己的权利。

第二节　广告内容准则

一、广告内容准则的一般性规定

(一)关于广告表述的规定

该规定主要包括3个方面的内容:①广告中对商品或者服务重要信息的表示应当准确、清楚、明白。这里的商品重要信息主要指商品的性能、功能、产地、用途、质量、成分、价格、生产者、有效期限、允诺等;这里的服务重要信息主要指服务的内容、提供者、形式、质量、价格、允诺等。②广告中附带赠送广告的明示义务。一旦在广告中就附带赠送作出宣传,对其中关键信息的表示就应当清楚、明白,避免出现争议。这里的关键信息主要指所附带赠送商品或者服务的品种、规格、数量、期限和方式。③法定明示义务。法律、行政法规规定广告中应当明示的内容,应当显著、清晰表示。

(二)关于一般禁止情形的规定

广告不得有下列情形:①使用或者变相使用中华人民共和国的国旗、国歌、国徽,军旗、军歌、军徽;②使用或者变相使用国家机关、国家机关工作人员的名义或者形象;③使用"国家级""最高级""最佳"等用语;④损害国家的尊严或者利益,泄露国家秘密;⑤妨碍社会安定,损害社会公共利益;⑥危害人身、财产安全,泄露个人隐私;⑦妨碍社会公共秩序或者违背社会良好风尚;⑧含有淫秽、色情、赌博、迷信、恐怖、暴力的内容;⑨含有民族、种族、宗教、性别歧视的内容;⑩妨碍环境、自然资源或者文化遗产保护;⑪法律、行政法规规定禁止的其他情形。

背景材料： 小张正在准备参加国家公务员考试。他在网上浏览时发现某培训公司在微博和微信视频号上发布的一则广告，里面有"国考必过""文殊菩萨赐福"和"你注定是公务员"等宣传内容，并且使用了中华人民共和国的国旗作为背景。看后小张遂陷入困惑之中。

要求： 请你告诉小张，该培训公司的广告行为是否合法，并说明理由。

部分广告违禁词如表11-1所示。

表11-1　部分广告违禁词

与"最"有关	与"一"有关	与"级别/名次"有关	与"首/家/国"有关	与品牌有关	与虚假有关	与涉嫌诱导消费者有关
最、最佳、最具、最爱、最赚、最优、最优秀、最好、最大、最大程度、最高、最高级、最高端、最奢侈、最低、最低级、最低价、最便宜、史上最低价、最流行、最受欢迎、最时尚、最符合、最舒适、最先、最先进、最先进科学、最后、最新、最新技术、最新科学……	第一、中国第一、全网第一、销量第一、排名第一、唯一、第一品牌、NO.1、TOP1、独一无二、全国第一、仅此一次（一款）、最后一波、全国×大品牌之一……	国家级、国际级、世界级、千万级、百万级、星级、5A级、甲级、超甲级、第一、第二、三甲、十强、百强……	首个、首款、独家、首发、首席、首府、首选、首屈一指、全国首家、国家领导人推荐、国门、国宅、首次、填补国内空白、国际品质、全国销量冠军、中国驰名……	大牌、金牌、名牌、王牌、领先上市、巨星、著名、掌门人、至尊、巅峰、××之王、王者、领袖、皇家、领先上市、驰名商标、商品已注册驰名商标……	史无前例、前无古人、永久、万能、百分之百（100%）、祖传、特效、无敌、纯天然、正品、超强……	即将售罄、售空、再不抢就没了、史上最低价、不会再便宜、错过不再/错过即无（错过就没机会了）、未曾有过的、万人疯抢、全民疯抢/抢购、免费领、免费住、零首付（免首付）、零距离、价格你来定……

217

（三）关于广告保护未成年人和残疾人的规定

广告不得损害未成年人和残疾人的身心健康。比如，禁止向未成年人发送任何形式的烟草广告；比如，未经残疾人同意不得在广告中使用残疾人的形象等。

（四）关于广告涉及行政许可和使用引证内容的规定

该规定主要包括两个方面的内容：① 广告内容涉及行政许可的规定。广告内容涉及的事项需要取得行政许可的，应当与许可的内容相符合。② 广告使用引证内容的规定。广告使用数据、统计资料、调查结果、文摘、引用语等引证内容的，应当真实、准确，并表明出处。引证内容有适用范围和有效期限的，应当明确表示。

（五）关于广告涉及专利的规定

该规定主要包括3个方面的内容：① 广告中涉及专利产品或者专利方法的，应当标明专利号和专利种类。② 未取得专利权的，不得在广告中谎称取得专利权。③ 禁止使用未授予专利权的专利申请和已经终止、撤销、无效的专利作广告。

练一练

> 某年10月，哈尔滨某制药厂在当地电视台发布某药品广告。广告中有"已获得国家专利""请认准正宗标志，独家生产"等内容。经调查，该药厂发布的该药品广告，将申请中的专利宣传为已获得国家专利，将专利申请号宣传为已获得国家批准的专利号。
>
> 思考：该制药厂的药品广告内容是否违法？请说明理由。

（六）关于广告不得含有贬低内容的规定

广告不得贬低其他生产经营者的商品或者服务。这项规定旨在保护公平竞争和消费者权益，防止广告主通过诋毁竞争对手的方式来推销自己的产品。

（七）关于广告可识别性以及发布要求的规定

该规定主要包括3个方面的内容：① 广告应当具有可识别性，能够使消费者辨明其为广告，使消费者既能够获得必要的商品或者服务信息，又能够对该信息有客观、清晰的认识，避免受到误导。② 大众传播媒介不得以新闻报道形式变相发布广告。通过大众传播媒介发布的广告应当显著标明"广告"，与其他非广告信息相区别，不得使消费者产生误解。③ 广播电台、电视台发布广告，应当遵守国务院有关

文本：
广告与新闻的区别

部门关于时长、方式的规定，并应当对广告时长作出明显提示。

（八）关于处方药、易制毒化学品、戒毒广告的规定

该规定主要包括两个方面的内容：① 麻醉药品、精神药品、医疗用毒性药品、放射性药品等特殊药品，药品类易制毒化学品，以及戒毒治疗的药品、医疗器械和治疗方法，不得作广告。② 上述规定以外的处方药，只能在国务院卫生行政部门和国务院药品监督管理部门共同指定的医学、药学专业刊物上作广告。

二、特殊商品、服务广告的规定

（一）对医疗、药品、医疗器械广告的规定

1. 对医疗、药品、医疗器械广告内容的限制

医疗、药品、医疗器械广告不得含有下列内容：① 表示功效、安全性的断言或者保证；② 说明治愈率或者有效率；③ 与其他药品、医疗器械的功效和安全性或者其他医疗机构比较；④ 利用广告代言人作推荐、证明；⑤ 法律、行政法规规定禁止的其他内容。

2. 对药品广告内容的特别要求

对药品广告内容的特别要求包括：① 药品广告的内容不得与国务院药品监督管理部门批准的说明书不一致。② 药品广告应当显著标明禁忌、不良反应。③ 药品广告应当显著标明忠告语。处方药广告应当显著标明"本广告仅供医学药学专业人士阅读"，非处方药广告应当显著标明"请按药品说明书或者在药师指导下购买和使用"。

3. 对医疗器械广告内容的特别要求

对医疗器械广告内容的特别要求包括：① 推荐给个人自用的医疗器械的广告，应当显著标明"请仔细阅读产品说明书或者在医务人员的指导下购买和使用"。② 医疗器械产品注册证明文件中有禁忌内容、注意事项的，广告中应当显著标明"禁忌内容或者注意事项详见说明书"。

（二）对保健食品广告的规定

保健食品广告不得含有下列内容：① 表示功效、安全性的断言或者保证；② 涉及疾病预防、治疗功能；③ 声称或者暗示广告商品为保障健康所必需；④ 与药品、其他保健食品进行比较；⑤ 利用广告代言人作推荐、证明；⑥ 法律、行政法规规定

禁止的其他内容。保健食品广告应当显著标明"本品不能代替药物"。

另外，广播电台、电视台、报刊音像出版单位、互联网信息服务提供者不得以介绍健康、养生知识等形式变相发布医疗、药品、医疗器械、保健食品广告。同时，禁止在大众传播媒介或者公共场所发布声称全部或者部分替代母乳的婴儿乳制品、饮料和其他食品广告。

（三）对农药、兽药、饲料和饲料添加剂广告的规定

农药、兽药、饲料和饲料添加剂广告不得含有下列内容：① 表示功效、安全性的断言或者保证；② 利用科研单位、学术机构、技术推广机构、行业协会或者专业人士、用户的名义或者形象作推荐、证明；③ 说明有效率；④ 违反安全使用规程的文字、语言或者画面；⑤ 法律、行政法规规定禁止的其他内容。

（四）对烟草广告的规定

该规定包括以下三个方面：① 禁止在大众传播媒介或者公共场所、公共交通工具、户外发布烟草广告。禁止向未成年人发送任何形式的烟草广告。② 禁止利用其他商品或者服务的广告、公益广告，宣传烟草制品名称、商标、包装、装潢以及类似内容。③ 烟草制品生产者或者销售者发布的迁址、更名、招聘等启事中，不得含有烟草制品名称、商标、包装、装潢以及类似内容。

（五）对酒类广告的规定

酒类广告不得含有下列内容：① 诱导、怂恿饮酒或者宣传无节制饮酒；② 出现饮酒的动作；③ 表现驾驶车、船、飞机等活动；④ 明示或者暗示饮酒有消除紧张和焦虑、增加体力等功效。

（六）对教育、培训广告的规定

教育、培训广告不得含有下列内容：① 对升学、通过考试、获得学位学历或者合格证书，或者对教育、培训的效果作出明示或者暗示的保证性承诺；② 明示或者暗示有相关考试机构或者其工作人员、考试命题人员参与教育、培训；③ 利用科研单位、学术机构、教育机构、行业协会、专业人士、受益者的名义或者形象作推荐、证明。

（七）对招商等有投资回报预期的商品或者服务广告的规定

招商等有投资回报预期的商品或者服务广告，应当对可能存在的风险以及风险

责任承担有合理提示或者警示,并不得含有下列内容:① 对未来效果、收益或者与其相关的情况作出保证性承诺,明示或者暗示保本、无风险或者保收益等,国家另有规定的除外;② 利用学术机构、行业协会、专业人士、受益者的名义或者形象作推荐、证明。

(八)对房地产广告的规定

房地产广告中的房源信息应当真实,面积应当表明为建筑面积或者套内建筑面积,并不得含有下列内容:① 升值或者投资回报的承诺;② 以项目到达某一具体参照物的所需时间表示项目位置;③ 违反国家有关价格管理的规定;④ 对规划或者建设中的交通、商业、文化教育设施以及其他市政条件作误导宣传。

练一练

某年,某房地产开发公司开发的"雅典花园"项目取得房地产项目预售许可证后,在各主要媒体发布"雅典花园"预售广告,该房地产广告宣称:"雅典花园"是具有欧陆风格的现代化建筑小区,紧邻公园、距新客站10分钟,地理位置优越;小区采用当代最新科技成果,迎合生活潮流和时尚,入住"雅典花园",除享受舒适的生活和高智能化的管理外,您每年还可以得到10%以上的增值回报。

思考:该房地产广告的内容有无违法之处?请说明理由。

(九)对种养殖广告的规定

农作物种子、林木种子、草种子、和畜禽、水产苗种和种养殖广告关于品种名称、生产性能、生长量或者产量、品质、抗性、特殊使用价值、经济价值、适宜种植或者养殖的范围和条件等方面的表述应当真实、清楚、明白,并不得含有下列内容:① 作科学上无法验证的断言;② 表示功效的断言或者保证;③ 对经济效益进行分析、预测或者作保证性承诺;④ 利用科研单位、学术机构、技术推广机构、行业协会或者专业人士、用户的名义或者形象作推荐、证明。

三、虚假广告的规定

广告以虚假或者引人误解的内容欺骗、误导消费者的,构成虚假广告。

广告有下列情形之一的，为虚假广告：① 商品或者服务不存在的；② 商品的性能、功能、产地、用途、质量、规格、成分、价格、生产者、有效期限、销售状况、曾获荣誉等信息，或者服务的内容、提供者、形式、质量、价格、销售状况、曾获荣誉等信息，以及与商品或者服务有关的允诺等信息与实际情况不符，对购买行为有实质性影响的；③ 使用虚构、伪造或者无法验证的科研成果、统计资料、调查结果、文摘、引用语等信息作证明材料的；④ 虚构使用商品或者接受服务的效果的；⑤ 以虚假或者引人误解的内容欺骗、误导消费者的其他情形。

第三节　广告行为规范和广告监督管理

一、广告行为规范

（一）从事广告发布业务的条件

广播电台、电视台、报刊出版单位从事广告发布业务的，应当设有专门从事广告业务的机构，配备必要的人员，具有与发布广告相适应的场所、设备。

（二）广告主、广告经营者、广告发布者的行为规范

（1）订立书面广告合同。广告主、广告经营者、广告发布者之间在广告活动中应当依法订立书面合同。

（2）禁止不正当竞争。广告主、广告经营者、广告发布者不得在广告活动中进行任何形式的不正当竞争。

（3）受委托方的合法经营资格。广告主委托设计、制作、发布广告，应当委托具有合法经营资格的广告经营者、广告发布者。

（4）广告涉及他人人身权利时的义务。广告主或者广告经营者在广告中使用他人名义或者形象的，应当事先取得其书面同意；使用无民事行为能力人、限制民事行为能力人的名义或者形象的，应当事先取得其监护人的书面同意。

（5）广告业务管理制度和查验、核对义务。主要包括：① 广告经营者、广告发布者应当按照国家有关规定，建立、健全广告业务的承接登记、审核、档案管理制度。② 广告经营者、广告发布者依据法律、行政法规查验有关证明文件，核对广告内容。对内容不符或者证明文件不全的广告，广告经营者不得提供设计、制作、代

理服务，广告发布者不得发布。

（6）广告收费标准和收费办法。广告经营者、广告发布者应当公布其收费标准和收费办法。

（7）媒介传播效果资料真实。广告发布者向广告主、广告经营者提供的覆盖率、收视率、点击率、发行量等资料应当真实。

（8）不得提供广告服务的情形。法律、行政法规规定禁止生产、销售的产品或者提供的服务，以及禁止发布广告的商品或者服务，任何单位或者个人不得设计、制作、代理、发布广告。

（三）广告代言人的义务

广告代言人的义务包括以下3个方面：① 广告代言人在广告中对商品、服务作推荐、证明，应当依据事实，符合《广告法》和有关法律、行政法规规定，并不得为其未使用过的商品或者未接受过的服务作推荐、证明。② 不得利用不满10周岁的未成年人作为广告代言人。需要注意的是，这里禁止的是利用不满10周岁的未成年人做广告代言，但并不禁止其进行广告表演。③ 对在虚假广告中作推荐、证明受到行政处罚未满3年的自然人、法人或者其他组织，不得利用其作为广告代言人。

（四）广告不得侵扰中小学生、幼儿

具体包括下列内容：① 不得在中小学校、幼儿园内开展广告活动。② 不得利用中小学生和幼儿的教材、教辅材料、练习册、文具、教具、校服、校车等发布或者变相发布广告，但公益广告除外。这是因为公益广告是以倡导健康社会文明风尚和关注社会公众福祉为目的的非商业广告，是社会公益事业的一个重要组成部分。

（五）针对未成年人的广告

（1）在针对未成年人的大众传播媒介上禁止发布的广告类型：① 医疗、药品、保健食品、医疗器械、化妆品、酒类、美容广告；② 不利于未成年人身心健康的网络游戏广告。

（2）针对不满14周岁的未成年人的广告中禁止的内容：① 劝诱其要求家长购买广告商品或者服务；② 可能引发其模仿不安全行为。

（六）不得设置户外广告的情形

有下列情形之一的，不得设置户外广告：① 利用交通安全设施、交通标志的；② 影响市政公共设施、交通安全设施、交通标志、消防设施、消防安全标志使用的；③ 妨碍生产或者人民生活，损害市容市貌的；④ 在国家机关、文物保护单位、风景名胜区等的建筑控制地带，或者县级以上地方人民政府禁止设置户外广告的区域设置的。

（七）垃圾广告

任何单位或者个人未经当事人同意或者请求，不得向其住宅、交通工具等发送广告，也不得以电子信息方式向其发送广告。以电子信息方式发送广告的，应当明示发送者的真实身份和联系方式，并向接收者提供拒绝继续接收的方式。

（八）互联网广告

利用互联网从事广告活动，适用《广告法》的各项规定。利用互联网发布、发送广告，不得影响用户正常使用网络。在互联网页面以弹出等形式发布的广告，应当显著标明关闭标志，确保一键关闭。

（九）公共场所的管理者或者电信业务经营者、互联网信息服务提供者的义务

公共场所的管理者或者电信业务经营者、互联网信息服务提供者（第三方平台）对其明知或者应知的利用其场所或者信息传输、发布平台发送、发布违法广告的，应当予以制止。

二、广告监督管理

（一）广告的监督管理机构

国务院市场监督管理部门主管全国的广告监督管理工作，国务院有关部门在各自的职责范围内负责广告管理相关工作。县级以上地方市场监督管理部门主管本行政区域的广告监督管理工作，县级以上地方人民政府有关部门在各自的职责范围内负责广告管理相关工作。

(二)市场监督管理部门广告监督管理的职责

市场监督管理部门履行广告监督管理的职责,可以行使下列职权:① 现场检查权。对涉嫌从事违法广告活动的场所实施现场检查;② 询问、调查权。询问涉嫌违法当事人或者其法定代表人、主要负责人和其他有关人员,对有关单位或者个人进行调查;③ 要求限期提供证明文件。要求涉嫌违法当事人限期提供有关证明文件;④ 查阅、复制权。查阅、复制与涉嫌违法广告有关的合同、票据、账簿、广告作品和其他有关资料;⑤ 查封、扣押权。查封、扣押与涉嫌违法广告直接相关的广告物品、经营工具、设备等财物;⑥ 责令暂停发布权。责令暂停发布可能造成严重后果的涉嫌违法广告;⑦ 法律、行政法规规定的其他职权。

市场监督管理部门应当建立健全广告监测制度,完善监测措施,及时发现和依法查处违法广告行为。

(三)广告的审查

1. 特殊商品和服务广告发布前的审查

发布医疗、药品、医疗器械、农药、兽药和保健食品广告,以及法律、行政法规规定应当进行审查的其他广告,应当在发布前由有关部门(以下称广告审查机关)对广告内容进行审查;未经审查,不得发布。

2. 广告发布前的审查程序

广告主申请广告审查,应当依照法律、行政法规向广告审查机关提交有关证明文件。

广告审查机关应当依照法律、行政法规规定作出审查决定,并应当将审查批准文件抄送同级市场监督管理部门。广告审查机关应当及时向社会公布批准的广告。

3. 广告审批文件不得伪造、变造或者转让

任何单位或者个人不得伪造、变造或者转让广告审查批准文件。

文本:
植入式广告

第四节 法律责任

违反广告法的法律责任,指广告主、广告经营者、广告发布者和广告代言人等主体因在广告活动中实施了违反法律、法规的行为而应承担的法律后果,主要包括民事责任、行政责任和刑事责任三种。

一、民事责任

广告主、广告经营者、广告发布者或者广告代言人因进行违法广告活动而给用户或者消费者造成损失，或有其他侵权行为的，应当承担民事责任。其中主要是民事赔偿责任。

（一）广告侵权行为的民事责任

广告主、广告经营者、广告发布者有下列侵权行为之一的，依法承担民事责任：① 在广告中损害未成年人或者残疾人的身心健康的；② 假冒他人专利的；③ 贬低其他生产经营者的商品、服务的；④ 在广告中未经同意使用他人名义或者形象的；⑤ 其他侵犯他人合法民事权益的。

（二）虚假广告的民事责任

1. 先行赔偿责任

发布虚假广告，欺骗、误导消费者，使购买商品或者接受服务的消费者的合法权益受到损害的，由广告主依法承担民事责任。广告经营者、广告发布者不能提供广告主的真实名称、地址和有效联系方式的，消费者可以要求广告经营者、广告发布者先行赔偿。

2. 承担连带责任

关系消费者生命健康的商品或者服务的虚假广告，造成消费者损害的，其广告经营者、广告发布者、广告代言人应当与广告主承担连带责任。

上述规定以外的商品或者服务的虚假广告，造成消费者损害的，其广告经营者、广告发布者、广告代言人，明知或者应知广告虚假仍设计、制作、代理、发布或者作推荐、证明的，应当与广告主承担连带责任。

练一练

某化妆品有限公司为推销该公司生产的祛斑霜，委托某广告有限公司为其制作广告。广告有限公司在化妆品有限公司的用户信息反馈表中找到一位林姓女士和一位方姓男士使用该祛斑霜前后对比的照片，并用于广告之中，以宣传该祛斑霜的效果。广告在电视台播出后，林、方二人分别从家人和同事处得知此事。他们找到广告有限公司要求其采取措施停止播放该广告，并分别赔偿他们的精神损失。双方未能达成协议，林、方二人诉至法院。法院判决如下：被告广告有限公司应公开向林、方二人赔礼道歉，消除影响，停止侵害，并赔偿林、方二人精神损失各15 000元。

思考：你认为法院的判决是否正确，其判决依据是什么？

二、行政责任

广告活动的行政责任，是指广告主、广告经营者、广告发布者在不履行法定义务或者实施了法律禁止行为时所应受到的行政制裁。

对违反《广告法》的广告主、广告经营者、广告发布者，由市场监督管理部门依法追究其行政责任，分别给予行政处罚。行政处罚方式主要包括责令停止发布广告、责令消除影响、罚款、没收广告费用等，情节严重的可以吊销营业执照。

三、刑事责任

违反《广告法》情节严重，构成犯罪的应追究刑事责任。

职场应用与指导

职场应用场景：

近期，王余年发展了一个新客户，是一家医药企业。在与该企业进行研讨时，王余年发现其新的广告策划案存在一些法律上的风险。原来，该医药企业正在宣传一款新型降血糖药品，在广告里出现了"一步到位，更稳定，更安全，有效率90%以上，无效退款"的用语。此外，还援引有关数据与同行业顶尖的同类医药产品进行了比较，以表示其降糖药品效果更好。

要求：

请你结合《广告法》内容，为王余年的客户提供建议，帮助其避免法律风险。指导建议请扫描二维码阅读参考。

文本：
第十一章职场应用指导建议

第十一章 广告法律制度

通关自测

测验：
第十一章交互式测验及参考答案

法务实训

案例1

案情简介：

某年，某（香港）贸易公司出品的一款减肥茶，在国家卫生健康委员会审批核发的《进口保健食品批准证书》中核准其保健功能为："减肥、调节血脂；适宜人群为：单纯性肥胖人群、高血脂人群。"

在该款减肥茶的广告词里面含有以下内容：市面上的减肥保健食品一旦停用，往往体重迅速反弹，身体备受折腾。而我们新推出的该款减肥茶采用最新科技研制，含有活性降脂成分，能有效排泄体内过量脂肪，绝无反弹，无任何毒副作用，从根本上解决人体发胖问题。例如某著名歌星，原来身体臃肿，工作生活多有不便，也影响了其舞台形象，自选用该款减肥茶1个月后，体重减轻10公斤，效果明显。实践证明，该款减肥茶还对于高血压、冠心病、高脂血症、脂肪肝、糖尿病、皮肤色素斑等均有明显改善和治疗作用。

问题：

对照《广告法》的相关规定，该减肥茶广告内容中具体有哪些违法表现？请说明理由。

案例2

案情简介：

某年，某市的一家报纸刊登了一则招生广告和简章。该广告称：某私立大学是经省教育厅批准的，由重点大学的多位教授任教，并可以颁发大专毕业文凭，学生毕业后能够被推荐到某境外大学深造。这则广告一经刊出，即引起了众多学生的关注，并吸引了59名学生报名。该校按照每年10 000元的标准收费，共收得学杂费近59万元。开学后，学生发现学校的实际情况与广告及招生简章多有不符，纷纷要求退学，并要求退还学杂费，被校方拒绝。学生遂联合向法院提起诉讼，要求校方退还学杂费。

问题：

（1）法院是否应支持他们的诉讼请求？为什么？

（2）作为广告发布者的某报社是否也应承担相应的法律责任？为什么？

第十二章
税收法律制度

【学习目标】

★ 素养目标
- 明确依法纳税是每个公民应尽的义务，也是企业对社会的责任。
- 培育并践行社会主义核心价值观，做一个依法纳税的好公民。

★ 知识目标
- 了解税收的概念和特征。
- 掌握税法的构成要素。
- 理解增值税、消费税、企业所得税、个人所得税等主要税种的相关规定。
- 了解税收征收管理法律制度，理解纳税人、扣缴义务人的相关法律责任。

★ 能力目标
- 能够正确把握增值税、消费税、企业所得税、个人所得税等主要税种的基本计算公式，学会相关税费的简单计算。
- 增强对税务风险的管控意识，提高对税务风险的识别和预防能力。

第十二章 税收法律制度

【思维导图】

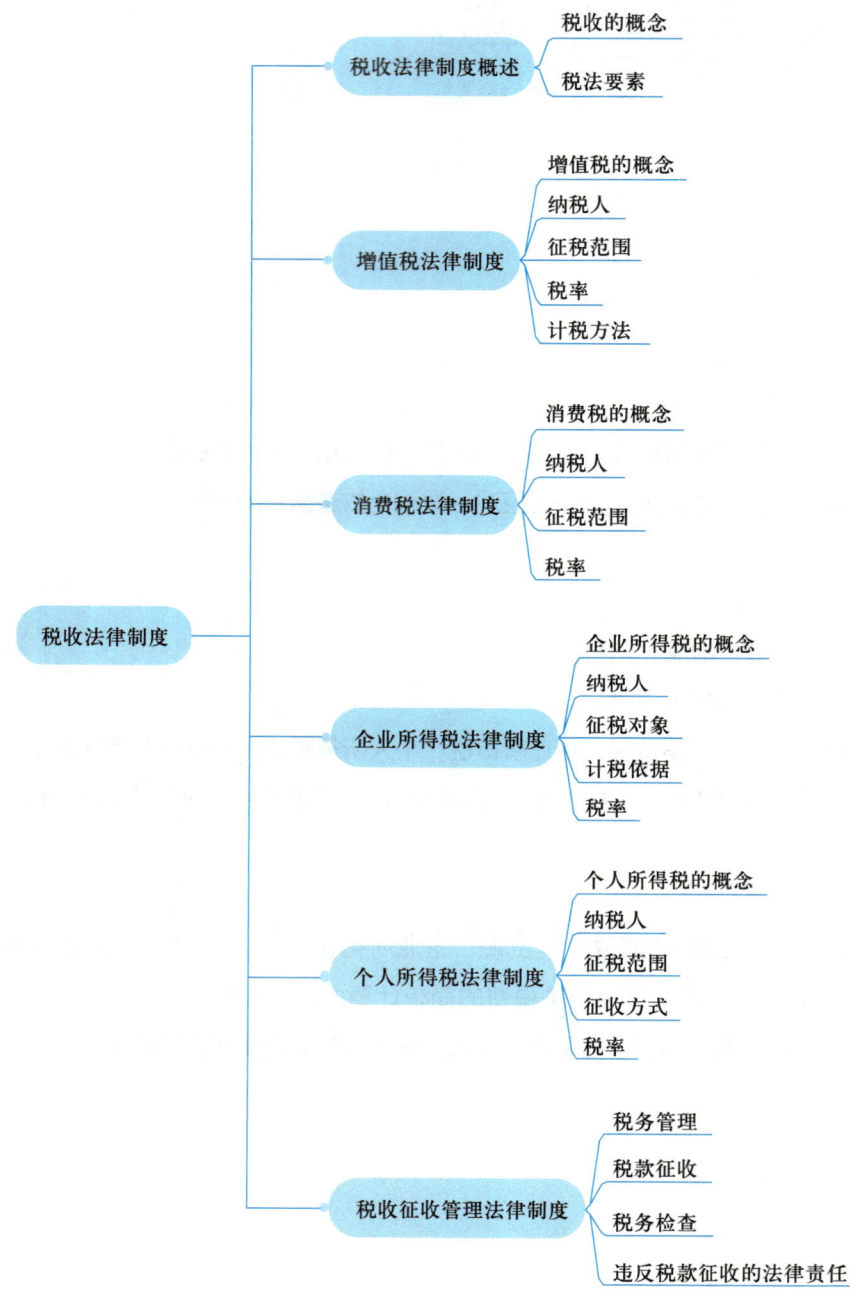

第一节 税收法律制度概述

【先导案例】

案情介绍：

某知名影视演员在拍摄某部热门电影时，与制片方签订了两份合同。第一份合同为公开合同，即"阳合同"，显示的片酬为500万元，这一数字远低于业内实际水平，而另一份隐藏的合同，即"阴合同"，则显示其真实片酬为5 000万元。通过这样的方式，其在获得巨额收入的同时，大幅减少了应缴纳的税款。本案中涉及的"阴阳合同"，也称为"大小合同"，是指合同双方针对同一事项订立两份以上内容不同的合同，"阴（大）合同"是双方实际履行的合同，"阳（小）合同"则是为逃避监管用于对公备案、报批等目的而不准备实际履行的合同。

想一想：

（1）签订"阴阳合同"的行为是否违法？

（2）这个案例给我们大学生带来什么警示？

第一节 税收法律制度概述

一、税收的概念

税收是国家为了实现其职能的需要，凭借政治权力，依照法律规定的程序对满足法定课税要件的人征收货币或实物所形成的社会分配关系。税收是国家取得财政收入以实现其职能的重要手段。

知识链接

税收的特征

税收与其他财政收入相比具有以下三个特征：① 强制性。是指国家对纳税人有强制征收的权力，纳税人必须依法纳税，自觉履行纳税义务，否则就要受到法律的制裁。② 无偿性。是指征税是国家单方面获得收入的行为。国家依法征收的税款不再直接归还纳税人，也不支付任何报酬。③ 固定性。是指国家在征税前，就以法律形式预先对税收的征收标准、对象、额度等作出了规定，一般情况下不得随意变动。

二、税法要素

(一)纳税义务人

纳税义务人,又称纳税主体,简称纳税人,是指依照税法的规定直接负有纳税义务的单位和个人。纳税人包括代扣代缴义务人和代收代缴义务人。

(二)征税对象

征税对象,即纳税客体,又叫课税对象,是指税法规定的对什么征税,是征纳税双方权利义务共同指向的客体或标的物,是区分一种税与另一种税的重要标志。它是税法最基本的要素,体现着征税的最基本界限。

征税对象又包括税目和税基。其中,税目是指对征税对象分类规定的具体的征税项目,反映具体的征税范围,体现征税的广度,是对课税对象质的规定;税基是据以计算征税对象应纳税款的直接数量依据,即计税依据,解决对征税对象课税的计算问题,是对课税对象量的规定。

(三)税率

税率,是计算税额的尺度,是税法规定的计算应纳税额的比率,也是衡量税负轻重与否的重要标志。税基乘以税率就是应纳税额。我国现行的税率主要有比例税率、累进税率和定额税率(如表12-1所示)。

表12-1 税 率

税率名称	内容
比例税率	(1)单一比例税率,是指对同一征税对象的所有纳税人都适用同一比例税率(如车辆购置税) (2)差别比例税率,是指对同一征税对象的不同纳税人适用不同的比例征税(如城市维护建设税) (3)幅度比例税率,是指对同一征税对象,税法只规定最低税率和最高税率,各地区在该幅度内确定具体的适用税率(如契税)
累进税率	(1)超额累进税率,是把征税对象划分为若干等级,对每个等级部分分别规定相应税率,分别计算税额,各级税额之和为应纳税额(如部分个人所得税) (2)超率累进税率,即以征税对象数额的相对率划分若干级距,分别规定相应的差别税率,相对率每超过一个级距的,对超过的部分就按高一级的税率计算征税(如土地增值税)
定额税率	按征税对象确定的计算单位,直接规定一个固定税额,不采用百分比形式(如车船税)

（四）纳税环节

纳税环节，指征税对象在从生产到消费的流转过程中应当缴纳税款的环节。商品从生产到消费要经历诸多流转环节，各环节都存在销售额，都可能成为纳税环节。

（五）纳税期限

纳税期限，指税款缴纳时间方面的限制。具体包括纳税义务发生时间、纳税期限和缴库期限。纳税义务发生时间指应税行为发生的时间；纳税期限指每隔固定时间汇总一次纳税义务税额的时间；缴库期限指纳税期届满之时，纳税人将应纳税款缴入国库的期限。

第二节　增值税法律制度

一、增值税的概念

增值税，是以商品（含应税劳务、服务）在流转过程中产生的增值额作为计税依据而征收的一种流转税。增值税实行价外税，也就是由消费者负担，有增值才征税，没有增值不征税。

知识链接

增值税的特点

增值税一般具有以下三个特点：① 以增值额为征税对象。从征税对象看，以增值额为征税对象是增值税的最基本特点，否则就不属于增值税。② 实行普遍征税。从征税范围看，增值税依据普遍征税的原则，对从事商品生产经营和提供劳务、服务的所有单位和个人征税。③ 实行多环节征税。从纳税环节看，增值税实行多环节征税，即在生产、批发、零售、劳务提供和进口等各个经营环节分别征税，而不是只在某一环节征税。

二、纳税人

2017年11月,我国第二次修订了《中华人民共和国增值税暂行条例》,根据修订后的增值税暂行条例,在中华人民共和国境内销售货物或者加工、修理修配劳务(以下简称劳务),销售服务、无形资产、不动产以及进口货物的单位和个人,为增值税的纳税人。

按照我国现行增值税法的规定,依照企业经营规模和核算水平,增值税的纳税人可以分为一般纳税人和小规模纳税人。

(一)一般纳税人

一般纳税人实行登记管理,自2018年5月1日起,小规模纳税人年应税销售额的标准统一调整为500万元,年应税销售额超过500万元的,除另有规定外,应当向主管税务机关办理一般纳税人登记。

年应税销售额是指纳税人在连续不超过12个月或4个季度的经营期内累计应征增值税销售额。

(二)小规模纳税人

小规模纳税人包括以下三类:① 年应税销售额在规定标准(500万元)以下,并且会计核算不健全,不能按规定报送有关税务资料的增值税纳税人;② 个体工商户以外的其他个人,即自然人;③ 按照政策规定,选择按照小规模纳税人纳税的,包括非企业性单位、不经常发生应税行为的企业和年应税销售额超过规定标准但不经常发生应税行为的单位和个体工商户。

三、征税范围

增值税是以商品(含应税劳务、服务)在流转过程中产生的增值额作为计税依据而征收的一种流转税。增值税是我国第一大税种,在保证税收收入稳定,提升财政治理能力方面发挥着至关重要的作用。

根据增值税征税范围的一般规定,其范围包括发生在中国境内的以下应税行为。

（一）销售或进口货物

货物是指有形动产，包括电力、热力、气体在内。销售货物是指有偿转让货物的所有权。

（二）销售劳务

销售劳务是指有偿提供加工、修理修配劳务。加工、修理修配的对象为应税劳务，如修理汽车、家用电器。

（三）销售服务、无形资产或者不动产

（1）销售服务包括：① 交通运输服务；② 邮政服务；③ 电信服务；④ 建筑服务；⑤ 金融服务；⑥ 现代服务；⑦ 生活服务。

（2）销售无形资产，是指转让无形资产所有权或者使用权的业务活动，包括商标、技术、著作权、商誉、自然资源使用权和其他权益性无形资产。

（3）销售不动产，是指有偿转让不动产，是转让不动产所有权的业务活动，包括建筑物、构筑物等。

四、税率

我国增值税采用比例税率形式。一般纳税人增值税税率可以分为基本税率、低税率和零税率3个档次（如表12-2所示）。

表12-2 一般纳税人增值税税率

税率	规定
基本税率	（1）纳税人销售或者进口货物，除列举的外，税率均为13% （2）纳税人提供加工、修理修配劳务和应税服务的，税率也为13%
低税率	（1）纳税人销售或进口下列货物，适用9%的税率：农产品（含粮食）、自来水、暖气、石油液化气、天然气、食用植物油、冷气、热水、煤气、居民用煤炭制品、食用盐、农机、饲料、农药、农膜、化肥、沼气、二甲醚、图书、报纸、杂志、音像制品、电子出版物
	（2）纳税人提供交通运输、邮政、基础电信、建筑、不动产租赁服务，销售不动产，转让土地使用权，税率也为9%

续表

税率	规定
低税率	（3）纳税人提供现代服务（租赁服务除外）、增值电信服务、金融服务、生活服务、销售无形资产（转让土地使用权除外），税率为6%
零税率	国务院另有规定的除外，纳税人出口货物和财政部、国家税务总局规定的应税服务；另外，还有国际运输服务、航天运输服务等业务和服务，适用零税率

五、计税方法

增值税的计税方法，包括一般计税方法、简易计税方法和扣缴计税方法。

（一）一般计税方法

一般纳税人发生应税销售行为，适用一般计税方法计税。一般计税方法下，应纳税额的计算围绕两个关键环节展开：一是销项税额如何计算；二是进项税额如何抵扣。其计算公式如下：

当期应纳增值税税额＝当期销项税额－当期进项税额

（二）简易计税方法

小规模纳税人发生应税销售行为，适用简易计税方法计税。一般纳税人发生财政部和国家税务总局规定的特定应税销售行为，也可以选择适用简易计税方法计税（一经选择，36个月不得变更）。其计算公式如下：

当期应纳增值税税额＝当期销售额（不含增值税）×征收率

（三）扣缴计税方法

销售劳务，在境内未设有经营机构的，以其境内代理人为扣缴义务人；在境内没有代理人的，以购买方为扣缴义务人。其计算公式如下：

应扣缴增值税税额＝购买方支付的价款÷（1＋增值税税率）×增值税税率

销售服务、无形资产、不动产，在境内未设有经营机构的，以购买方为扣缴义务人。

第三节 消费税法律制度

一、消费税的概念

消费税,是以特定消费品为课税对象所征收的一种税,属于流转税的范畴。在对货物普遍征收增值税的基础上,选择部分消费品再征收一道消费税,目的是调节产品结构,引导消费方向,保证国家财政收入。

知识链接

消费税的特点

消费税一般具有以下特点:①征收范围具有选择性。主要依据我国现行的产业政策、消费政策以及节能、环保等方面的要求,来调整和确定消费税的税目。②征收环节具有单一性。它只是在消费品生产、流通或消费的某一环节一次征收,而不是在消费品生产、流通和消费的每一个环节征收,但加征的除外(如卷烟和超豪华小汽车)。③征收方法具有灵活性、多样性。适用不同消费品的应税情况,可采用从价定率、从量定额以及从价从量复合计征三种方法。④税率、税额具有差别性。可以根据消费品的不同种类、档次(豪华程度、结构性能)或者消费品中某一物质成分的含量,以及消费品的市场供求状况、价格水平、国家产业政策和消费政策等情况,对消费品制定高低不同的税率、税额。⑤消费税具有转嫁性。消费税无论是在哪个环节征收,由于其包含在价格以内,消费品中所含的消费税的税款最终都要转嫁到消费者身上,由消费者负担。

二、纳税人

消费税的纳税人,是在我国境内生产、委托加工和进口应税消费品的单位和个人,以及国务院确定的销售特定应税消费品的其他单位和个人。

在我国"境内"是指生产、委托加工和进口属于应当缴纳消费税的消费品的起运地或者所在地在我国境内。

三、征税范围

消费税是针对特定消费品和消费行为征收的一种间接税。消费税的征收具有较强的选择性，仅针对特定列举货物征收。

我国现行消费税划分为15个税目，具体包括：① 烟；② 酒及酒精；③ 高档化妆品；④ 贵重首饰及珠宝玉石；⑤ 鞭炮、焰火；⑥ 成品油；⑦ 摩托车；⑧ 小汽车；⑨ 高尔夫球及球具；⑩ 高档手表；⑪ 游艇；⑫ 木制一次性筷子；⑬ 实木地板；⑭ 电池；⑮ 涂料。

四、税率

消费税采用比例税率、定额税率以及比例税率和定额税率复合征收三种形式。消费税的税率按照《消费税税目税率表》执行。定额税率只适用于啤酒、黄酒、成品油；复合计税只适用于卷烟、白酒。

消费税税率从56%至1%不等。如甲类卷烟的生产或者进口环节税率目前最高可达56%；高档手表的税率为20%；高档化妆品的税率为15%；实木地板的税率为5%；气缸容量在1.0升（含）以下的乘用车税率为1%等。

> **素养提升**
>
> ### 消费税与社会责任
>
> 消费税作为一种重要的税收形式，不仅仅是国家财政收入的来源之一，更是国家经济调节和资源配置的重要手段。
>
> 消费税是针对某些特定的消费品征税的，如烟酒、高档化妆品、贵重首饰、小汽车、游艇等产品。通过对这些产品加征消费税，国家不仅可以调节产品结构，引导消费方向，还能促使企业更加注重社会责任，减少对环境的影响。
>
> **警示：** 作为新时代的大学生，我们应当树立环保意识，养成节俭的生活习惯，量入为出，树立正确的消费观念，做到不抽烟不喝酒！

第四节　企业所得税法律制度

一、企业所得税的概念

企业所得税，是对在我国境内的企业和其他取得收入的组织的生产经营所得和其他所得征收的一种税。

企业所得税的特点

企业所得税一般具有以下特点：①征税范围广。从纳税主体看，在我国境内的企业和取得收入的组织都是纳税人，具有普遍性；从征税对象看，既有生产经营所得，也有其他所得（通常指提供资金或财产取得的所得），具有征收的广泛性。②税负公平。企业所得税以量能负担为征税原则，多得多征、少得少征、无所得不征；正常情况下实行统一比例的税率；普遍征收。③纳税人与负税人一致。企业所得税属于直接税，是终端税种，不易转嫁，由纳税人自己负担。④计算复杂。企业所得税的计算过程涉及纳税人经济活动的各个方面、财务会计核算的各个方面，同时还要就税法和会计的差异进行调整。⑤实行预缴和汇算清缴的征收办法。企业所得税按年度计算，分月或分季预缴，年终汇算清缴。

二、纳税人

在我国境内，企业和其他取得收入的组织（以下统称企业）为企业所得税的纳税人。个人独资企业、合伙企业不适用企业所得税法。如果合伙人是个人，应依法缴纳个人所得税。

根据"登记注册地标准"和"实际管理机构标准"，企业所得税纳税人分为居民企业和非居民企业（如表12-3所示）。

表 12-3　企业所得税的居民企业和非居民企业

分类	标准
居民企业	指依法在中国境内成立,或者依照外国(地区)法律成立但实际管理机构在中国境内的企业
非居民企业	指依照外国(地区)法律成立且实际管理机构不在中国境内,但在中国境内设立机构、场所的,或者在中国境内未设立机构、场所,但有来源于中国境内所得的企业

三、征税对象

企业所得税的征税对象,是指企业的生产经营所得、其他所得和清算所得。

居民企业应以来源于中国境内、境外的全部所得作为征税对象。

非居民企业在中国境内设立机构、场所的,应当就其所设机构、场所取得的来源于中国境内的所得,以及发生在中国境外但与其所设机构、场所有实际联系的所得,缴纳企业所得税;非居民企业在中国境内未设立机构、场所的,或者虽设立机构、场所但取得的所得与其所设机构、场所没有实际联系的,应当就其来源于中国境内的所得缴纳企业所得税。

企业所得税的征税对象具体包括:① 销售货物所得;② 提供劳务所得;③ 转让财产所得;④ 股息、红利等权益性投资所得;⑤ 利息所得、租金所得、特许权使用费所得;⑥ 接受捐赠所得;⑦ 其他所得。

四、计税依据

企业所得税的计税依据是应纳税所得额,是指纳税人每一纳税年度的收入总额减去准予扣除项目金额后的余额。计算公式如下:

应纳税所得额 = 收入总额 − 不征税收入 − 免税收入 − 各项扣除 − 允许弥补的以前年度亏损

五、税率

企业所得税的基本税率为25%。适用于居民企业和在中国境内设有机构、场所且取得所得与机构、场所有实际联系的非居民企业。

另外，还有一系列税收优惠政策。比如，蔬菜、谷物、水果、中药材等作物的种植免征企业所得税；符合条件的小型微利企业，减按20%的税率征收企业所得税；国家需要重点扶持的高新技术企业，减按15%的税率征收企业所得税等。

第五节 个人所得税法律制度

一、个人所得税的概念

个人所得税，是以个人（自然人）取得的各类应税所得为征税对象而征收的一种所得税。

个人所得税的纳税人既包括"自然人"又包括"自然人性质的特殊主体"，如个体工商户、个人独资企业的投资者、合伙企业的个人投资者。

知识链接

个人所得税的特点

个人所得税一般有以下特点：①实行混合征收。即分类征收与综合征收相结合的征收模式。②超额累进税率与比例税率并用。对综合所得和经营所得采用超额累进税率，实行量能负担；对财产租赁所得、财产转让所得和偶然所得等采用比例税率，实行等比负担。③费用扣除额较宽。实际上对大多数中低收入的纳税人的综合所得和经营所得予以免税或只征很少的税款。④采取源泉扣缴和个人申报两种征纳方法。对凡是可以在应税所得的支付环节扣缴个人所得税的，均由扣缴义务人履行代扣代缴义务；对于没有扣缴义务人的，由纳税人自行申报纳税。

二、纳税人

个人所得税的纳税人,根据住所和居住时间两个标准,区分为居民纳税人和非居民纳税人。根据《中华人民共和国个人所得税法》的规定,居民纳税人和非居民纳税人的具体区分如表12-4所示。

表12-4　个人所得税的居民纳税人和非居民纳税人

分类	标准
居民纳税人	在中国境内有住所,或者无住所而一个纳税年度在中国境内居住累计满183天的个人,为居民纳税人。居民纳税人从中国境内和境外取得的所得,按规定缴纳个人所得税。
非居民纳税人	在中国境内无住所又不居住,或者无住所而一个纳税年度在中国境内居住累计不满183天的个人为非居民纳税人。非居民个人仅就从中国境内取得的所得按规定缴纳个人所得税。

三、征税范围

个人所得税的征税对象为个人取得的应税所得,具体包括以下9类所得:① 工资、薪金所得;② 劳务报酬所得;③ 稿酬所得;④ 特许权使用费所得;⑤ 经营所得;⑥ 利息、股息、红利所得;⑦ 财产租赁所得;⑧ 财产转让所得;⑨ 偶然所得。其中前4类劳动性所得简称为综合所得。

 知识链接

什么是劳务报酬所得?

根据《中华人民共和国个人所得税法实施条例》(以下简称《个人所得税法实施条例》)第6条第1款第2项的规定,劳务报酬所得是指:个人从事劳务取得的所得,包括从事设计、装潢、安装、制图、化验、测试、医疗、法律、会计、咨询、讲学、翻译、审稿、书画、雕刻、影视、录音、录像、演出、表演、广告、展览、技术服务、介绍服务、经纪服务、代办服务以及其他劳务取得的所得。

知识链接

什么是经营所得？

根据《个人所得税法实施条列》第6条第1款第5项的规定，经营所得是指：① 个体工商户从事生产、经营活动取得的所得，个人独资企业投资人、合伙企业的个人合伙人来源于境内注册的个人独资企业、合伙企业生产、经营的所得；② 个人依法从事办学、医疗、咨询以及其他有偿服务活动取得的所得；③ 个人对企业、事业单位承包经营、承租经营以及转包、转租取得的所得；④ 个人从事其他生产、经营活动取得的所得。

四、征收方式

目前，个人所得税的征收采用分类与综合相结合的征收方式。综合所得由居民个人按纳税年度合并计算个人所得税，非居民个人按月或者按次分项计算个人所得税；经营所得、利息、股息、红利所得、财产租赁所得、财产转让所得、偶然所得，依照法律规定分别计算个人所得税。

五、税率

（一）综合所得

现行法律规定，综合所得适用七级超额累进税率，税率为3%~45%，分别是3%、10%、20%、25%、30%、35%和45%。

居民个人的综合所得，以每一纳税年度的收入额减除费用6万元以及专项扣除、专项附加扣除和依法确定的其他扣除后的余额，为应纳税所得额。收入额确定时，劳务报酬所得、稿酬所得、特许权使用费所得以收入减除20%的费用后的余额为收入额，其中，稿酬所得的收入额减按70%计算。

非居民个人的工资、薪金所得，以每月收入额减除费用5 000元后的余额为应纳税所得额；劳务报酬所得、稿酬所得、特许权使用费所得，以每次收入额为应纳税所得额。

文本：
个人所得税率表一

知识链接

什么是个人所得税专项扣除和专项附加扣除？

专项扣除包括居民个人按照国家规定的范围和标准缴纳的基本养老保险、基本医疗保险、失业保险等社会保险费和住房公积金等（简称"三险一金"）；专项附加扣除，包括子女教育、继续教育、大病医疗、住房贷款利息或者住房租金、赡养老人等支出。

文本：
个人所得税率表二

（二）经营所得

现行法律规定，经营所得适用五级超额累进税率，税率为5%~35%，分别是5%、10%、20%、30%、35%。

经营所得的全年应纳税所得额，是指以每一纳税年度的收入总额减除成本、费用以及损失后的余额。

（三）利息、股息、红利所得，财产租赁所得，财产转让所得和偶然所得

现行法律规定，利息、股息、红利所得，财产租赁所得，财产转让所得和偶然所得，适用比例税率，税率为20%。对个人按市场价格出租的居民住房取得的所得，自2001年1月1日起减按10%的税率征收个人所得税。

法律咨询

背景材料：在某大学任职的吴教授，某年取得工资报酬12万元；向某出版社提供自己著作的版权取得8万元；将国外的作品翻译出版取得3万元；受出版社委托进行审稿取得报酬2万元；出租自己的居民住房取得租金3万元；某部作品获奖得到奖金3万元。

要求：请你告诉吴教授，他的上述收入中应合并作为综合所得缴纳个人所得税的项目有哪些。

第六节 税收征收管理法律制度

一、税务管理

税务管理，是税收征管程序中的基础性环节。其主要包括三项制度：税务登记，账簿、凭证管理，纳税申报。

（一）税务登记

税务登记，又称纳税登记，指纳税人在开业、歇业前或其他生产经营期间发生重大变动时，在法定期间内向主管税务机关办理书面登记的一项制度。税务登记可分为开业登记、变更登记和注销登记。

（二）账簿、凭证管理

账簿、凭证管理，是纳税人和扣缴义务人从事生产、经营活动时不可缺少的管理方式之一。账簿是记载经济业务活动的记录；凭证是明确经济责任的书面证明，也是实际记账的依据。所有纳税人和扣缴义务人都必须按照有关法律、行政法规和国务院财政、税务主管部门的规定设置账簿。所有纳税人和扣缴义务人都必须根据合法、有效的凭证进行账务处理。

纳税人、扣缴义务人必须按照国务院财政、税务主管部门规定的保管期限（10年）保管账簿、记账凭证、完税凭证和其他有关资料。账簿、记账凭证、完税凭证和其他有关资料不得伪造、变造或者擅自损毁。

（三）纳税申报

纳税申报，是指纳税主体对其应纳税额依法向税务主管机关进行申报的行为。纳税申报是税收征收管理工作的重要环节之一，是纳税人、扣缴义务人履行纳税义务的法定手续。

纳税申报的形式主要包括直接申报（也称上门申报）、邮寄申报（经批准，使用统一的纳税申报专用信封）、数据电文申报（也称电子申报）和简易申报（实行定期定额纳税的纳税人）。

二、税款征收

（一）税款征收方式

根据《中华人民共和国税收征收管理法》（以下简称《税收征收管理法》）及其实施细则的规定，税款征收方式主要有：① 查账征收；② 查定征收；③ 查验征收；④ 定期定额征收；⑤ 代扣代缴、代收代缴征收；⑥ 委托征收。

（二）税收保全措施

税收保全措施，是指税务机关在税收征收过程中，为了保证国家税收利益不因纳税人采取转移、隐匿手段受侵害，而对有逃避纳税义务的纳税人所采取的留置手段。

税收保全措施的形式有两种：① 书面通知纳税人开户银行或其他金融机构冻结纳税人的金额相当于应纳税款的存款；② 扣押、查封纳税人的价值相当于应纳税款的商品、货物或其他财产。

个人及其所扶养家属维持生活必需的住房和用品，不在税收保全措施的范围之内。

（三）税收强制执行

从事生产、经营的纳税人和扣缴义务人未按照规定的期限缴纳或者解缴税款，纳税担保人未按照规定的期限缴纳所担保的税款，由税务机关责令限期缴纳，逾期仍未缴纳的，经县以上税务局（分局）局长审批，税务机关可以采取下列强制执行措施：① 书面通知其开户银行或者其他金融机构从其存款中扣缴税款；② 扣押、查封、依法拍卖或者变卖其价值相当于应纳税款的商品、货物或者其他财产，以拍卖或者变卖所得抵缴税款。

税务机关采取强制执行措施时，对被执行强制措施的纳税人、扣缴义务人、纳税担保人未缴纳的滞纳金同时强制执行。

个人及其所扶养家属维持生活必需的住房和用品，不在强制执行措施的范围之内。

（四）税款的退还、补缴和追征

1. 税款的退还

纳税人超过应纳税额缴纳的税款，税务机关发现后应当立即退还；纳税人自结算缴纳税款之日起3年内发现的，可以向税务机关要求退还多缴的税款并加算银行同期存款利息，税务机关及时查实后应当立即退还。

2. 税款的补缴

由于税务机关的责任，导致纳税人、扣缴义务人未缴或少缴税款，税务机关要求补缴的时间是3年以内，但不得加收滞纳金。超过3年以后则不可再要求纳税人、扣缴义务人补缴。

3. 税款的追征

因纳税人、扣缴义务人自己计算错误等失误，造成未缴或少缴税款，税务机关不仅应追征税款，还应追征滞纳金。追征的时间一般是3年，有特殊情况的，可以延长至5年。

另外，对偷税、抗税、骗税的，税务机关追征其未缴或者少缴的税款、滞纳金或者所骗取的税款，不受上述规定期限的限制，可以无限期追征。

> **素养提升**
>
> 理论解读：
>
> 党的二十大报告中指出，要完善个人所得税制度，规范收入分配秩序，规范财富积累机制，保护合法收入，调节过高收入，取缔非法收入。
>
> 讨论分析：请同学们结合对个人所得税的学习，讨论交流如何做个依法纳税的好公民，让诚信纳税成为我们每个人的自觉行动。

三、税务检查

（一）税务检查的形式

根据工作需要和法定程序，税务机关可采取的检查形式主要有：① 重点检查；② 分类计划检查；③ 集中性检查；④ 临时性检查；⑤ 专项检查。

（二）税务检查的职权

税务检查是税收征收管理的后期监督环节。《税收征收管理法》对税务检查的职权作了明确的规定，共有六项授权：① 查账权；② 实地检查权；③ 责成提供资料权；④ 询问权；⑤ 运输、邮政、分支机构查证权；⑥ 查询存款账户权。

四、违反税款征收的法律责任

（1）逃避追缴欠税的法律责任。纳税人欠缴应纳税款，采取转移或者隐匿财产的手段，妨碍税务机关追缴欠缴的税款的，由税务机关追缴欠缴的税款、滞纳金，并处欠缴税款50%以上5倍以下的罚款；构成犯罪的，依法追究刑事责任。

（2）进行虚假申报或不进行申报行为的法律责任。① 纳税人、扣缴义务人编造虚假计税依据的，由税务机关责令限期改正，并处5万元以下的罚款；② 纳税人不进行纳税申报，不缴或者少缴应纳税款的，由税务机关追缴其不缴或者少缴的税款、滞纳金，并处不缴或者少缴的税款50%以上5倍以下的罚款。

（3）在规定期限内不缴或者少缴税款的法律责任。纳税人、扣缴义务人在规定期限内不缴或者少缴应纳或者应解缴的税款，经税务机关责令限期缴纳，逾期仍未缴纳的，税务机关除依照《税收征收管理法》规定采取强制执行措施追缴其不缴或者少缴的税款外，可以处不缴或者少缴的税款50%以上5倍以下的罚款。

（4）偷税的法律责任。纳税人采取伪造、变造、隐匿、擅自销毁账簿、记账凭证，或者在账簿上多列支出或者不列、少列收入，或者经税务机关通知申报而拒不申报或者进行虚假的纳税申报，不缴或者少缴应纳税款的，是偷税。对纳税人偷税的，由税务机关追缴其不缴或者少缴的税款、滞纳金，并处不缴或者少缴的税款50%以上5倍以下的罚款，构成犯罪的，依法追究刑事责任。

（5）骗取出口退税的法律责任。以假报出口或者其他欺骗手段，骗取国家出口退税款的，由税务机关追缴其骗取的退税款，并处骗取税款1倍以上5倍以下的罚款；构成犯罪的，依法追究刑事责任。对骗取国家出口退税款的，税务机关可以在规定期间内停止为其办理出口退税。

（6）抗税的法律责任。以暴力、威胁方法拒不缴纳税款的，是抗税，除由税务机关追缴其拒缴的税款、滞纳金外，依法追究刑事责任。情节轻微，未构成犯罪的，由税务机关追缴其拒缴的税款、滞纳金，并处拒缴税款1倍以上5倍以下的罚款。

 练一练

某大酒店设置了两套账簿，其中一套账簿用来核算酒店的全部收支和经营成果，据此向主管部门报送会计报表；另一套账簿则隐匿了大部分的收入，仅记载其中的一部分，平时即根据此账簿所记收入来申报纳税。经查实，该酒店合计少缴税款17万元。

> 思考：（1）根据税收法律制度的相关规定，该酒店的行为是否构成违法？（2）如果构成违法行为，应如何处理？

职场应用与指导

职场应用场景：

王余年工作3年后，月收入为9 800元。每月需要缴纳的"三险一金"为2 000元。王余年的工作地点位于北京市，且其在北京没有住房，每月租房费用为3 600元。王余年的父母也都已经60多岁（王余年在老家还有一个哥哥）。

问题一：个人所得税的免征额是多少？

问题二：个人所得税专项附加扣除项目有哪些？具体金额是多少？

问题三：王余年每月需要交纳的个人所得税是多少？

要求：

请结合本章内容的学习，查阅相关资料，帮助王余年解决上述三个问题。

指导建议请扫描二维码阅读参考。

文本：
第十二章职场应用指导建议

通关自测

测验：
第十二章交互式测验及参考答案

法务实训

案情简介：

某托运站无证经营两年，也未申报纳税。后经税务机关核查，责令该托运站限期缴清所欠税款，但托运站却逾期未缴清税款，税务机关遂依照法定程序对其采取强制执行措施，扣押了其托运的部分货物，并查封了该托运站自有的一个仓库。托运站对此措施不服，以税务机关扣押的货物不属于托运站所有为由，向法院提出诉讼，要求撤销税务机关的不当执行措施。

问题：

（1）税务机关的强制执行措施有无不当之处？为什么？

（2）法院应如何处理？请说明理由。

第十三章
劳动法律制度

【学习目标】

★ **素养目标**
- 牢固树立劳动最光荣、最崇高、最伟大、最美丽的思想观念。
- 树立正确的择业观和职业道德观。
- 构建和谐劳动关系。

★ **知识目标**
- 理解劳动法的调整对象和适用范围。
- 了解劳动合同的种类,熟悉劳动合同的必备条款和协商条款。
- 了解劳动合同的效力和终止条件,熟悉劳动合同的解除条件和经济补偿金的支付。
- 掌握我国关于最低工资保障制度和工资支付保障的相关规定,了解工作时间的一般规定。

★ **能力目标**
- 能够学会拟定劳动合同,特别是约定条款。
- 能够正确把握劳动合同的解除情形和合理合法适用经济补偿金的支付。
- 能够正确分辨合法解雇和违法解雇,并学会依法维权。
- 能够正确计算各类加班加点的工资。

第十三章 劳动法律制度

【思维导图】

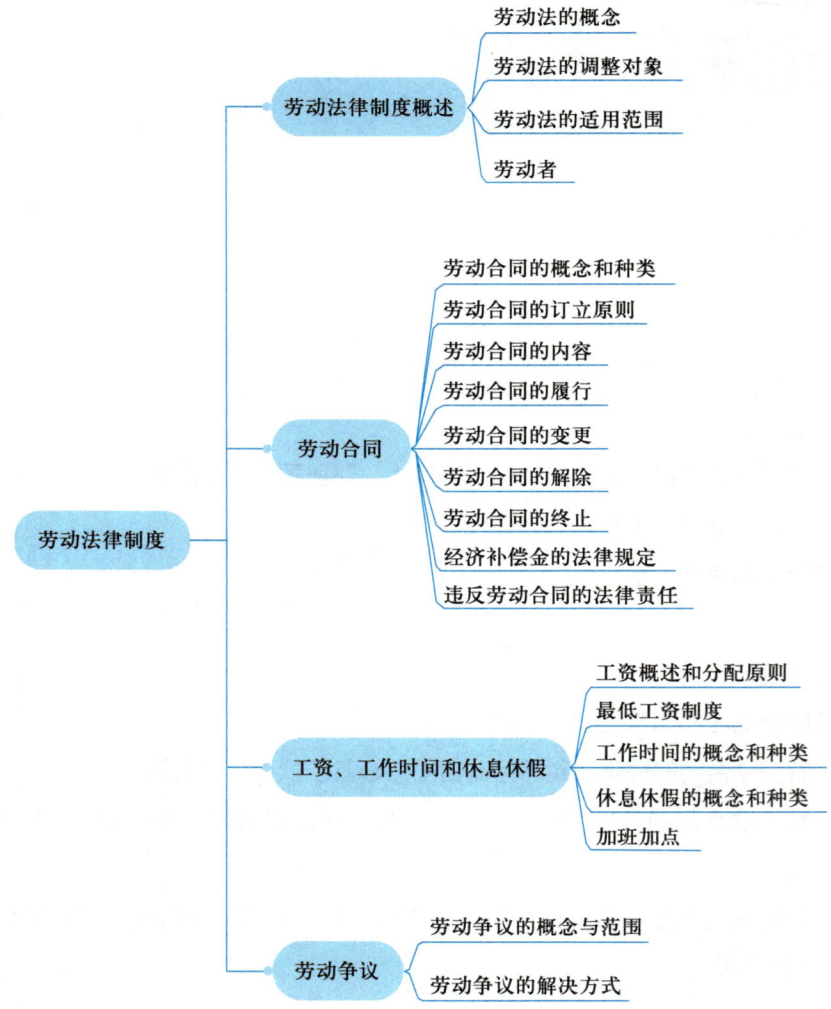

【先导案例】

案情介绍：

甲与乙系某企业职工，甲于某年1月与企业签订了为期5年的劳动合同。次年2月，甲因身体不适向企业提出调换工作岗位的申请，并提供了医院证明。乙也于某年12月与企业签订了3年的劳动合同，试用期6个月。次年2月乙在岗期间酗酒闹事，并将同事打伤。当年3月企业以甲不能胜任工作、乙不符合录用条件为由解除了与甲和乙的劳动合同。甲、乙不服，向当地劳动争议仲裁委员会提起仲裁。

想一想：

该企业解除与甲、乙的劳动合同是否合法？为什么？

第一节 劳动法律制度概述

一、劳动法的概念

从狭义上讲，我国的劳动法是指1994年7月5日第八届全国人民代表大会常务委员会第八次会议通过，自1995年1月1日起施行的《中华人民共和国劳动法》（以下简称《劳动法》），该法分别于2009年和2018年进行了两次修正；从广义上讲，劳动法是调整劳动关系以及与劳动关系密切联系的其他社会关系的法律规范的总称。广义的劳动法除《劳动法》外，还包括2008年1月1日起施行、2012年又进行了修正的《中华人民共和国劳动合同法》（以下简称《劳动合同法》）等法律法规。其中，《劳动法》是劳动保障立法体系中的基准法，是《劳动合同法》的立法根据。也可以说《劳动法》是《劳动合同法》的母法，《劳动合同法》是《劳动法》的子法。这两部法律是维护劳动者权益的最重要法律依据。本章介绍的是广义劳动法的内容。

二、劳动法的调整对象

劳动法的调整对象：一是劳动关系；二是与劳动关系密切联系的其他社会关系。

（一）劳动关系——劳动法调整的最基本、最重要的关系

劳动法的主要调整对象是狭义的劳动关系，即劳动者与用人单位之间依法确立的劳动过程中的权利义务关系。

劳动关系具有以下3个特征：① 当事人主体特定。劳动关系一方固定为劳动者，另一方固定为用人单位。② 人身性与财产性相结合。劳动者向用人单位提供劳动力，必须是自身行为，而不允许代理，可见劳动关系具有人身性；反之，用人单位必须支付一定的财产（工资）作为对价换取劳动力，劳动关系又有财产性。③ 平等性与隶属性兼备。劳动者与用人单位建立、变更或终止劳动关系是依照平等、自愿、协商原则进行的，可见劳动关系具有平等性。但劳动关系一经确立，劳动者就成为用人单位内部职工，应接受用人单位的管理和各种内部规章制度的约束，可见其又具有隶属性。

（二）与劳动关系密切联系的其他社会关系

与劳动关系密切联系的其他社会关系，可以概括为以下几个方面：① 劳动力管理方面的关系；② 劳动力配置服务方面的关系；③ 社会保险方面的关系；④ 工会活动方面的关系；⑤ 监督劳动法律执行方面的关系；⑥ 处理劳动争议方面的关系。

三、劳动法的适用范围

文本：
不属于《劳动合同法》适用范围的关系

劳动法的适用范围具体包括：（1）在中国境内的企业、个体经济组织和与之形成劳动关系的劳动者。（2）国家机关、事业组织、社会团体和与之实行劳动合同制度的工勤人员。（3）实行企业化管理的事业组织的人员。（4）其他通过劳动合同与国家机关、事业组织、社会团体建立劳动关系的劳动者。

法律咨询

背景材料：小张是一名农民，进城务工找到一家公司工作。现在公司和其他员工都签了劳动合同并为他们缴纳了社会保险，但没有和小张签劳动合同。小张去询问，公司称他是农民工，不能与其签订劳动合同。

要求：企业的说法是否有法律依据？请你告诉小张他是否有权要求公司与其签订劳动合同并为其缴纳社会保险。

法律咨询

背景材料：小李是一名大学生，利用课余时间做家教，现在跟雇主之间因为报酬问题发生了一点纠纷。小李听说，家教与雇主之间的关系不是劳动关系，不受劳动法保护。这是真的吗？小李该如何维护他的合法权益？

要求：请你告诉小李他跟雇主之间形成的关系是否是劳动关系，是否受劳动法保护，他应该如何维护其合法权益？

四、劳动者

（一）劳动者的概念和条件

劳动者，是指依据法律法规的规定和劳动合同的约定，在用人单位的管理下从事体力或脑力劳动并获取劳动报酬的自然人。

要成为合法的劳动者必须具备一定的条件：① 年龄条件。必须年满16周岁。我国《劳动法》规定的最低就业年龄是16周岁，文艺、体育和特种工艺单位招用未满16周岁的未成年人，必须遵守国家有关规定，并保障其接受义务教育的权利。② 劳动能力。必须依法具有劳动权利能力和劳动行为能力。

（二）劳动者的权利和义务

1. 劳动者的权利

劳动者的权利主要有以下几个方面：① 平等就业的权利；② 选择职业的权利；③ 取得劳动报酬的权利；④ 获得劳动安全卫生保护的权利；⑤ 休息休假的权利；⑥ 享有社会保险和福利的权利；⑦ 接受职业技能培训的权利；⑧ 提请劳动争议处理的权利。

2. 劳动者的义务

劳动者的义务主要包括：① 完成劳动任务；② 执行劳动安全卫生规程；③ 提高职业技能；④ 遵守劳动纪律和职业道德。

第二节　劳动合同

一、劳动合同的概念和种类

（一）劳动合同的概念

劳动合同，是指劳动者与用人单位确立劳动关系，明确相互之间的权利义务而达成的书面协议。

劳动合同一经签订，劳动者和用人单位都必须依照劳动合同的规定行使权利、履行义务。

（二）劳动合同的种类

依据不同的标准，劳动合同可以分为不同的类型（详见表13-1）。

表 13-1 劳动合同的种类

根据劳动合同期限不同	固定期限劳动合同	又称定期劳动合同，指用人单位与劳动者约定合同终止时间的劳动合同。用人单位与劳动者协商一致，可以订立固定期限劳动合同。约定的合同期限届满，双方无续订劳动合同的意思表示，劳动合同即告终止
	无固定期限劳动合同	又称不定期劳动合同，即双方当事人在合同中只约定合同生效的起始日期，没有确定合同的终止日期的劳动合同
	以完成一定工作任务为期限的劳动合同	指用人单位与劳动者约定以某项工作的完成为合同期限的劳动合同。劳动合同约定的工作任务一旦完成，合同就自然终止。一般适用于铁路、桥梁、水利、建筑等工程项目
根据用工模式不同	全日制用工劳动合同	指劳动者和用人单位在标准用工模式下订立的劳动合同。标准用工模式下，劳动者直接受雇于用人单位，按照国家法定工作时间从事劳动，劳动者和用人单位建立标准的劳动关系（典型劳动关系），应当订立书面劳动合同
	非全日制用工劳动合同	指以小时计酬为主，劳动者在同一用人单位一般每日平均工作时间不超过4小时，每周工作时间累计不超过24小时的用工模式，可以订立口头协议。不得约定试用期。任何一方都可以随时通知对方终止用工，且用人单位不向劳动者支付经济补偿。劳动报酬结算支付周期最长不得超过15日。通常不享受与全日制用工相同的福利待遇，如带薪休假、社会保险等
根据劳动者一方人数不同	个人劳动合同	由劳动者个人与用人单位依法签订的明确双方权利和义务的劳动合同。个人劳动合同一般形成个别劳动法律关系
	集体劳动合同	指工会代表企业职工一方与企业签订的以劳动报酬、工作时间、休息休假、劳动安全卫生、保险福利等为主要内容的书面协议

二、劳动合同的订立原则

《劳动合同法》规定，订立劳动合同，应当遵循合法、平等自愿、协商一致的原则。

（一）合法原则

1. 主体合法

订立劳动合同的主体必须合法。作为用人单位，必须是依法成立的企业、事业单位、国家机关、社会团体和个体经济组织等用人单位；作为劳动者，必须达到法定就业年龄，是具有劳动权利能力和劳动行为能力的自然人。

2. 内容合法

劳动合同内容合法，即劳动合同的各项条款必须符合法律、行政法规的规定。

3. 劳动合同订立的形式和程序合法

建立劳动关系，应当订立书面劳动合同。已建立劳动关系未同时订立书面劳动合同的，应当自用工之日起1个月内订立书面劳动合同。

劳动合同由用人单位与劳动者协商一致，并经用人单位与劳动者在劳动合同文本上签字或者盖章生效。劳动合同文本由用人单位和劳动者各执一份。

实践中，有些企业与劳动者没有签订书面劳动合同，但已形成了事实上的劳动关系。事实上的劳动关系也受法律保护。

素养提升

理论解读：

中共十九届四中全会《中共中央关于坚持和完善中国特色社会主义制度、推进国家治理体系和治理能力现代化若干重大问题的决定》提出，要健全有利于更充分更高质量就业的促进机制。坚持就业是民生之本，实施就业优先政策，创造更多就业岗位。健全公共就业服务和终身职业技能培训制度，完善重点群体就业支持体系。建立促进创业带动就业、多渠道灵活就业机制，对就业困难人员实行托底帮扶。坚决防止和纠正就业歧视，营造公平就业制度环境。健全劳动关系协调机制，构建和谐劳动关系，促进广大劳动者实现体面劳动、全面发展。

党的二十大报告也提出，要健全劳动法律法规，完善劳动关系协商协调机制，完善劳动者权益保障制度，加强灵活就业和新就业形态劳动者权益保障。

讨论分析： 请同学们结合社会主义核心价值观对公民的要求，以诚信观为视角，谈谈你对和谐劳动关系的认识及新时代构建和谐劳动关系的思考。

第十三章　劳动法律制度

法律咨询

背景材料：小丁在一家公司上班，公司各种条件、待遇都不错，但公司就是不跟员工签劳动合同。小丁不想辞职，但公司不签合同，他担心以后万一与公司发生纠纷，自己的权益无法受到保护。听说事实上的劳动关系也受法律保护。但是没有合同，怎么证明事实劳动关系存在呢？

要求：请你告诉小丁事实上的劳动关系是否受法律保护，并告诉小丁平时应注意保存哪些证据，以便发生纠纷时能够证明事实上的劳动关系存在。

（二）平等自愿、协商一致原则

凡是违反平等自愿、协商一致原则签订的劳动合同，不仅不具有法律效力，而且应承担一定的法律责任。

三、劳动合同的内容

（一）必备条款

劳动合同的必备条款事关劳动者的切身利益，如果欠缺，发生争议时将不利于劳动者合法权益的保护。

1. 用人单位的名称、住所和法定代表人或者主要负责人

用人单位的名称应是经国家有关机关核准的名称。住所为其主要办事机构所在地。用人单位具有法人资格的要注明单位的法定代表人，不具有法人资格的应在劳动合同中写明该单位的主要负责人。

2. 劳动者的姓名、住址和居民身份证或者其他有效身份证件号码

劳动者姓名以户籍登记，即以身份证上所载为准。劳动者住址为其户籍所在的居住地，其经常居住地与户籍所在地不一致的，以经常居住地为住址。

3. 劳动合同期限

劳动合同期限指当事人双方互相享有权利、履行义务的时间界限，当事人可以选择订立固定期限劳动合同、无固定期限劳动合同或以完成一定工作任务为期限的劳动合同。

4. 工作内容和工作地点

工作内容包括劳动者的工种、工作岗位、工作任务或职责等。工作地点指劳动合

同的履行地，是劳动者从事劳动合同所约定工作内容的地点。

5. 工作时间和休息休假

工作时间是指劳动者为用人单位提供劳动，履行合同义务的时间，即劳动者在1昼夜或者1周内从事生产或工作的时间。休息休假是指劳动者在任职期间，按照规定无须履行劳动义务而可以自行支配的时间。

6. 劳动报酬

劳动报酬是指劳动者与用人单位建立劳动关系后，因提供劳动而取得的报酬。劳动合同中有关劳动报酬条款的约定，要符合我国有关最低工资标准的规定。

7. 社会保险

社会保险是政府通过立法强制实施，由用人单位、劳动者和国家三方共同筹资，帮助劳动者及其亲属在遭遇年老、疾病、工伤、生育、失业等风险时，防止收入中断、减少和丧失，以保障其基本生活需求的社会保障制度。

知识链接

什么是"五险一金"？

在我国，"五险一金"是指用人单位给予劳动者的保障性待遇的合称。具体包括养老保险、医疗保险、失业保险、工伤保险和生育保险，以及住房公积金。其中工伤保险和生育保险全部由用人单位缴纳。

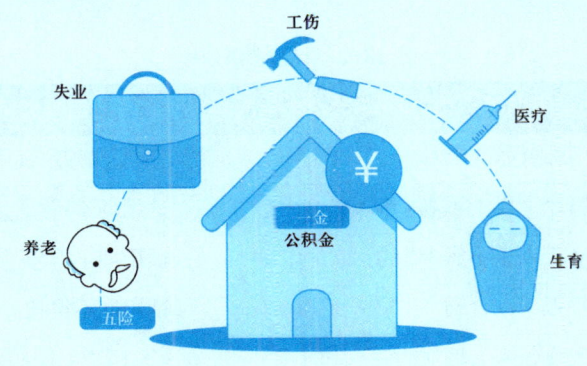

8. 劳动保护、劳动条件和职业危害防护

劳动保护是用人单位为了防止劳动过程中的安全事故，采取各种措施保障劳动者的生命安全和健康。劳动条件是指用人单位为了使劳动者顺利完成工作任务，双方约定由用人单位为劳动者提供必要的物质和技术条件。职业危害防护是指针对职业活动过程中可能产生的危害而采取的防护措施。

除以上条款外，还有法律、法规规定应当纳入劳动合同的其他事项。

法律咨询

背景材料：王某今年刚从某高职院校会计专业毕业，欲与一公司签订劳动合同。签订劳动合同时，王某知道他就职的这家公司在全国各地有几家分公司，于是他想在劳动合同中约定他的工作地点就是青岛，但公司不同意。公司认为工作地点的安排是单位的自主权，王某无权选择工作地点，更不应当在劳动合同中约定工作地点。

要求：请你告知王某劳动合同中是否应约定工作地点，公司的说法是否合法。请说明理由。

（二）约定条款

劳动合同除必备条款外，用人单位与劳动者可以约定试用期、服务期、补充保险和福利待遇等其他事项。

1. 试用期条款

试用期指劳动者与用人单位建立劳动关系后，相互了解、选择而约定的考察期限。为了防止用人单位滥用试用期，我国《劳动合同法》对试用期作了诸多限制。

（1）试用期的期限，见表13-2。

表13-2　试用期期限

劳动合同期限	试用期期限
劳动合同期限不满3个月	不得约定试用期
劳动合同期限3个月以上不满1年	试用期不得超过1个月
劳动合同期限1年以上不满3年的	试用期不得超过2个月
无固定期限劳动合同	试用期不得超过6个月
以完成一定工作任务为期限的	不得约定试用期

（2）试用期的约定次数。同一用人单位与同一劳动者只能约定一次试用期。

（3）试用期与劳动合同期限的关系。试用期包含在劳动合同期限内。劳动合同仅约定试用期的，试用期不成立，该期限为劳动合同期限。

（4）试用期的工资。劳动者在试用期的工资不得低于本单位相同岗位最低档工资或者劳动合同约定工资的80%，并不得低于用人单位所在地的最低工资标准。

（5）对试用期内用人单位解除劳动合同的限制。在试用期内，除劳动者有法律规定的情形外，用人单位不得解除劳动合同。用人单位在试用期解除劳动合同的，应当向劳动者说明理由。

2. 服务期条款

服务期是指劳动者因接受用人单位提供的专项培训费用，进行了专业技术培训后而承诺必须为用人单位劳动的期限。

用人单位为劳动者提供专项培训费用，对其进行专业技术咅训的，可以与该劳动者订立协议，约定服务期。用人单位与劳动者约定服务期的，不影响按照正常的工资调整机制提高劳动者在服务期期间的劳动报酬。

3. 补充保险条款

补充保险是指除了国家规定的基本社会保险以外，用人单位根据自身的实际情况为劳动者建立的补充性保险，用来满足劳动者高于基本保险需求的愿望，一般包括补充养老保险、补充医疗保险等。

4. 福利待遇条款

福利待遇指用人单位为了增强员工的归属感，激励员工的工作热情，除国家法定的待遇外，额外为员工提供的利益，包括提供住房、给予安家费及交通补助、通信补助等。

5. 保密条款

保密，指劳动者对用人单位的商业秘密和与知识产权相关的保密事项负有保密义务。双方当事人可以对保密内容、保密期限、保密措施、保密义务等进行约定。约定保密条款的目的在于保护用人单位的商业秘密和知识产权。

6. 竞业限制条款

竞业限制，指劳动者在解除或终止劳动合同后的一定期限内，不得到与本单位生产或者经营同类产品、从事同类业务的有竞争关系的其他用人单位，或者自己开业生产或者经营同类产品、从事同类业务。其目的在于防止劳动者利用在原用人单位工作期间获得的商业秘密和商业关系，对其进行不正当竞争。在竞业限制期限内，用人单位应按月给予劳动者一定的经济补偿。

竞业限制的人员限于用人单位的高级管理人员、高级技术人员和其他负有保密义务的人员。竞业限制的范围、地域、期限、违约责任等由用人单位与劳动者约定，但竞业限制期限，最高不得超过2年。

四、劳动合同的履行

（一）劳动合同履行的概念
劳动合同的履行，指劳动合同的双方当事人按照生效后的劳动合同约定履行义务、享受权利的行为。

（二）劳动合同的履行原则
根据法律的相关规定，劳动合同的履行应遵循以下原则：① 合法履行原则；② 亲自履行原则；③ 实际履行原则；④ 全面履行原则；⑤ 协作履行原则。

五、劳动合同的变更

（一）劳动合同变更的概念
劳动合同的变更，指在劳动合同开始履行但尚未完全履行之前，因订立劳动合同的主客观条件发生了变化，当事人依照法律规定的条件和程序，对原合同中的某些条款修改、补充的法律行为。

（二）劳动合同变更的条件
劳动合同一经依法订立，即具有法律约束力，受法律保护，双方当事人应当严格履行，任何一方不得随意变更劳动合同约定的内容。但符合下列条件，劳动合同可以依法变更：① 经双方当事人协商一致。② 订立劳动合同所依据的法律、法规已经修改或者废止。③ 用人单位经上级主管部门批准或者根据市场变化决定转产、调整生产任务或者生产经营项目等。④ 法律、法规允许的其他情况。

（三）劳动合同变更的注意事项
主要包括：① 必须在劳动合同依法订立后，在合同没有履行或者尚未履行完毕之前的有效时间内进行。② 必须坚持平等自愿、协商一致的原则。劳动合同允许变更，但不允许单方变更，任何单方变更劳动合同的行为都是无效的。③ 变更内容必须合法，不得违反法律、法规的强制性规定。④ 变更形式必须合法。劳动合同变更必须采用书面形式，变更后的劳动合同文本由用人单位和劳动者各执一份。

六、劳动合同的解除

（一）劳动合同解除的概念

劳动合同的解除是指劳动合同订立后尚未完全履行前，由于某种原因导致劳动合同一方或双方当事人提前消灭劳动关系的法律行为。

依照《劳动合同法》的规定，劳动合同的解除分为协商解除和单方解除。

（二）劳动合同的协商解除

劳动合同的协商解除是指劳动关系当事人基于双方的合意依法使劳动权利义务关系归于消灭的情形。

用人单位与劳动者协商一致，可以解除劳动合同。当然，劳动者与用人单位协商一致，也可以解除劳动合同。

（三）劳动合同的单方解除

劳动合同的单方解除是指劳动关系当事人一方，在劳动合同履行期间，基于法定或约定的事由，行使单方解除权，将劳动权利义务关系予以消灭的情形。分为用人单位单方解除和劳动者单方解除。

1. 用人单位单方解除

（1）即时解除。劳动者有下列情形之一的，用人单位可以解除劳动合同：① 劳动者在试用期间被证明不符合录用条件的；② 劳动者严重违反用人单位的规章制度的；③ 劳动者严重失职，营私舞弊，给用人单位造成重大损害的；④ 劳动者同时与其他用人单位建立劳动关系，对完成本单位的工作任务造成严重影响，或者经用人单位提出，拒不改正的；⑤ 劳动者以欺诈、胁迫的手段或者乘人之危，使用人单位在违背真实意思的情况下订立或者变更劳动合同，致使劳动合同无效的；⑥ 劳动者被依法追究刑事责任的。

（2）预告解除。有下列情形之一的，用人单位提前30日以书面形式通知劳动者本人或者额外支付劳动者一个月工资后，可以解除劳动合同：① 劳动者患病或者非因工负伤，在规定的医疗期满后不能从事原工作，也不能从事由用人单位另行安排的工作的；② 劳动者不能胜任工作，经过培训或者调整工作岗位，仍不能胜任工作的；③ 劳动合同订立时所依据的客观情况发生重大变化，致使劳动合同无法履行，经用人单位与劳动者协商，未能就变更劳动合同内容达成协议的。

（3）裁员解除。有下列情形之一，需要裁减人员20人以上或者裁减不足20人但占企业职工总数10%以上的，用人单位应提前30日向工会或者全体职工说明情况，听取工会或者职工的意见后，裁减人员方案经向劳动行政部门报告，可以裁减人员：① 依照企业破产法规定进行重整的；② 生产经营发生严重困难的；③ 企业转产、进行重大技术革新或者经营方式调整，经变更劳动合同后，仍需裁减人员的；④ 其他因劳动合同订立时所依据的客观经济情况发生重大变化，致使劳动合同无法履行的。

裁减人员时，应当优先留用下列人员：① 与本单位订立较长期限的固定期限劳动合同的；② 与本单位订立无固定期限劳动合同的；③ 家庭无其他就业人员，有需要扶养的老人或者未成年人的。

用人单位依法裁减人员，在6个月内重新招用人员的，应当通知被裁减的人员，并在同等条件下优先招用被裁减的人员。

（4）用人单位单方解除的禁止性规定。在劳动者无过失的条件下，出现下列情形时，用人单位不得单方解除劳动合同：① 从事接触职业病危害作业的劳动者未进行离岗前职业健康检查，或者疑似职业病病人在诊断或者医学观察期间的；② 在本单位患职业病或者因工负伤并被确认丧失或者部分丧失劳动能力的；③ 患病或者非因工负伤，在规定的医疗期内的；④ 女职工在孕期、产期、哺乳期的；⑤ 在本单位连续工作满15年，且距法定退休年龄不足5年的；⑥ 法律、行政法规规定的其他情形。

素养提升

伪造简历，职场中这种行为要不得！

刘某与甲公司签订了一份为期3年的劳动合同。在试用期内，甲公司发现刘某伪造了工作经历。原来，刘某在填写《入职登记表》时载明其曾在乙公司担任客户总监职务，而乙公司则证明刘某未曾在本公司有过任何任职经历。甲公司遂认定刘某不符合公司录用条件，便与其解除了劳动合同。

警示：在招聘过程中，用工双方因信息不对称，劳动者通过伪造个人简历，获取意向职位的情况时有发生。劳动者伪造简历的行为不仅违背了诚实信用原则和职业道德，亦剥夺了其他劳动者公平竞争的机会，也致使用工单位不能招录到与岗位匹配的劳动者，严重影响其生产经营和发展。所以职场中要坚决杜绝这种行为。

2. 劳动者单方解除

（1）即时解除。用人单位有下列情形之一的，劳动者可以解除劳动合同：① 用人单位未按照劳动合同约定提供劳动保护或者劳动条件的；② 用人单位未及时足额支付劳动报酬的；③ 用人单位未依法为劳动者缴纳社会保险费的；④ 用人单位的规章制度违反法律、法规的规定，损害劳动者权益的；⑤ 用人单位以欺诈、胁迫的手段或者乘人之危，使劳动者在违背真实意思的情况下订立或者变更合同，致使劳动合同无效的；⑥ 法律、行政法规规定劳动者可以解除劳动合同的其他情形。

用人单位以暴力、威胁或者非法限制人身自由的手段强迫劳动者劳动的，或者用人单位违章指挥、强令冒险作业危及劳动者人身安全的，劳动者可以立即解除劳动合同，不需事先告知用人单位。

（2）预告解除。劳动者提前30日以书面形式通知用人单位，可以解除劳动合同。劳动者在试用期内提前3日通知用人单位，可以解除劳动合同。

劳动合同解除的情形汇总，如图13-1所示。

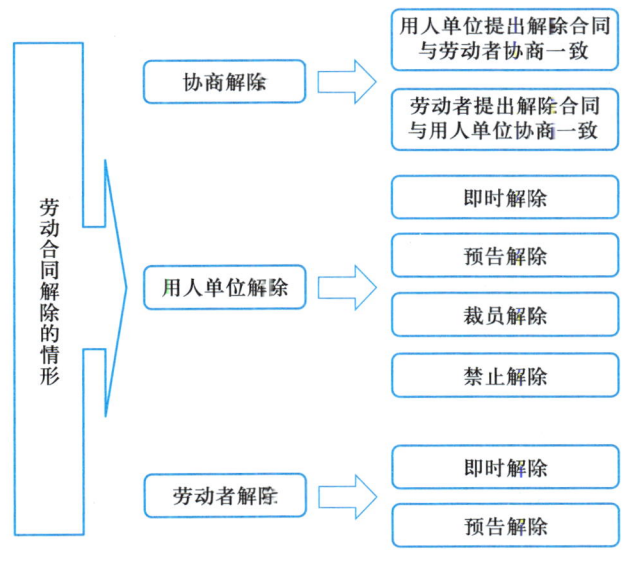

图13-1　劳动合同解除情形汇总

练一练

小美是甲公司的女员工，由于经常旷工，严重违反公司的规章制度，某年9月11日被企业解除了劳动合同。事后小美感觉身体不舒服，9月22日去医院检查时被告知已怀孕两个月。小美得知根据《劳动合同法》的相关规定，女职工在孕期用人单位不能与之解除劳动合同，于是找到公司要求继续履行劳动合同。

思考：该公司辞退小美的做法是否合法？请说明理由。

七、劳动合同的终止

（一）劳动合同终止的概念

劳动合同的终止，是指劳动合同订立后，因出现某种法定的事实，导致用人单位与劳动者之间形成的劳动关系自动归于消灭，或导致劳动合同的继续履行成为不可能而不得不消灭的情形。劳动合同的终止，是法律规定的消灭劳动关系的另一种形式。

（二）劳动合同终止的情形

有下列情形之一的，劳动合同终止：① 劳动合同期满的。② 劳动者开始依法享受基本养老保险待遇的。③ 劳动者死亡，或者被人民法院宣告死亡或者宣告失踪的。④ 用人单位被依法宣告破产的。⑤ 用人单位被吊销营业执照、责令关闭、撤销或者用人单位决定提前解散的。⑥ 法律、行政法规规定的其他情形。例如，《劳动合同法实施条例》规定，自用工之日起，劳动者不与用人单位订立书面劳动合同的，用人单位应当书面通知劳动者终止劳动关系。

（三）劳动合同期满不得终止的情形

有下列情形之一的，劳动合同期满不得终止，劳动合同应当续延至相应的情形消失时终止：① 从事接触职业病危害作业的劳动者未进行离岗前职业健康检查，或者疑似职业病病人在诊断或者医学观察期间的。② 在本单位患职业病或者因工负伤并被确认丧失或者部分丧失劳动能力的，按照工伤保险的规定执行。③ 患病或者非因工负伤，在规定的医疗期内的。④ 女职工在孕期、产期、哺乳期的。⑤ 在本单位连续工作满15年，且距法定退休年龄不足5年的。⑥ 法律、行政法规规定的其他情形。

八、经济补偿金的法律规定

（一）经济补偿金的概念

经济补偿金，指在劳动合同解除或终止后，用人单位依法一次性支付给劳动者的经济上的补助。一般也称作"经济补偿"。

（二）经济补偿金的适用范围

1. 劳动合同解除，应当支付经济补偿金的情形

包括：① 由用人单位提出解除劳动合同并与劳动者协商一致而解除劳动合同的。② 劳动者符合即时解除条件，不需要事先通知即可解除劳动合同的。③ 用人单位符合提前30天以书面形式通知劳动者本人或者额外支付劳动者一个月工资后解除劳动合同的。④ 用人单位符合可裁减人员规定而解除劳动合同的。

2. 劳动合同终止，应当支付经济补偿金的情形

包括：① 除用人单位维持或者提高劳动合同约定条件续订劳动合同，劳动者不同意续订的情形外，合同期满后终止固定期限劳动合同的，用人单位应当支付给劳动者经济补偿金。② 用人单位被依法宣告破产的或被吊销营业执照、责令关闭、撤销或者用人单位决定提前解散而终止劳动合同的，用人单位应当支付给劳动者经济补偿金。③ 用人单位自用工之日起超过1个月不满1年未与劳动者订立书面劳动合同的，用人单位应向劳动者每月支付2倍工资，并与劳动者补订书面劳动合同；劳动者不与用人单位订立书面劳动合同的，用人单位应书面通知劳动者终止劳动关系，并支付经济补偿金。

文本：
无需支付经济补偿金的情形

（三）经济补偿金的支付标准

经济补偿按劳动者在本单位的工作年限计算，每满1年用人单位向劳动者支付1个月工资的经济补偿金。6个月以上不满1年的，按1年计算；不满6个月的，向劳动者支付半个月工资的经济补偿金。

劳动者月工资高于用人单位所在直辖市、设区的市级人民政府公布的本地区上年度职工月平均工资3倍的，向其支付经济补偿的标准按职工月平均工资3倍的数额计算，且支付经济补偿的年限最高不超过12年。

以上所称月工资是指劳动者在劳动合同解除或者终止前12个月的平均工资。

（四）经济补偿金的支付时间

解除或者终止劳动合同，用人单位依法应向劳动者支付经济补偿的，应当在劳动者按照约定与用人单位办结工作交接时支付。

九、违反劳动合同的法律责任

（一）用人单位违反劳动合同的法律责任

1. 用人单位"违法订立劳动合同"的法律责任

（1）用人单位自用工之日起超过1个月不满1年未与劳动者订立书面劳动合同的，应当向劳动者每月支付2倍的工资。

提示：向劳动者支付每月2倍的工资的起算时间自用工之日起满1个月的次日至补订书面劳动合同的前一日。（解释：首月不罚；公式：工期乘2减1）

（2）用人单位自用工之日起满1年未与劳动者订立书面劳动合同的，自用工之日起满1个月的次日至满1年的前1日应向劳动者每月支付2倍的工资，并视为自用工之日起满1年的当日已经与劳动者订立无固定期限劳动合同，应当立即与劳动者补订书面劳动合同。

（3）用人单位违反规定不与劳动者订立无固定期限劳动合同的，自应当订立无固定期限劳动合同之日起向劳动者每月支付2倍的工资。

（4）用人单位违反法律规定，扣押劳动者居民身份证等证件的，由劳动行政部门责令限期退还劳动者本人，并依照有关法律规定给予处罚。

（5）用人单位违反规定，以担保或者其他名义向劳动者收取财物的，由劳动行政部门责令限期退还劳动者本人，并以每人500元以上2000元以下的标准处以罚款；给劳动者造成损害的，应当承担赔偿责任。

（6）用人单位提供的劳动合同文本未载明劳动合同必备条款或者用人单位未将劳动合同文本交付劳动者的，由劳动行政部门责令改正；给劳动者造成损害的，应当承担赔偿责任。

（7）用人单位违反规定与劳动者约定试用期的，由劳动行政部门责令改正；违法约定的试用期已经履行的，由用人单位以劳动者试用期满月工资为标准，按已经履行的超过法定试用期的期间向劳动者支付赔偿金。

2. 用人单位"违法履行劳动合同"的法律责任

用人单位有下列情形之一的，由劳动行政部门责令限期支付劳动报酬、加班费或者经济补偿金；劳动报酬低于当地最低工资标准的，应当支付其差额部分，逾期不支付的，责令用人单位按应支付金额50%以上100%以下的标准向劳动者加付赔偿金：

（1）未按照劳动合同的约定或者国家规定及时足额支付劳动者劳动报酬的；

（2）低于当地最低工资标准支付劳动者工资的；

（3）安排加班不支付加班费的；

（4）解除或者终止劳动合同，未按照法律规定向劳动者支付经济补偿的。

3. 用人单位"违法解除和终止劳动合同"的法律责任

（1）用人单位违反规定解除或者终止劳动合同的，应当依照经济补偿标准的2倍向劳动者支付赔偿金。

（2）用人单位违反规定未向劳动者出具解除或者终止劳动合同的书面证明，由劳动行政部门责令改正；给劳动者造成损害的，应当承担赔偿责任。

（3）劳动者依法解除或者终止劳动合同，用人单位扣押劳动者档案或者其他物品的，由劳动行政部门责令限期退还劳动者本人，并以每人500元以上2 000元以下的标准处以罚款；给劳动者造成损害的，应当承担赔偿责任。

4. 其他法律责任

（1）用人单位直接涉及劳动者切身利益的规章制度违反法律、法规规定的，由劳动行政部门责令改正，给予警告；给劳动者造成损害的，应当承担赔偿责任。

（2）用人单位招用与其他用人单位尚未解除或者终止劳动合同的劳动者，给其他用人单位造成损失的，应当承担"连带赔偿责任"。

（3）个人承包经营者违反规定招用劳动者，给劳动者造成损害的，发包的组织与个人承包经营者承担"连带赔偿责任"。

法律咨询

> **背景材料**：老张是某企业的人力资源部经理，老张所在的企业向来积极与劳动者签订劳动合同，但是有些劳动者不愿与企业签订劳动合同。根据《劳动合同法》的规定，不签劳动合同企业要支付双倍的工资，会大大增加用工成本，但问题是劳动者不愿意签订劳动合同，作为企业该怎么办呢？
>
> **要求**：请你告诉老张遇到劳动者不签劳动合同的情形该如何处理。

（二）劳动者违反劳动合同的法律责任

（1）劳动者违反服务期约定的，应当按照约定向用人单位支付违约金。违约金的数额不得超过用人单位提供的培训费用。用人单位要求劳动者支付的违约金不得超过服务期尚未履行部分所应分摊的培训费用。

（2）劳动者违反竞业限制约定的，应当按照约定向用人单位支付违约金。

（3）劳动者违反规定解除劳动合同，或者违反劳动合同中约定的保密义务或者竞业限制，给用人单位造成损失的，应当承担赔偿责任。

第三节　工资、工作时间和休息休假

一、工资概述和分配原则

（一）工资概述

1. 工资的概念

工资，指用人单位依据国家有关规定和集体合同、劳动合同约定的标准，根据劳动者提供劳动的数量和质量，以货币形式支付给劳动者的劳动报酬。

2. 工资的支付形式

工资应当以货币形式按月支付给劳动者本人，用人单位不得克扣或者无故拖欠劳动者的工资。劳动者在法定休假日和婚丧假期间以及依法参加社会活动期间，用人单位应当依法支付工资。

（二）工资分配原则

1. 按劳分配原则

按劳分配，指按照劳动者提供的劳动数量和劳动质量支付相应的工资，多劳多得，少劳少得。

2. 同工同酬原则

同工同酬，指提供的劳动数量和劳动质量相同，领取相等的报酬。实行同工同酬，要求对所有劳动者不分性别、年龄、种族、民族，只要付出同等劳动，就付给同等的劳动报酬。

3. 在经济发展的基础上逐步提高工资水平原则

生产决定分配，只有经济发展才能提供更多的可分配的社会产品，因此工资水平必须与经济发展水平相适应。

练一练

王明是某公司的员工，某年与公司签订了为期5年的劳动合同，合同虽然仅几十条，却约定了十多项违约金条款，其中有一项是如果王明跳槽，须一次性支付公司10万元违约金。工作半年后，王明发现另一家公司招人，开出的条件和待遇都比现在的公司好很多。他想跳槽，但面对巨额违约金，又陷入了深深的苦恼之中。

思考：劳动合同中的跳槽违约金条款是否有效？请说明理由。

二、最低工资制度

（一）最低工资的概念

最低工资指劳动者在法定的工作时间内，提供了正常劳动的前提下，用人单位应支付的最低劳动报酬。

（二）最低工资标准

1. 最低工资标准的概念

最低工资标准指劳动者提供正常劳动的情况下，劳动报酬不得低于的标准。最低工资的具体标准由省、自治区、直辖市人民政府规定，报国务院备案。

最低工资标准应当高于当地的社会救济金和失业保险金标准，低于平均工资。

2. 确定和调整最低工资标准的参考因素

确定和调整最低工资标准应当综合参考下列因素：① 劳动者本人及平均赡养人口的最低生活费用；② 社会平均工资水平；③ 劳动生产率；④ 就业状况；⑤ 地区之间经济发展水平的差异。

《劳动法》明确规定，用人单位支付劳动者的工资不得低于当地最低工资标准。

三、工作时间的概念和种类

（一）工作时间的概念

工作时间，是指劳动者在用人单位中应从事劳动或工作的时间，包括每日应工作的时数和每周应工作的天数。劳动者和用人单位都要遵守劳动法规定的工时制度。

（二）工作时间的种类

1. 标准工作时间

标准工作时间，是指法律规定的在一般情况下普遍适用的，按照正常作息办法安排的工作日和工作周的工时制度。根据《劳动法》第36条的规定，国家实行劳动者每日工作时间不超过8小时、平均每周工作时间不超过44小时的工时制度。根据《国务院关于职工工作时间的规定》，我国目前实行的是每日工作8小时，每周工作40小时的标准工作制。

2. 缩短工作时间

缩短工作时间，是指法律规定的在特殊情况下劳动者的工作时间长度少于标准工作时间的工时制度。即每日工作少于8小时。缩短工作日适用于：① 从事矿山井下、高温、有毒有害、特别繁重或过度紧张等作业的劳动者；② 从事夜班工作的劳动者；③ 哺乳期内的女职工。

3. 延长工作时间

延长工作时间，是指超过标准工作日时间长度的工作时间，即日工作时间超过8小时，每周工作时间超过40小时。延长工作时间必须符合法律、法规的规定。

四、休息休假的概念和种类

（一）休息休假的概念

休息休假，是指劳动者在工作时间以外，依照法律、法规规定不从事劳动，由个人自行支配的时间。休息休假时间是相对工作时间而言的，它是劳动者实现休息权利的重要保障条件。

（二）休息休假的种类

1. 日休息时间

日休息时间，是指劳动者在一昼夜内，除工作时间以外，由自己支配的时间。

2. 工作间歇休息

每个工作日内，为了减少劳动者的疲劳和紧张状态，给予劳动者必要的休息和用餐时间，即午休时间。

3. 每周公休假日

按照国家规定，一般每周工作5天，劳动者可享有2天的公休假日。用人单位应当保证劳动者每周至少休息1日。特殊行业可从实际情况出发，依法安排休息日。

4. 每年法定节假日

指国家法律法规统一规定的，用以纪念、庆祝活动的休息时间。我国的法定节假日主要有新年（元旦）、春节、国际劳动节、国庆节、端午节、清明节、中秋节等。

5. 带薪年休假

带薪年休假，是指劳动者连续工作1年以上的，每年选择一次连续的带工资的休假时间。

职工累计工作已满1年不满10年的，年休假5天；已满10年不满20年的，年休假10天；已满20年的，年休假15天。并且国家法定休假日、休息日不计入年休假的假期。

五、加班加点

（一）加班加点的概念

加班加点，指在企业执行的工作时间制度的基础上延长工作时间。凡在法定节假日和公休假日进行工作的叫作加班，凡在正常工作日延长工作时间的叫做加点。实际工作中，加班加点统称为加班。

（二）加班加点的法律规制

1. 加班加点的程序规制

用人单位由于生产经营需要而安排延长工时的，应当事先与工会和劳动者协商，并征得工会同意。

2. 加班加点的长度规制

由于生产经营需要而延长工时的，一般每日不得超过1小时；因特殊原因需要延长工作时间的，在保障劳动者身体健康的条件下每日不得超过3小时，但每月不得超过36小时。

3. 加班加点工资标准规制

加班加点工资，即加班费，是对劳动者延长工时的一种补偿方式。《劳动法》规定，用人单位应当向职工支付高于劳动者正常工作时间工资的加班加点工资，其标准分别为：① 安排劳动者延长工作时间（加点）的，支付不低于正常工时工资的

150%；② 休息日安排劳动者工作（加班）又不能安排补休的，支付不低于正常工时工资的200%；③ 法定休假日安排劳动者工作的（加班），支付不低于正常工时工资的300%。

根据《劳动法》的规定，下列情形延长工作时间不受上述程序、长度限制：① 发生自然灾害、事故或者因其他原因，威胁劳动者生命健康和财产安全，需要紧急处理的；② 生产设备、交通运输线路、公共设施发生故障，影响生产和公共利益，必须及时抢修的；③ 法律、行政法规规定的其他情形。

第四节　劳动争议

一、劳动争议的概念与范围

（一）劳动争议的概念

劳动争议也称为劳动纠纷，是指劳动法律关系双方当事人，即劳动者和用人单位在执行劳动法律法规和履行劳动合同过程中，就劳动权利和义务关系所发生的争议。

（二）劳动争议的范围

依据《劳动争议调解仲裁法》的规定，劳动争议的范围包括以下几个方面：① 因确认劳动关系发生的争议；② 因订立、履行、变更、解除和终止劳动合同发生的争议；③ 因除名、辞退和辞职、离职发生的争议；④ 因工作时间、休息休假、社会保险、福利、培训以及劳动保护发生的争议；⑤ 因劳动报酬、工伤医疗费、经济补偿或者赔偿金等发生的争议；⑥ 法律、法规规定的其他劳动争议。

二、劳动争议的解决方式

文本：
劳动争议解决方式

（一）协商

发生劳动争议，劳动者可以与用人单位协商，也可以请工会或者第三方共同与用人单位协商，达成和解协议。

（二）调解

当事人不愿协商、协商不成或者达成和解协议后不履行的，可以向调解组织申请调解。在用人单位内，可以设立劳动争议调解委员会。劳动争议调解委员会由职工代表、用人单位代表和工会代表组成。劳动争议调解委员会主任由工会代表担任。

（三）仲裁

不愿调解、调解不成或者达成调解协议后不履行的，可以向劳动争议仲裁委员会申请仲裁。

劳动仲裁是法定的必经程序，一切劳动争议案件，都必须经过劳动争议仲裁委员会仲裁，否则，人民法院将不予以受理。

（四）诉讼

诉讼程序是处理劳动争议的最终程序。劳动争议当事人对仲裁裁决不服的，可以自收到裁决书之日起15日内向人民法院起诉。

法律咨询

> 背景材料：甲、乙、丙三人是某公司员工，均已连续在公司工作多年。最近三人均与公司发生了争议：（1）甲因身体有病被辞退与公司发生争议；（2）乙因工资调整与公司发生争议；（3）丙因未被允许参加技术员培训与公司发生争议。甲、乙、丙该如何维护自己的权益？
>
> 要求：请你告知甲、乙、丙三人，他们与公司发生的争议是否属于劳动争议，如果属于劳动争议，可以通过哪些途径解决。

职场应用与指导

职场应用场景：

最近，王余年所在公司未能按时支付其加班费，也未能按时为其足额缴纳社会保险。为此，王余年与公司发生了纠纷，事后也未能与公司达成和解协议。王余年听说可以申请劳动仲裁，但不知道需要提交哪些文件，也不知道劳动仲裁的程序有哪些环节。

要求：

请结合本章内容，查阅相关资料，为王余年提供建议和帮助。

文本：
第十三章职场应用指导建议

指导建议请扫描二维码阅读参考。

通关自测

测验：
第十三章交互式测验及参考答案

法务实训

案例1

案情简介：

经过笔试和面试后，某公司决定招用刘女士。公司人力资源部负责人对刘女士说："按照公司的规定，凡是新招用的职工要先签订三个月的试用合同，试用合同中约定每月工资2 000元，待试用合格以后再签订正式的劳动合同，每月工资5 000元。"据刘女士了解该岗位最低工资是3 000元。刘女士提出想签订一年期的劳动合同，公司人力资源部负责人说："只能签订试用合同，试用合格后才能签订劳动合同。"

问题：

该公司的行为有哪些违法之处？请说明理由。

案例2

案情简介：

王某，22周岁，就读于某高职院校烹饪专业。他在学校里非常勤奋好学，毕业时不仅拥有高职的文凭，也拥有了有关部门颁发的中式烹调师技能等级证书。王某的最高职业理想是成为酒店的行政总厨。王某在毕业以后到甲酒店应聘。酒店经理非常赏识王某，在向其介绍了酒店的规章制度之后，就与王某口头约定让他担任助理厨师，一个月工资4 500元，但对签合同和缴纳保险等问题避而不谈。王某在酒店连续工作满一年了，酒店还是没有与他签订书面合同。5个月后的一天，经理告诉王某，虽然王某干得很出色，但酒店又有了新的厨师，希望他离开。

问题：

酒店的做法是否合法？王某是否必须离开？为什么？

案例3

案情简介：

宋某是某印刷厂老职工，主要从事装订工作。因长期劳累，患有较严重的腰椎间盘突出症。从2020年10月23日至11月19日止，印刷厂为了赶任务，要求职工加班，当月累计加班已达40小时。宋某因劳累，腰病发作，遂向车间领导提出，20日和21日双休日不再加班，到医院检查治疗。车间领导只同意其休一天。当日宋某即到医院就诊，医生建议休一周，并开出诊断证明。为了完成任务，宋某只休息了两天，就带病上班，并交了病假证明。厂里对宋某作出处理决定，因其周日未加班按旷工处理，并停发当月工资。

问题：

印刷厂的行为有哪些违法之处？请说明理由。

案例4

案情简介：

某年2月，甲公司为配合一种新产品的生产，招用一批新员工，并与这批员工分别签订了劳动合同。合同规定：该劳动合同的有效期限为5年，其中试用期1年，在试用期内员工不得单方提出解除劳动合同；试用期满后劳动者提出解除劳动合同，必须提前60日通知公司。为使新产品顺利生产，该公司对新招用的员工进行了上岗专业技术培训，并约定了服务期条款。

同年9月，该批工人中一名叫张三的员工提出要解除劳动合同，该公司以劳动合同有约定为由，不同意张三离职，张三若要辞职，须支付专业技术培训费用8 000元作为违约金。张三拒绝支付，双方发生争议。

次年8月公司为满足市场需要，引进一批新的生产线，公司按新生产线的要求对工人进行考核，其中9名工人考核不合格，公司以此为由解除与他们的劳动合同，而该9名员工要求公司继续履行合同，双方发生争议。

问题：

（1）该公司与员工签订的劳动合同有哪些违法之处？

（2）张三是否有权提出解除合同？若有权解除，应如何解除？

（3）张三解除合同，公司是否有权要求张三支付培训费用？

（4）公司以该9名员工考核不合格为由解除与员工的劳动合同的做法是否合法？

第十四章
经济纠纷解决法律制度

【学习目标】

★ 素养目标
- 树立维护仲裁和诉讼权威性的理念。
- 建立维护好个人诚信档案的意识。

★ 知识目标
- 了解仲裁的概念和仲裁机构的设置。
- 理解仲裁的适用范围、基本原则和基本制度。
- 明确仲裁协议的内容和效力。
- 了解民事诉讼的概念,理解民事诉讼的基本原则和基本制度。
- 明确民事诉讼管辖和民事诉讼程序。

★ 能力目标
- 能够正确分析判断仲裁协议的效力。
- 能够正确把握管辖在民事诉讼中的应用。
- 能够正确书写仲裁申请、民事起诉状等简单法律文书。
- 遇到经济纠纷时能够运用所学知识找到合适的解决方式。

第十四章　经济纠纷解决法律制度

【思维导图】

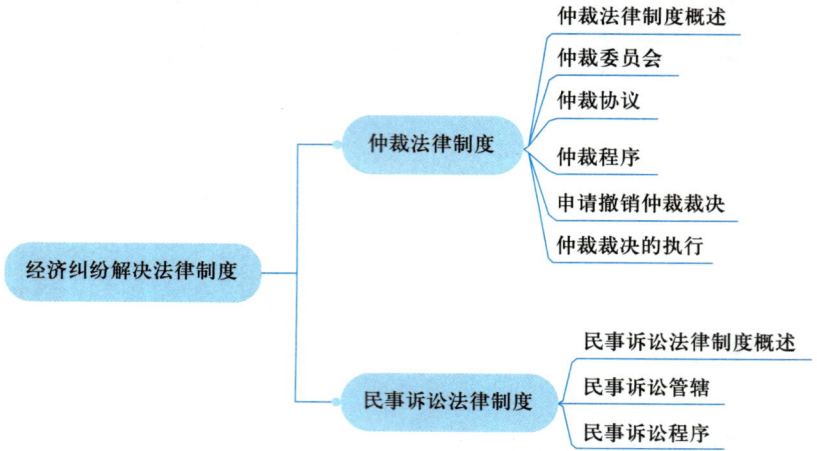

【先导案例】

案情介绍：

某年，甲公司与乙公司签订了一份买卖合同。双方在合同中约定，如果因本合同发生纠纷，愿提交某市仲裁委员会仲裁。后来，乙公司作为买方发现甲公司提供的货物有严重的质量问题，并且造成了其一定的财产损失，于是向甲公司提出赔偿损失的要求。甲公司不允，双方协商未果。乙公司遂向该仲裁委员会申请仲裁，提出申请的时间为当年5月18日，该仲裁委员会于5月28日受理此案。甲、乙公司约定由3名仲裁员组成仲裁庭，甲、乙公司分别选定了1名仲裁员，乙公司作为申请方委托该仲裁委员会主任指定了首席仲裁员。此3名仲裁员公开对此案进行了审理。当事人当庭达成了和解协议，该仲裁庭依据和解协议制作了仲裁调解书，此案圆满结束。

想一想：

该案在程序上存在哪些不当之处？说明理由。

第一节 仲裁法律制度

一、仲裁法律制度概述

（一）仲裁的概念

仲裁，指仲裁机构根据纠纷当事人之间自愿达成的协议，以第三者的身份对所发生的纠纷进行审理，并作出对争议各方均有约束力裁决的纠纷解决活动。

仲裁是一种解决经济纠纷的有效方式，在现实生活中被广泛应用。与民事诉讼相比，仲裁具有自主性、专业性、灵活性、保密性、快捷性、经济性、独立性的特点。仲裁活动的基本法律依据是1994年8月31日第八届全国人民代表大会常务委员会第九次会议审议通过，历经2009年、2017年两次修正的《中华人民共和国仲裁法》（以下简称《仲裁法》）。

（二）仲裁的范围

平等主体的公民、法人和其他组织之间发生的合同纠纷和其他财产权益纠纷，可以仲裁。

下列纠纷不能仲裁：① 婚姻、收养、监护、扶养、继承纠纷；② 依法应当由行政机关处理的行政争议。另外，劳动争议和农业集体经济组织内部的农业承包合同纠纷，不属于《仲裁法》所规定的仲裁范围。

法律咨询

> 背景材料：王甲与妻子张乙育有王丙（女儿）、王丁（儿子）两个子女。王丙婚后与丈夫自购一套商品房另住。王甲去世后，张乙和王丁仍住在原房子里。后因王丁拟将该处房屋中的一间作为婚房，受到王丙的阻挠，双方发生争执，王丁持仲裁协议向该市仲裁委员会申请仲裁。仲裁委员会对该仲裁申请进行了审查，决定对该案不予受理。
>
> 要求：请你告诉王丁，该仲裁委员会不予受理该案的做法是否正确？并说明理由。

（三）仲裁的基本原则

1. 自愿原则

仲裁的自愿原则主要体现在：① 当事人是否将他们之间发生的纠纷提交仲裁，由双方当事人自愿协商决定；② 当事人将哪些争议事项提交仲裁，由双方当事人自行决定；③ 当事人将他们之间的纠纷提交哪个仲裁委员会仲裁，由双方当事人自愿协商决定；④ 仲裁庭如何组成，由谁组成，由当事人自主选定；⑤ 双方当事人还可以自主约定仲裁的审理方式、开庭方式等有关的程序事项。

2. 根据事实，符合法律规定，公平合理解决纠纷原则

仲裁要坚持以事实为根据、以法律为准绳的原则。同时，在法律没有规定或者规定不完备的情况下，仲裁庭可以按照公平合理的一般原则来解决纠纷。

3. 独立仲裁原则

独立仲裁原则体现在仲裁与行政脱钩，仲裁委员会独立于行政机关，与行政机关没有隶属关系，仲裁委员会之间也没有隶属关系。同时，仲裁庭独立裁决案件，仲裁委员会以及其他机关、社会团体和个人不得干预。

（四）仲裁的基本制度

1. 协议仲裁制度

当事人申请仲裁、仲裁委员会受理仲裁案件以及仲裁庭对仲裁案件的审理和裁决都必须依据当事人之间订立的有效的仲裁协议，没有仲裁协议就没有仲裁制度。

2. 或裁或审制度

仲裁与诉讼是两种不同的争议解决方式。因此，当事人之间发生的争议只能在仲裁或者诉讼中选择其一加以采用，有效的仲裁协议可以排除法院的管辖权。

 知识链接

在哪些特定情况下，人民法院对受理的已有仲裁协议的争议拥有管辖权？

当事人签订的仲裁协议虽然排除了人民法院对争议的管辖权，但在某些特定情况下，人民法院对受理的已有仲裁协议的争议也拥有管辖权。这些情况分别是：① 仲裁协议无效或失效的；② 一方当事人起诉后，另一方当事人应诉，进行了实质性答辩，并未就管辖权问题提出异议的，可视为放弃了原有的仲裁协议，人民法院可对该案件继续审理。

3. 一裁终局制度

仲裁实行一裁终局制度。仲裁庭作出的仲裁裁决即为终局裁决。裁决作出后，当事人就同一纠纷再申请仲裁或者向人民法院起诉的，仲裁委员会或者人民法院不予受理。当事人应当自觉履行裁决，一方当事人不履行的，另一方当事人可以向法院申请执行。

二、仲裁委员会

（一）仲裁委员会的设立

仲裁委员会是民间性质的常设机构。仲裁委员会可以在直辖市和省、自治区人民政府所在地的市设立，也可以根据需要在其他设区的市设立，不按行政区划层层设立。仲裁委员会由可以设立仲裁委员会的市的人民政府组织有关部门和商会统一组建，并经省、自治区、直辖市的司法行政部门登记。

（二）仲裁委员会和仲裁员应具备的条件

1. 仲裁委员会应具备的条件

仲裁委员会应当具备下列条件：① 有自己的名称、住所和章程；② 有必要的财产；③ 有该委员会的组成人员；④ 有聘任的仲裁员。

仲裁委员会由主任1人、副主任2~4人和委员7~11人组成。仲裁委员会的主任、副主任和委员由法律、经济贸易专家和有实际工作经验的人员担任。仲裁委员会的组成人员中，法律、经济贸易专家不得少于2/3。

2. 仲裁员应具备的条件

仲裁委员会应当从具备仲裁员资格的人员中聘任仲裁员，并按照不同的专业创设仲裁员名册。仲裁委员会不设专职仲裁员。

《仲裁法》对仲裁员资格的要求是，在思想品德方面应公道正派，同时要有较高的业务水平，即仲裁员应当符合下列条件之一：① 通过国家统一法律职业资格考试取得法律职业资格，从事仲裁工作满8年的；② 从事律师工作满8年的；③ 曾任法官满8年的；④ 从事法律研究、教学工作并具有高级职称的；⑤ 具有法律知识、从事经济贸易等专业工作并具有高级职称或者具有同等专业水平的。

公道正派——为人处事的基本道德准则

"公道",是指公平、客观、合理,遵循事物发展和人类社会关系中的基本法则,尊重事物的本来面目;"正派",是指作风、品行规矩、光明、严谨,符合社会大众的道德意识、思维方式和行为方式。

警示:以"公"为"道",不偏不倚;持"正"为"派",不歪不斜,才称得上"公道正派"。公道正派绝不仅是对仲裁员的要求,自古以来,历朝历代对官吏的德行要求都体现出了公道正派。公道正派也是世人所推崇的做人哲学和传统美德,是维系人们正常社会交往和社会稳定的一项最基本的品质要求和行为准则。

三、仲裁协议

(一)仲裁协议的概念

仲裁协议,是指双方当事人自愿将他们之间已经发生或者可能发生的争议提交仲裁机构解决的书面约定。在民商事仲裁中,仲裁协议是仲裁的前提,没有仲裁协议,就不存在有效的仲裁。

(二)仲裁协议的类型

根据仲裁立法和仲裁实践,仲裁协议主要包括三种类型,如表14-1所示。

表14-1 仲裁协议的类型

类型	表现形式
仲裁条款	仲裁条款,是指双方当事人在签订的合同中订立的,将今后可能因该合同所发生的争议提交仲裁的条款。仲裁条款是仲裁实践中最常见的仲裁协议的形式。除了订立于合同中的仲裁条款,双方当事人在补充合同、协议或备忘录中对仲裁意思表示的修改或补充,也构成合同中仲裁条款的一部分
仲裁协议书	仲裁协议书,是指在争议发生之前或争议发生之后,双方当事人在自愿的基础上订立的,同意将可能发生或已经发生的争议提交仲裁的一种独立的协议

续表

类型	表现形式
其他有关书面文件中包含的仲裁协议	这种类型的仲裁协议与前两种类型的仲裁协议的不同之处在于，仲裁的意思表示一般不集中表现于某一份文件中，而往往分散在当事人之间彼此多次往来的不同文件中

（三）仲裁协议的内容

1. 请求仲裁的意思表示

请求仲裁的意思表示是仲裁协议的首要内容，因为当事人以仲裁方式解决纠纷的意愿正是通过仲裁协议中请求仲裁的意思表示体现出来的。

2. 仲裁事项

仲裁事项即当事人提交仲裁的具体争议事项。仲裁协议中订立的仲裁事项，必须符合两个条件：① 争议事项具有可仲裁性。② 仲裁事项具有明确性。对仲裁事项没有约定或者约定不明确的，当事人应就此达成补充协议；达不成补充协议的，仲裁协议无效。

3. 选定的仲裁委员会

仲裁委员会是受理仲裁案件的机构。由于仲裁没有法定管辖的规定，因此，仲裁委员会是由当事人自主选定的。

（四）仲裁协议的效力

仲裁协议一经有效成立，即对双方当事人产生法律效力。发生纠纷后，当事人只能通过向仲裁协议中所确定的仲裁机构申请仲裁的方式解决该纠纷，而丧失了就该纠纷向法院提起诉讼的权利。如果一方当事人违背仲裁协议，就仲裁协议规定范围内的争议事项向法院起诉，另一方当事人有权依据仲裁协议要求法院停止诉讼程序，法院也应当驳回当事人的起诉。

（五）仲裁条款的独立性

仲裁协议独立存在，合同的变更、解除、终止或者无效，不影响仲裁协议的效力。当事人在订立合同时就争议达成仲裁协议的，合同未成立不影响仲裁协议的效力。

> **练一练**
>
> 某实业公司与某商场签订了一份合同,合同中约定双方如因本合同发生纠纷,由某市仲裁委员会仲裁解决。后该合同被确认为无效合同,某实业公司请求某市仲裁委员会裁决某商场赔偿其损失。而某商场则认为整个合同无效,因此该仲裁协议也无效,拒不赔偿。
>
> 思考:某商场的理由是否合法?为什么?

(六)仲裁协议无效的情形

仲裁协议在下列情形下无效:① 约定的仲裁事项超出法律规定的仲裁范围;② 无民事行为能力人或者限制民事行为能力人订立的仲裁协议;③ 一方采取胁迫手段,迫使对方订立的仲裁协议;④ 仲裁协议对仲裁事项或者仲裁委员会没有约定或者约定不明确,当事人对此又达不成补充协议的。

四、仲裁程序

为了确保仲裁裁决的公正及时,仲裁必须依法定程序进行。

(一)申请和受理

1. 申请

仲裁程序以当事人向仲裁机构申请仲裁为起始。当事人申请仲裁应当符合下列条件:① 有仲裁协议;② 有具体的仲裁请求和事实、理由;③ 属于仲裁委员会的受理范围。

当事人申请仲裁,应当向仲裁委员会递交仲裁协议、仲裁申请书及副本。

文本:
仲裁申请书
怎么写?

2. 受理

仲裁委员会收到仲裁申请书之日起5日内,认为符合受理条件的,应当受理,并通知当事人。

仲裁委员会受理仲裁申请后,应当将仲裁规则和仲裁员名册送达申请人,并将仲裁申请书副本和仲裁规则、仲裁员名册送达被申请人。

3. 当事人在受理阶段应做的工作

当事人在受理阶段应做的工作主要包括:① 申请人须在规定的期限内预交仲裁

费用，否则将视为申请人撤回仲裁申请；② 被申请人可在仲裁通知书规定的期限内向仲裁委员会提交书面答辩书，被申请人未提交答辩书的，不影响仲裁程序的进行；③ 双方当事人应做好证据材料的核实及整理工作；④ 在被申请人下落不明的情况下，申请人应主动查找其下落，并向仲裁委员会提交被申请人的确切住所，否则将影响仲裁程序的进行。

此外，双方当事人均有权向仲裁委员会申请财产保全和证据保全，有权委托律师和其他代理人进行仲裁活动。

（二）仲裁庭的组成

1. 仲裁庭的组成方式和仲裁员的选定

双方当事人应当在规定的期限内约定仲裁庭的组成方式和选定仲裁员。

（1）仲裁庭的组成方式。① 由3名仲裁员组成合议仲裁庭，适用于处理比较复杂的案件；② 由1名仲裁员组成独任仲裁庭，适用于处理比较简单的案件。

（2）仲裁员的选定。① 当事人约定由3名仲裁员组成合议仲裁庭的，应当各自选定或者各自委托仲裁委员会主任指定1名仲裁员，第3名仲裁员由当事人共同选定或者共同委托仲裁委员会主任指定。第3名仲裁员是首席仲裁员。② 当事人约定由1名仲裁员成立独任仲裁庭的，应当由当事人共同选定或者共同委托仲裁委员会主任指定仲裁员。

2. 仲裁员的回避

（1）回避的法定情形。仲裁员有下列情形之一的，必须回避，当事人也有权提出回避申请：① 是本案当事人或者当事人、代理人的近亲属；② 与本案有利害关系；③ 与本案当事人、代理人有其他关系，可能影响公正仲裁的；④ 私自会见当事人、代理人，或者接受当事人、代理人请客送礼的。

（2）回避的形式。① 自行回避。指仲裁员认为自己具有法定的回避事由，从而主动向仲裁委员会提出回避的请求；② 申请回避。当事人认为仲裁员具有应当回避的事由，有权提出要求该仲裁员回避。当事人提出回避申请，应当说明理由，并在首次开庭前提出。回避事由在首次开庭后知道的，可以在最后一次开庭终结前提出。

仲裁员是否回避，由仲裁委员会主任决定；仲裁委员会主任担任仲裁员时，由仲裁委员会集体决定。

（三）开庭审理

仲裁应当开庭进行。当事人协议不开庭的，仲裁庭可以根据仲裁申请书、答辩书和其他有关材料作出裁决（即书面审理）。仲裁一般不公开进行。当事人协议公开的，可以公开进行，但涉及国家秘密的除外。

仲裁委员会应当在仲裁规则规定的期限内将开庭日期通知双方当事人。当事人在收到开庭通知书后，应当注意以下几个问题。

（1）按时到庭。当事人有正当理由的，可以在规定期限内请求延期开庭，但是否延期，由仲裁庭决定。申请人经书面通知，无正当理由不到庭或者未经仲裁庭许可中途退庭的，可视为撤回仲裁申请。被申请人经书面通知，无正当理由不到庭或者未经仲裁庭许可中途退庭的，可以缺席裁决。

（2）享有辩论权。在仲裁过程中，当事人享有进行辩论和表述最后意见的权利。

（3）可以自行和解。当事人申请仲裁后，可以自行和解。达成和解协议的，可以请求仲裁庭根据和解协议作出裁决书，也可以撤回仲裁申请。当事人达成和解协议，撤回仲裁申请后反悔的，可以根据仲裁协议申请仲裁。

（4）可以自愿调解。仲裁庭在作出裁决前，可以先行调解。当事人自愿调解的，仲裁庭应当调解。调解达成协议的，仲裁庭应当制作调解书或者根据协议的结果制作裁决书。调解书与裁决书具有同等法律效力。

（5）专门性问题的鉴定。仲裁庭对专门性问题认为需要鉴定的，可以交由当事人约定的鉴定部门鉴定，也可以由仲裁庭指定的鉴定部门鉴定。鉴定费用由当事人预交。

（四）作出裁决

调解不成的，仲裁庭应当及时作出裁决。裁决应当按照多数仲裁员的意见作出，少数仲裁员的不同意见可以记入笔录。仲裁庭不能形成多数意见时，裁决应当按照首席仲裁员的意见作出。裁决书自作出之日起发生法律效力。双方当事人在收到裁决书后，应当自觉履行仲裁裁决。

在裁决阶段，双方当事人享有以下几项权利。

（1）有权根据实际情况，要求仲裁庭就事实已经清楚的部分先行裁决。

（2）在收到裁决书后的30日内，当事人有权对裁决书中的文字、计算错误或者遗漏的事项申请仲裁庭补正。

五、申请撤销仲裁裁决

当事人提出证据证明裁决有下列情形之一的，可以向仲裁委员会所在地的中级人民法院申请撤销裁决：① 没有仲裁协议的；② 裁决的事项不属于仲裁协议的范围或者仲裁委员会无权仲裁的；③ 仲裁庭的组成或者仲裁的程序违反法定程序的；④ 裁决所根据的证据是伪造的；⑤ 对方当事人隐瞒了足以影响公正裁决的证据的；⑥ 仲裁员在仲裁该案时有索贿受贿、徇私舞弊、枉法裁决行为的。

人民法院经组成合议庭审查核实裁决有上述规定情形之一的，应当裁定撤销。人民法院认定该裁决违背社会公共利益的，应当裁定撤销。

六、仲裁裁决的执行

当事人应当执行仲裁裁决。一方当事人不履行的，另一方当事人可以依照《民事诉讼法》的有关规定向人民法院申请执行，受理申请的人民法院应当执行。当事人申请执行仲裁裁决案件，由被执行人住所地或者被执行的财产所在地的中级人民法院管辖。

文本：
一般仲裁与劳动仲裁的区别

第二节 民事诉讼法律制度

一、民事诉讼法律制度概述

（一）民事诉讼的概念

民事诉讼，是指民事争议的当事人向人民法院提出诉讼要求，人民法院在当事人和其他诉讼参与人的参加下，依法审理和裁判民事争议的活动。

经当事人同意，民事诉讼活动可以通过信息网络平台在线进行。民事诉讼活动通过信息网络平台在线进行的，与线下诉讼活动具有同等法律效力。

民事诉讼活动的基本法律依据是1994年4月9日第七届全国人民代表大会第四次会议通过，截至2023年经历5次修正的《中华人民共和国民事诉讼法》（以下简称《民事诉讼法》）。

（二）民事诉讼的基本原则

1. 诉讼权利平等原则

民事诉讼当事人有平等的诉讼权利。人民法院审理民事案件，应当保障和便利当事人行使诉讼权利，对当事人在适用法律上一律平等。

2. 辩论原则

当事人有权在人民法院的主持下，就案件事实和争议各自陈述自己的主张和理由，进行辩论，维护当事人自身的合法权益。

3. 诚信原则

在民事诉讼程序中，人民法院、诉讼参加人和其他诉讼参与人要遵守诚实信用原则。

4. 处分原则

当事人有权在法律规定的范围内处分自己民事实体权利和民事程序权利。比如，诉讼开始后原告可以变更诉讼请求；原告也可以决定是否撤诉等。

5. 检察监督原则

人民检察院有权对民事诉讼实行法律监督，可以依据具体情况抗诉或者提出检察建议。

（三）民事诉讼的基本制度

1. 合议制度

合议制度，是指由3名审判人员组成合议庭对民事案件进行审理并作出裁决的制度。实行合议制度，是为了发挥集体的智慧，弥补个人能力上的不足，以保证案件的审判质量。

第一审合议庭的组成有两种方式，一是全部由审判员组成，二是由审判员和人民陪审员共同组成。第二审合议庭只能由审判员组成。合议庭的成员人数必须是单数。合议庭评议案件，实行少数服从多数的原则。

合议制度是相对于独任制度而言的。独任制度是指由1名审判员独任审理案件的制度。如适用简易程序审理的民事案件，由审判员1人独任审理。又如基层人民法院审理的基本事实清楚、权利义务关系明确的第一审民事案件，也可以由审判员1人适用普通程序独任审理。

2. 回避制度

回避制度，是指为了保证案件的公正审判，而要求与案件有一定利害关系的审判人员或其他有关人员，不得参与本案的审理活动或诉讼活动的制度。

（1）回避人员。回避人员包括审判人员、人民陪审员、法官助理、书记员、司法技术人员、翻译人员、鉴定人、勘验人。

（2）回避的法定情形。回避的法定情形有：① 是本案当事人或者当事人、诉讼代理人的近亲属的；② 与本案有利害关系的；③ 与本案当事人、诉讼代理人有其他关系，可能影响对案件公正审理的；④ 审判人员接受当事人、诉讼代理人请客送礼，或者违反规定会见当事人、诉讼代理人的。

（3）回避的方式。① 自行回避；② 当事人申请回避。

3. 公开审判制度

公开审判制度，指人民法院审理民事案件，应当将审判过程和结果向社会公开的制度。

人民法院审理民事案件，公开审理是原则，但也有例外情况。下列案件不公开审理：① 涉及国家秘密的案件；② 涉及个人隐私的案件；③ 法律另有规定的案件；④ 离婚案件和涉及商业秘密的案件，如果当事人申请不公开审理的，可以不公开审理。

不论案件是否公开审理，宣判时一律公开进行。

4. 两审终审制度

两审终审制度，指一个诉讼案件经过两级法院审理即告终结的制度。当事人不服第一审人民法院判决、裁定的，有权向上一级人民法院提起上诉，由上一级人民法院进行第二审。二审人民法院作出的判决、裁定是终审的判决、裁定。

人民法院审理民事案件，两审终审是原则，但也有例外情况。具体说来，适用特别程序、督促程序、公示催告程序、破产还债程序、小额诉讼程序的案件，实行一审终审。最高人民法院所作的一审判决、裁定，为终审判决、裁定。

二、民事诉讼管辖

（一）民事诉讼管辖的概念

民事诉讼管辖，是指各级人民法院之间以及不同地区的同级人民法院之间，受理第一审民事案件的分工和权限。它是人民法院系统内部划分和确定上下级人民法院或者不同地区的同级人民法院中具体人民法院对某一民事案件行使审判权的制度。

（二）级别管辖

级别管辖，是指根据案件的性质、影响范围来划分各级人民法院之间受理第一审民事案件的分工和权限。

1. 基层人民法院管辖的第一审民事案件

除了法律规定由其他三级法院管辖的案件外，都由基层人民法院管辖。

2. 中级人民法院管辖的第一审民事案件

中级人民法院管辖的第一审民事案件有以下3类。

（1）重大的涉外案件。涉外案件，是指具有涉外因素的民事案件。重大涉外案件，是指争议标的额大，或者案情复杂，或者居住在国外的当事人人数众多的涉外案件。

（2）在本辖区有重大影响的案件。有重大影响是指案件自身复杂，涉及面广，其影响范围已超出了基层人民法院辖区范围。

（3）最高人民法院确定由中级人民法院管辖的案件。目前这类案件主要有：① 海事、海商案件；② 专利纠纷案件；③ 著作权纠纷案件；④ 重大的涉港、澳、台民事案件；⑤ 证券虚假陈述民事赔偿案件。

3. 高级人民法院管辖的第一审民事案件

高级人民法院管辖第一审民事案件的数量是相当少的，主要管辖在本辖区内有重大影响的第一审民事案件。

4. 最高人民法院管辖的第一审民事案件

最高人民法院管辖的第一审民事案件有两类：一类是在全国有重大影响的案件；另一类是认为应当由本院审理的案件。

（三）地域管辖

地域管辖，是指确定同级人民法院之间在各自辖区内审理第一审民事案件的分工和权限。

1. 一般地域管辖

一般地域管辖，也称为普通地域管辖，是指以被告住所地为依据来确定诉讼管辖。通常实行"原告就被告"的原则，即由被告住所地人民法院管辖。

2. 特殊地域管辖

特殊地域管辖，又称特别管辖，是以引起诉讼的法律事实的所在地、诉讼标的所在地、被告住所地为标准确定诉讼的管辖法院。《民事诉讼法》规定了10种属于特殊地域管辖的诉讼：① 因合同纠纷提起的诉讼，由被告住所地或者合同履行地法院管辖。② 因保险合同纠纷提起的诉讼，由被告住所地或者保险标的物所在地法院管辖。保险标的物如为运输工具或运输中的货物，则由被告住所地或者运输工具登记注册地、运输目的地、保险事故发生地的法院管辖。③ 因票据纠纷提起的诉讼，由票据支付地或被告住所地法院管辖。④ 因公司设立、确认股东资格、分配利润、解散等纠纷提起的诉讼，由公司住所地人民法院管辖。⑤ 因铁路、公路、水上、航空运输和联合运输合同纠纷提起的诉讼，由运输始发地、目的地或被告住所地法院管辖。⑥ 因侵权行为提起的诉讼，由侵权行为地或者被告住所地法院管辖。⑦ 因铁路、公路、水上和航空事故请求损害赔偿提起的诉讼，由事故发生地或者车辆、船舶最先到达地，航空器最先降落地或者被告住所地法院管辖。⑧ 因船舶碰撞或者其他海损事故请求损害赔偿提起的诉讼，由碰撞发生地、碰撞船舶最先到达地、加害船舶被扣留地或者被告住所地法院管辖。⑨ 因海难救助费用提起的诉讼，由救助地或被救助船舶最先到达地法院管辖。⑩ 因共同海损提起的诉讼，由船舶最先到达地、共同海损理算地或者航程终止地法院管辖。

3. 专属管辖

专属管辖，是指法律强制规定某些特殊类型的案件只能由特定的法院管辖。专属管辖具有强制性和排他性两大特征。属于专属管辖的诉讼主要有以下 3 类：① 因不动产纠纷提起的诉讼，由不动产所在地法院管辖；② 因港口作业发生纠纷提起的诉讼，由港口所在地法院管辖；③ 因继承遗产纠纷提起的诉讼，由被继承人死亡时住所地或主要遗产所在地法院管辖。

4. 共同管辖

共同管辖，指对同一诉讼依照法律规定，两个或两个以上的人民法院都有管辖权。面对两个以上人民法院都有管辖权的诉讼，原告可以向其中一个人民法院起诉；如果原告向两个以上有管辖权的人民法院起诉的，由最先立案的人民法院管辖。

5. 协议管辖

协议管辖，又称合意管辖或约定管辖，是指双方当事人在民事纠纷发生之前或之后，以书面方式约定管辖法院。《民事诉讼法》规定，合同或者其他财产权益纠纷的当事人可以书面协议选择被告住所地、合同履行地、合同签订地、原告住所地、标的物所在地等与争议有实际联系的地点的人民法院管辖，但不得违反级别管辖和专属管辖的规定。

协议管辖只能针对第一审法院的管辖，第二审法院管辖不能由当事人以协议方式约定。

（四）移送管辖和指定管辖

1. 移送管辖

移送管辖，是指法院在受理民事案件后，发现自己对案件并无管辖权，依法将案件移送给有管辖权的法院审理。

移送管辖通常发生在同级人民法院之间。受移送的人民法院不得再自行移送。如果接受移送案件的人民法院认为该法院依法确无管辖权，应报请上级人民法院指定管辖。

2. 指定管辖

指定管辖，指上级法院以裁定方式指定其下级法院对某一案件行使管辖权。指定管辖适用于以下3种情形：① 受移送的法院认为自己对移送来的案件无管辖权；② 有管辖权的法院由于特殊原因，不能行使管辖权；③ 通过协商未能解决管辖权争议。

练一练

一日，家住南京市鼓楼区的张某与家住南京市秦淮区的王某在江宁区与雨花台区交界处为停车发生口角。双方一阵激烈的争吵后，王某欲动手打张某，张某见势不妙，撒腿就跑。王某拿起砖头紧追不舍，王某等人仍在雨花区时，张某已跑到江宁区地界。张某转身回望时，一块砖头砸中了其腹部，张某忍痛继续跑，终于摆脱了王某等人的追打。第二天，张某在自己的家中感觉到腹部疼痛难忍，到医院就诊后查出脾脏受伤。张某为此花去了医疗费近2万元。后来张某通过熟人找到王某，在熟人的说和下王某答应赔偿，双方当即签了一份协议。协议约定赔偿的医药费以2万元为限，王某先付5 000元，余款15日内付清。协议中还约定，若因为履行该协议发生纠纷，双方可以向南京市中级人民法院提起诉讼。后来张某的治疗费接近3万元，而王某在付了5 000元后未再付余款。

思考：（1）张某可以向哪些法院提起诉讼？并说明理由。（2）南京市中级人民法院是否应受理该案？为什么？

三、民事诉讼程序

（一）第一审普通程序

我国民事诉讼的第一审程序包括普通程序和简易程序。其中，普通程序是最基本的程序。本教材在此只介绍普通程序。

1. 起诉和受理

（1）起诉。原告提起民事诉讼应符合以下条件：① 原告是与本案有直接利害关系的公民、法人和其他组织；② 有明确的被告；③ 有具体的诉讼请求和事实、理由；④ 属于人民法院受理的范围和受诉人民法院管辖。

原告向人民法院起诉应当递交起诉状，并按照被告人数提出副本。书写起诉状确有困难的，可以口头起诉，由人民法院记入笔录，并告知对方当事人。

民事起诉状应当记明下列事项：① 原告的姓名、性别、年龄、民族、职业、工作单位、住所、联系方式，法人或者其他组织的名称、住所和法定代表人或者主要负责人的姓名、职务、联系方式。② 被告的姓名、性别、工作单位、住所等信息，法人或者其他组织的名称、住所等信息。③ 诉讼请求和所根据的事实与理由。④ 证据和证据来源，证人姓名和住所。⑤ 受诉法院的名称、起诉的时间、起诉人签名或盖章。

当事人起诉到人民法院的民事纠纷，适宜调解的，先行调解，但当事人拒绝调解的除外。

> **法律咨询**
>
> 背景材料：某年1月23日，袁某去某洗浴中心洗澡时被烫伤，共计花去医疗费5万多元，误工费、交通费等5 000元。但洗浴中心拒不支付该医疗费用和赔偿相关损失。现袁某想向法院起诉，要求洗浴中心支付医疗费和赔偿相关损失。
>
> 要求：请你帮袁某起草一份民事起诉状。

（2）受理。人民法院应当保障当事人依照法律规定享有的起诉权利，对符合起诉条件的起诉，必须受理。符合起诉条件的，应当在7日内立案，并通知当事人；不符合起诉条件的，应当在7日内作出裁定书，不予受理；原告对裁定不服的，可以提起上诉。

2. 审理前的准备

（1）向被告送达起诉状副本，限期由被告提出答辩状。人民法院应当在立案之日起5日内将起诉状副本送达被告。被告应当在收到起诉状副本之日起15日内提出答辩状。人民法院应当在收到答辩状之日起5日内将答辩状副本发送原告。被告不提出答辩状的，不影响人民法院审理。

（2）告知当事人诉讼权利义务和审判人员。人民法院对决定受理的案件，应当在受理案件通知书和应诉通知书中向当事人告知有关的诉讼权利义务，或者口头告知。审判人员确定后，应当在3日内告知当事人。

（3）审判人员必须认真审核诉讼材料，调查收集必要的证据。

3. 开庭审理

开庭审理，是指在审判人员主持和当事人及其他诉讼参与人的参加下，在法庭上对案件进行审理的诉讼活动。

开庭审理的过程分为几个既相互独立又相互联系的阶段：庭审准备；法庭调查；法庭辩论；合议庭评议和宣告判决。

（1）庭审准备。开庭审理前，书记员应当查明当事人以及其他诉讼参与人是否到庭，然后宣布法庭纪律。开庭审理时，由审判长或者独任审判员核对当事人，宣布案由，宣布审判人员、法官助理、书记员等的名单，告知当事人有关的诉讼权利义务，询问当事人是否提出回避申请。

（2）法庭调查。法庭调查，是指在法庭上通过展示与案件有关的所有证据，对案件事实进行全面的调查，从而为法庭辩论做好准备的活动。法庭调查是开庭审理的重要阶段，其任务是审查核实各种诉讼证据，对案件进行直接的、全面的调查。法庭调查按照下列顺序进行：① 当事人陈述；② 告知证人的权利义务，证人作证，宣读未到庭的证人证言；③ 出示书证、物证、视听资料和电子数据；④ 宣读鉴定意见；⑤ 宣读勘验笔录。

（3）法庭辩论。法庭辩论的参加者只能是原告、被告和诉讼中的第三人，以及他们的诉讼代理人。法庭辩论按下列顺序进行：① 原告及其诉讼代理人发言；② 被告及其诉讼代理人答辩；③ 第三人及其诉讼代理人发言或答辩；④ 互相辩论。法庭辩论终结，由审判长或者独任审判员按照原告、被告、第三人的先后顺序征询各方最后意见。

（4）作出判决。法庭辩论终结，应当依法作出判决。判决前能够调解的，还可以进行调解，调解不成的，应当及时判决。人民法院对公开审理或者不公开审理的案件，一律公开宣告判决。宣告判决时，必须告知当事人上诉权利、上诉期限和上诉的法院。

文本：
民事判决和民事裁定的区别

（二）第二审程序

第二审程序，也称上诉审程序或者终审程序，是指当事人不服第一审人民法院尚未生效的判决和裁定，在法定期间内向上一级人民法院提起上诉，要求撤销或变更原判决和裁定，上一级人民法院据此对案件进行审理所适用的程序。

1. 上诉的提起

上诉必须在法定的上诉期限内提起，对判决提起上诉的期限是自判决书送达之日起15日内，对裁定提起上诉的期限是自裁定书送达之日起10日内。上诉应当递交上诉状，上诉状应当通过原审人民法院提出，并按照对方当事人或代表人的人数提出副本。当事人直接向第二审人民法院上诉的，第二审人民法院应当在5日内将上诉状移交原审人民法院。

2. 二审案件的审理

第二审人民法院对上诉案件，应当开庭审理。人民法院认为不需要开庭审理的，可以不开庭审理。

第二审人民法院对上诉案件，经过审理，按照下列情形，分别处理：① 原判决、裁定认定事实清楚，适用法律正确的，以判决、裁定方式驳回上诉，维持原判决、裁定。② 原判决、裁定认定事实错误或者适用法律错误的，以判决、裁定方式依法改判、撤销或者变更；③ 原判决认定基本事实不清的，裁定撤销原判决，发回原审人民法院重审，或者查清事实后改判；④ 原判决遗漏当事人或者违法缺席判决等严重违反法定程序的，裁定撤销原判决，发回原审人民法院重审。原审人民法院对发回重审的案件作出判决后，当事人提起上诉的，第二审人民法院不得再次发回重审。

（三）审判监督程序

审判监督程序，也称再审程序，是指为了纠正已经发生法律效力的判决、裁定、调解书的错误而对案件进行再次审理的程序。启动审判监督程序的途径有以下3种。

（1）人民法院行使审判监督权引发的再审程序。具体包括以下两种情况：①本院引发的再审程序。各级人民法院院长对本院已经发生法律效力的判决、裁定、调解书，发现确有错误，认为需要再审的，应当提交审判委员会讨论决定。②最高人民法院和上级人民法院引发的再审程序。最高人民法院对地方各级人民法院已经发生法律效力的判决、裁定、调解书，上级人民法院对下级人民法院已经发生法律效力的判决、裁定、调解书，发现确有错误的，有权提审或者指令下级人民法院再审。

（2）人民检察院行使抗诉权引发的再审程序。最高人民检察院对各级人民法院已经发生法律效力的判决、裁定，上级人民检察院对下级人民法院已经发生法律效力的判决、裁定，发现有符合再审情形的，或者发现调解书损害国家利益、社会公共利益的，应当提出抗诉。

（3）当事人申请再审引发的再审程序。当事人对已经发生法律效力的判决、裁定，认为有错误的，可以向上一级人民法院申请再审。

当事人申请再审的，不停止判决、裁定的执行。当事人对已经发生法律效力的解除婚姻关系的判决、调解书，不得申请再审。

（四）执行程序

执行程序，就是人民法院依法强制民事纠纷案件的义务人履行义务的特殊程序。

1. 执行申请

发生法律效力的民事判决、裁定，当事人必须履行。一方拒绝履行的，对方当事人可以向人民法院申请执行，也可以由审判员移送执行员执行。调解书和其他应当由人民法院执行的法律文书，当事人必须履行。一方拒绝履行的，对方当事人可以向人民法院申请执行。申请执行的期间为2年。

2. 执行措施

对于民事案件，主要有以下10种不同的执行措施：① 查询、冻结、划拨被执行人的存款；② 扣留、提取被执行人的收入；③ 查封、扣押、冻结、拍卖、变卖被执行人的财产；④ 搜查被执行人的财产；⑤ 强制被执行人交付法律文书指定的财物或票证；⑥ 强制被执行人迁出房屋或者退出土地；⑦ 强制被执行人履行法律文书指定的行为；⑧ 要求有关单位办理财产权证照转移手续；⑨ 强制被执行人支付迟延履行期间债务利息及迟延履行金；⑩ 限制被执行人出境，在征信系统记录、通过媒体公布不履行义务信息以及法律规定的其他措施。

采取扣留、提取被执行人的收入以及查封、扣押、冻结、拍卖、变卖被执行人财产措施的，应当保留被执行人及其所扶养家属的生活必需费用。

对于人民法院发出的协助执行通知书，有关单位必须办理。

素养提升

理论解读：

2014年的《政府工作报告》中就曾明确提出，要加快社会信用体系建设，推进政府信息共享，对违背市场竞争原则和侵害消费者权益的企业建立黑名单制度，让失信者寸步难行，让守信者一路畅通。

2019年6月6日，国务院常务会议又强调，要加快建立黑名单制度，强化信用约束，减少交易成本，形成良好的信用经济环境。

讨论分析："失信者黑名单制度"是由全国各地人民法院以及国有银行、商业银行共同建立的对于失信执行人的对外公布及惩罚制度，最高人民法院将收集、公布全国失信被执行人名单信息，向各商业银行以及社会信用建设成员单位推送，共同对失信被执行人实施信用惩戒。

请同学们交流讨论作为新时代大学生，如何看待失信这一行为，我们又应如何维护好自己的个人诚信档案？

职场应用与指导

职场应用场景：

前段时间，王余年因劳动合同纠纷向劳动争议仲裁机构申请劳动仲裁。假设王余年对劳动争议仲裁委员会的裁决结果不服，是否还可以去人民法院起诉？如果可以的话，王余年应该去哪个法院起诉？具体需要提交哪些材料？民事诉讼的具体流程是什么？

要求：

请你结合本章内容的学习，为王余年提供指导建议。

指导建议请扫描二维码阅读参考。

文本：
第十四章职场应用指导建议

通关自测

测验：
第十四章交互式测验及参考答案

法务实训

案例1

案情简介：

大地计算机公司（以下简称公司）与星辰电子研究所（以下简称研究所）在某年12月签订了一份合同。双方商定，联合开发研制一种新型的集成电路块。并约定，因履行本合同发生的争议，双方协商解决，协商不了的，请有关仲裁委员会仲裁。次年1月，双方发生争议，研究所向本单位所在地的A市仲裁委员会递交了仲裁申请书，公司拒绝答辩。双方经过协商，重新签订了一份仲裁协议，商定将合同争议提交公司所在地的B市仲裁委员会进行仲裁。事后，研究所担心B市仲裁委员会实行地方保护，故未申请仲裁，而向合同签订地C市人民法院起诉，起诉时未说明此前两次约定仲裁的情况，法院受理了本案，并依法向公司送达了起诉状副本，公司向法院递交了答辩书。法院经审理，判决被告公司败诉，被告公司不服，立即上诉，理由是事先双方订有仲裁协议，法院判决无效。

问题：

（1）合同中的仲裁条款是否有效？为什么？

（2）争议发生后签订的仲裁协议是否有效？为什么？

（3）研究所向法院起诉是否正确？为什么？

（4）法院审理本案是否合法？为什么？

（5）被告的上诉理由是否正确？

案例2

案情简介：

甲公司和乙公司发生了合同纠纷。甲公司于2023年7月5日起诉至人民法院。人民法院经审查于7月20日立案。8月1日人民法院将起诉书副本送达乙公司。人民法院于9月15日开庭，经过审理，判决甲公司败诉，并于9月20日将判决书送达甲公司。此时，甲公司的法定代表人正在国外，等他回来已是10月中旬，此时早已过了上诉期。

问题：

（1）该人民法院在审判程序上存在哪些错误？

（2）若甲公司不服该一审判决，可以采取何种措施维护自己的合法权益？

（3）若该一审判决错误，可以通过什么途径纠正？

参考文献

[1] 赵威. 经济法[M]. 9版. 北京：中国人民大学出版社，2024.

[2] 王福友. 经济法[M]. 7版. 北京：高等教育出版社，2021.

[3] 华本良，毛颖善. 经济法概论[M]. 8版. 大连：东北财经大学出版社，2022.

[4] 李昌麒. 经济法学[M]. 5版. 北京：中国政法大学出版社，2017.

[5] 高庆国，陈芳，许扬. 经济法[M]. 2版. 北京：清华大学出版社，2016.

[6] 张士元. 企业法[M]. 4版. 北京：法律出版社，2020.

[7] 石少侠. 公司法学[M]. 5版. 北京：中国政法大学出版社，2021.

[8] 张文显. 法理学[M]. 5版. 北京：高等教育出版社，2018.

[9] 施天涛. 公司法论[M]. 4版. 北京：法律出版社，2018.

[10] 刘文华，史际春，徐孟洲. 经济法[M]. 7版. 北京：中国人民大学出版社，2024.

[11] 王利明. 民法[M]. 9版. 北京：中国人民大学出版社，2022.

[12] 江帆. 竞争法[M]. 北京：法律出版社，2019.

[13] 高萍. 税法[M]. 2版. 北京：中国人民大学出版社，2023.

[14] 谭治宇，乔梦虎. 税法[M]. 北京：电子工业出版社，2019.

[15] 刘春田. 知识产权法[M]. 6版. 北京：中国人民大学出版社，2022.

[16] 齐树洁. 民事诉讼法[M]. 5版. 北京：中国人民大学出版社，2020.

[17] 甘培忠. 企业和公司法学[M]. 10版. 北京：北京大学出版社，2020.

[18] 朱锦清. 公司法学（修订本）[M]. 北京：清华大学出版社，2019.

[19] 施天涛. 商法学[M]. 6版. 北京：法律出版社，2020.

[20] 乔欣. 仲裁法学[M]. 3版. 北京：清华大学出版社，2020.

[21] 梁开银，彭真明. 公司法学[M]. 2版. 北京：法律出版社，2020.

[22] 吴汉东. 知识产权法学[M]. 8版. 北京：北京大学出版社，2022.

[23] 刘剑文. 财税法：原理、案例与材料[M]. 5版. 北京：北京大学出版社，2022.

[24] 王全兴. 劳动法[M]. 4版. 北京：法律出版社，2017.

[25] 黄薇. 中华人民共和国民法典释义[M]. 北京：法律出版社，2020.

[26] 王迁. 知识产权法教程[M]. 8版. 北京：中国人民大学出版社，2024.

[27] 李正华. 经济法[M]. 6版. 北京：中国人民大学出版社，2020.

[28]《中华人民共和国民法典实用版》编写组. 中华人民共和国民法典实用版[M]. 北京：中国法治出版社，2023.

[29]《劳动与社会保障法学》编写组. 劳动与社会保障法学[M]. 2版. 北京：高等教育出版社，2018.

主编简介

王瑜,教授,淄博职业学院第二届教学名师,十佳师德标兵,院长教学质量奖获得者,山东省"经济法实务"精品课程负责人,国家级精品课程"市场营销学"主讲教师。从事经济法、市场营销等课程的教学与研究工作30余年,教学经验丰富,熟知高等职业院校的学情特点和教学规律。主要研究领域涉及经济法、高职教育教学等方面,在《江苏商论》《中国成人教育》《职业技术教育》《现代教育科学》《科教导刊》等各级各类杂志上发表教育教学及专业研究论文60余篇。主编过《经济法理论与实务》(化学工业出版社)、《营销法律实务》(中国石油大学出版社)、《电子商务法基础》(中国财政经济出版社)等多部教材。主持、参与省市级研究课题"我国语言文字法制建设研究——兼论山东省语言文字法制化建设""传统文化视域下高等职业院校女大学生价值观实证研究——以淄博地区高等职业院校为例""关于如何保障高等职业教育经费的研究""高等职业院校'双师型'教师队伍建设研究"等十余项。曾获多项省市级教育教学奖项,主要包括山东省商业集团总公司"市场营销专业教师业务考核"一等奖、山东省职业学校经贸类专业(营销)优质课评选二等奖、淄博市社会科学优秀成果奖等。曾获山东省商业集团总公司优秀教师、淄博市优秀教师、淄博市高校工委优秀教师等多项荣誉称号。

郑重声明

高等教育出版社依法对本书享有专有出版权。任何未经许可的复制、销售行为均违反《中华人民共和国著作权法》，其行为人将承担相应的民事责任和行政责任；构成犯罪的，将被依法追究刑事责任。为了维护市场秩序，保护读者的合法权益，避免读者误用盗版书造成不良后果，我社将配合行政执法部门和司法机关对违法犯罪的单位和个人进行严厉打击。社会各界人士如发现上述侵权行为，希望及时举报，我社将奖励举报有功人员。

反盗版举报电话　（010）58581999　58582371
反盗版举报邮箱　dd@hep.com.cn
通信地址　　　北京市西城区德外大街4号
　　　　　　　高等教育出版社知识产权与法律事务部
邮政编码　　　100120

读者意见反馈

为收集对教材的意见建议，进一步完善教材编写并做好服务工作，读者可将对本教材的意见建议通过如下渠道反馈至我社。

咨询电话　400-810-0598
反馈邮箱　gjdzfwb@pub.hep.cn
通信地址　北京市朝阳区惠新东街4号富盛大厦1座
　　　　　高等教育出版社总编辑办公室
邮政编码　100029

防伪查询说明

用户购书后刮开封底防伪涂层，使用手机微信等软件扫描二维码，会跳转至防伪查询网页，获得所购图书详细信息。

防伪客服电话　（010）58582300

资源服务提示

授课教师如需获取本书配套教辅资源，请登录"高等教育出版社产品信息检索系统"（xuanshu.hep.com.cn）搜索下载，首次使用本系统的用户，请先注册并完成教师资格认证。

高教社高职经管论坛QQ群：101187476